GOLDMANN

Buch

Bei einem Kongreß in Tokio nimmt der amerikanische Raketenforscher A. J. Lewinter Kontakt mit dem sowjetischen KGB-Chef auf und setzt sich nach Rußland ab.

Er wird mit offenen Armen aufgenommen, doch die russischen Hoffnungen werden sehr rasch durch Mißtrauen vergiftet – durch die bohrende Frage, ob Lewinter ein ›echter‹ Überläufer ist.

Genau das befürchten die Amerikaner. Sie vermuten, Lewinter habe sich mit lebenswichtigen Informationen über Raketensprengköpfe davongemacht. Aber auch sie sind sich nicht absolut sicher.

Mit allen Mitteln versuchen daraufhin beide Seiten, sich Klarheit zu verschaffen. Lewinter wird dabei zur ohnmächtigen Figur in einer mit teuflischer Perfektion ausgeklügelten Schachpartie der Geheimdienste.

»Die Geschichte ist zum Verrücktwerden logisch, die Szenen sind ungewöhnlich glaubwürdig, die Charaktere stimmen bis in winzige Details. ... der beste Spionageroman, den ich seit Jahren gelesen habe.« (The New York Times)

»Die beste Spionagegeschichte seit *Der Spion, der aus der Kälte kam.*« (Clifford Irving)

Autor

Robert Littell wurde 1935 in New York geboren. Nachdem er eine Zeitlang Offizier bei der US-Marine war, arbeitete er von 1965–1970 als Auslandskorrespondent der Zeitschrift *Newsweek*. Anfang der siebziger Jahre ließ er sich in Frankreich nieder, um sich nur noch seiner schriftstellerischen Tätigkeit zu widmen.

Von Robert Littell sind im Goldmann Verlag außerdem erschienen:

Der Töpfer (9143)
Task Force 753 (8477)
Eine höllische Karriere (8865)
In den Klauen des Bären (8916)
Sein oder Nichtsein... (8812)
Der Springer (8582)

ROBERT LITTELL

DER SPRINGER

ROMAN

GOLDMANN VERLAG

Berechtigte Übersetzung von Henry Jelinek
Die deutsche Erstausgabe erschien 1974 unter dem Titel
»Moskau hin und zurück«

Der Goldmann Verlag
ist ein Unternehmen der Verlagsgruppe Bertelsmann

Made in Germany · 5/88 · 5. Auflage
Lizenzausgabe mit freundlicher Genehmigung des Paul Zsolnay Verlages
Wien/Hamburg

Titel der amerikanischen Ausgabe: »The Defection of A. J. Lewinter«

Umschlaggestaltung: Design Team München
Umschlagfoto: Photofile-ZEFA, Düsseldorf
Satz: IBV Satz- und Datentechnik GmbH, Berlin
Druck: Elsnerdruck, Berlin
Verlagsnummer: 8582
G.R. · Herstellung: Sebastian Strohmaier/Voi
ISBN 3-442-08582-3

Für meine Mutter
und meinen Vater

Inhalt

Die Eröffnung

1

Einen Augenblick lang herrschte Stille, ehe der Beifall aufrauschte. Dadurch abgelenkt, ließ Chapin den kahlköpfigen Amerikaner auf dem Ecksitz aus den Augen.

Das war sein erster Fehler an diesem Tag.

Chapin war ein dicker Mann. So wie ein Krüppel die Gelenkigkeit eines Sportlers bewundert, beneidete er jeden, dessen Haltung gut und anmutig war. Eine wuchtige Gestalt inmitten der winzigen Japaner, saß er schwer atmend auf dem harten Holzsitz und beobachtete mit fast sinnlichem Vergnügen, wie die maskierten Schauspieler des Kanze-No-Ensembles lautlos über die *Hashigakari*-Brücke glitten und in den Kulissen verschwanden. Wenn Chapin auch nicht alle Feinheiten des No-Spiels verstand, zog es ihn doch sehr an. Er hatte das nie zugegeben, denn er war sich bewußt, daß dies eine seltsame Leidenschaft war – besonders für einen Mann in seiner Branche. Er fragte sich einen Augenblick, was wohl den Amerikaner veranlaßt hatte, in dieses Theater zu gehen.

Der Amerikaner!

Als Chapin wieder zu dem Ecksitz hinüberblickte, war dieser leer, und der Mann rannte auf dem Teppich hinauf zum Ausgang. Noch ganz in der Stimmung des No-Spieles befangen, zögerte Chapin, das feine Phantasiegespinst zu zerstören, das ihn mit der Bühne verband. Verdrossen wuchtete er seinen massigen Körper über die Beine von vier Japanern hinweg und strebte durch den nun überfüllten Gang dem Foyer zu. Für einen Mann seiner Größe und seines Alters bewegte er sich flink. Doch als er die Treppe am Eingang des Theaters erreichte, war der Amerikaner bereits in der Menschenmenge verschwunden, die durch die Innenstadt Tokios strömte.

Chapin stand auf der Treppe und fuhr sich mit den Fingern durch das schüttere Haar. Das erstemal seit Jahren war ihm jemand durch die Lappen gegangen, und das verletzte seinen Berufsstolz. Seine Residentur würde toben. Als er sich umwandte, um ein Telefon zu suchen, fiel ihm etwas ins Auge: das wohlbekannte Profil eines Mannes hinter dem Fenster eines Taxis, das eben vom Straßenrand wegfuhr. Chapin quetschte sich in ein anderes Taxi und sagte zum Fahrer: *»Ano kuruma o otékure.«* Auf japanisch, dachte Chapin, klang diese Redewendung nicht ganz so lächerlich wie im Englischen.

In einem Abstand von hundert Metern brausten die beiden Taxis an Toronomon und dem schwarzen, schmiedeeisernen Tor der amerikanischen Botschaft vorbei, fuhren einen steilen Hang hinauf und gerieten in ein wüstes Gewirr von Personenwagen, Autobussen und Lastwagen, die lärmend auf Roppongi zusteuerten. Chapin spürte die Abendbrise, die durch das Fenster in den Wagen wehte, auf seinem Gesicht. Er sah, daß die Verfolgungsjagd seinem Fahrer Spaß machte; das Lenkrad fast mit der Stirn berührend, fuhr er einem Kipplaster vor und steuerte nahe der Hügelkuppe den Wagen auf die holprigen Straßenbahngeleise. Mit seiner weißbehandschuhten Linken drehte er das Lenkrad bis zum Anschlag nach links und schoß in die enge Querstraße der Roppongikreuzung. Nun war er direkt hinter dem anderen Taxi. Chapin neigte sich vor und klopfte dem Fahrer auf die Schulter. *»Kimi wa, beteran no untenshu da né* – das haben Sie gut gemacht.«

Auf der anderen Seite der Kreuzung stemmten sich Arbeiter mit breiten ockerfarbenen Gürteln und Stirnbändern gegen einen steckengebliebenen Kipplaster. Als der Verkehr stockte, hupten die Autofahrer los. Aus dem Taxi vor Chapin kletterte der ungeduldige Fahrgast, bezahlte den Fahrer und schob sich dann zwischen den beiden Taxis hindurch zum Gehsteig. Als sein Gesicht ganz sichtbar wurde, merkte Chapin, daß er zwar einem Amerikaner gefolgt war – aber dem falschen.

Chapin bezahlte seinen Fahrer und eilte in die Telefonzelle vor dem Kinokuniya-Supermarkt. Ehe er wählte, wickelte er ein Stück Diätkaugummi aus, schob es in den Mund und rollte das Stanniol zu einer Kugel zusammen, mit der er während des ganzen Gesprächs spielte.

Es klingelte zweimal. Eine Männerstimme sagte auf japanisch:

»Vier-neun-neun-sechs-fünf-zwei-neun.«

Chapin nannte seine eigene Nummer auf englisch und legte auf. Fünfzehn Sekunden später klingelte es.

»He, George, ich bin's«, sagte Chapin nervös schnaufend.

»Wo, zum Teufel, sind Sie und Honigtopf geblieben?«

»In Marunouchi«, antwortete Chapin. Er versuchte das Weitere wie beiläufig klingen zu lassen. »Alles in Ordnung. Unser Freund hat mir soeben fünfeinhalb Stunden No-Theater verpaßt. Jetzt sind wir in Roppongi. Honigtopf befindet sich in einem Antiquitätenladen auf der anderen Straßenseite. Ich werde ihn beim Abendessen im Auge behalten und dann in seinem Hotel abliefern.«

2

Lewinter hatte sich diesen Augenblick Hunderte Male vorgestellt, aber nie war ihm die Idee gekommen, daß der Wachtposten nicht englisch sprechen würde. Über die gläserne Schreibtischplatte hinweg blickte er in das sture slawische Gesicht und hatte Mühe, die Enttäuschung und die Angst zu unterdrücken, die in ihm aufkeimten.

»Hören Sie«, sagte Lewinter, diesmal mit mehr Geduld und Respekt. »Ich muß den Botschafter sprechen.« Er wiederholte das Wort dreimal, als könne er es dem Wachtposten durch bloße Wiederholung begreiflich machen. »Ich bin ein Amerikanski«, fügte er hinzu.

Die zwei japanischen Putzfrauen, die den Marmorboden der Botschaft schrubbten, blickten neugierig auf. Der Wachtposten, der neu und seiner Sache noch nicht ganz sicher war, zögerte. Schließlich hob er achselzuckend den Hörer ab und rief den diensthabenden Offizier an.

Während der Mann wählte, spürte Lewinter, wie seine innere Spannung ein wenig nachließ. Endlich geschah etwas. Zum ersten Mal nahm er seine Umgebung wahr: die Japanerinnen, die nun fleißig arbeiteten; den uniformierten Wachtposten, der sich in eine russische Zeitung vertiefte; das kleine Lenin-Porträt in einem viel zu pompösen Goldrahmen; die Sprünge im Marmorboden; den Kronleuchter, der an einem staubigen schwarzen Kabel hing; die Decke, von welcher der Verputz abbröckelte. So hatte er sich das nicht vorgestellt. So nicht.

Der diensthabende Offizier, ein kleiner, finster dreinblickender Armenier mit buschigen Augenbrauen, ging auf Zehenspitzen über den noch nassen Marmorboden und pflanzte sich direkt vor Lewinter auf. »Also«, sagte der Armenier und zeigte lächelnd auf seine Uhr. »Seit fünfzehn Minuten wir haben geschlossen für heute.«

»Ich muß mit Ihrem Botschafter sprechen«, sagte Lewinter und fragte sich, wieviel Englisch der Armenier wohl verstand. »Ich möchte in die Sowjetunion.«

»Leider«, sagte der Armenier, »aber Visaabteilung zumachen um fünf. Morgen wieder versuchen nach neun.«

»Sie verstehen mich nicht«, sagte Lewinter. »Ich bin Amerikaner. Ich möchte in die Sowjetunion, um dort zu leben – für immer.«

»Für immer?« wiederholte der Armenier und suchte nach der Bedeutung dieses Ausdrucks. Er fand sie und begriff endlich. Er dachte an einen Freund, der einmal die Chance verpaßte, in Istanbul einige Dokumente zu kaufen – und dann in Tiflis landete, wo er Briefmarken stempeln mußte. Mit einer Kopfbewegung bedeutete er dem Amerikaner, ihm durch die Halle zu folgen.

In einem großen, muffigen Raum, der mit riesigen Polstermöbeln vollgestopft war, ließ sich Lewinter in einem Fauteuil mit gebrochener Sprungfeder nieder und wartete. In der letzten halben Stunde hatte er den schwersten Schritt seines Lebens getan, und doch erschien ihm die ganze Sache lächerlich. Monatelang hatte er mit der ihm eigenen Freude am Detail seinen Absprung geplant – die Reise nach Japan, die Tabletten, das Shampoo, die Röntgenaufnahmen, die letzte Postkarte an Maureen, sogar das Buch, das er im Flugzeug nach Moskau zu lesen gedachte. Nun aber war er irgendwie in die Kulissen eines Hitchcock-Films geraten – in eine schäbige Botschaft, in einen altmodischen Raum, unter Leute, die seine Sprache nicht verstanden. Er konnte sich fast sehen, wie er so dasaß, sich offenbar nicht ganz wohl in seiner Haut fühlte und etwas lächerlich wirkte, auf die hohe Decke starrte, die Beine abwechselnd übereinanderschlug und sich fragte, ob ihn sonst noch jemand so beobachtete wie er sich selbst.

Als Lewinter in die Wirklichkeit zurückkehrte, hörte er Männerstimmen. Die Tür öffnete sich. Der Mann, der eintrat, sah aus, als schlendere er gerade aus einem amerikanischen College. Alles an ihm war stilecht, es fehlte bloß die Pfeife zwischen den Zähnen; er war schlank und hatte abfallende Schultern; er trug eine Fliege, ein beigefarbenes Hemd mit geknöpftem Kragen, eine offene Harris-Tweed-Jacke mit Wildlederflecken an den Ellbogen, zerknitterte Sporthosen und Mokassins. Sein langes, gewelltes Haar war an den Seiten hochgekämmt. Diese Frisur und seine hohe Stirn verliehen ihm das Aussehen eines Intellektuellen. Er hatte gelbgrüne Augen; irgend etwas an ihnen verriet die ironische Denkweise dieses Mannes.

Er lächelte gewinnend, holte einen Stuhl und setzte sich zu Lewinter. »Welche High School haben Sie besucht?« erkundigte er sich in perfektem Englisch.

»Was soll das heißen, welche High School ich besucht habe?« sagte Lewinter und rückte mit seinem Stuhl nach hinten. Leuten, die sofort Freundschaft schließen wollen, mißtraute er instinktiv. »Erst lassen Sie mich eine halbe Stunde warten, und dann kommen Sie mit so einer Frage! Haben Sie überhaupt die leiseste Ahnung, warum ich hier bin?«

»Beruhigen Sie sich erst einmal«, sagte der Russe. »Es sind nur zwanzig Minuten gewesen. Man mußte mich erst in die Botschaft zurückholen. Meine Frage nach der High School hat jedenfalls einen Sinn. Wenn man weiß, welche Schule ein Amerikaner besucht hat, kann man sich schon ein Bild von ihm machen. Nehmen Sie mich als Beispiel. Ich ging auf die Horace Mann High School. Die Kerle dort waren alle Bourgeois aus dem gehobenen Mittelstand – nicht gerade jene Typen, die Sie in einer Sowjetbotschaft anzutreffen erwarten, wenn Sie nach Dienstschluß auftauchen und um politisches Asyl ansuchen. Sie sehen«, sagte er und tippte sich lachend auf die Stirn, »ich weiß sehr wohl, warum Sie hier sind – ich denke immer. Seien Sie also vorsichtig!«

Lewinter begann sich unwillkürlich für den Russen zu erwärmen. »Was taten Sie an der Horace Mann High School?« erkundigte er sich.

»Mein Vater diente sich als guter Kommunist im sowjetischen

Außendienst hoch, bis er nach Riverdale kam«, sagte er. »Er war sechs Jahre lang im Sekretariat der Vereinten Nationen tätig. In welche High School sind Sie nun wirklich gegangen?«

»In die Bronx High School of Science«, sagte Lewinter, überrascht, daß er die Frage beantworten wollte.

»Aha!« sagte der Russe, klopfte Lewinter auf die Knie und drohte ihm scherzhaft mit dem Finger. »Kleinbürger, Intellektueller, Intelligenzquotient mindestens 135, kein besonders guter Sportler, vor dem Collegebesuch kein Geschlechtsverkehr, auch dann nicht sicher. Ich würde Sie für einen Juden halten, nur wirken Sie nicht jüdisch. Wie habe ich das getroffen?«

»Gut, außer was den Geschlechtsverkehr betrifft«, log Lewinter. Dann wurde er ernst: »Wir könnten jetzt die ganze Nacht über die Vorteile der Bronx High School gegenüber der Horace Mann High School diskutieren – aber ich habe nicht die ganze Nacht Zeit! Ich habe meine Chancen sehr genau kalkuliert. Entweder ich verlasse Japan mit Ihrer Acht-Uhr-Maschine, oder es ist sehr unwahrscheinlich, daß ich überhaupt hinauskomme.« Er zog eine Taschenuhr hervor und klappte den Deckel auf. »Mir bleiben zweieinviertel Stunden. Ich muß mit Ihrem Botschafter sprechen.«

»Mein Botschafter ist wohl so ziemlich der letzte, den Sie sehen möchten«, sagte der Russe. Ein Lächeln huschte über sein Gesicht. »Er ist großartig, wenn es darum geht, bei einer Eröffnung zu repräsentieren, aber wichtige Probleme reicht er an mich weiter. Wenn Sie ein wichtiges Problem sind« – er legte beide Handflächen auf seine Brust –, »dann bin ich Ihr Mann.«

Lewinter glaubte es ihm.

Der Russe nahm ein kleines grünes Notizbuch aus seiner Brusttasche und schraubte einen Filzschreiber auf. »Nachdem ich nun mit meinem unwiderstehlichen Charme Ihre Reserviertheit überwunden habe, ist für den echten Jewgenij Michailowitsch Pogodin – so heiße ich nämlich – der Augenblick gekommen, sich Ihnen zu enthüllen. Vor Ihnen sitzt ein Mann, der zu einem Viertel Marxist, zu einem Viertel Humanist und zur Hälfte Bürokrat ist.«

Sein Filzschreiber glitt über das Notizbuch. »Ihr Name?«

Lewinter fühlte sich wie bei einem schmerzlos arbeitenden Zahnarzt.

»A. J. Lewinter. Großes A, großes J, großes L, kleines W.«

»Wofür steht das A?« fragte Pogodin.

»Für Augustus. Das J steht für Jerome. Aber ich benütze nur die Initialen.«

»Na schön, Mr. großes A großes J Lewinter. Ihr Alter?«

»Neununddreißig.«

»Anschrift?«

»Cambridge, Massachusetts.«

Pogodin blickte auf. »Was machen Sie in Cambridge?«

»Ich bin außerordentlicher Professor am M. I. T. und Fachmann für technische Keramik. In den letzten vier Jahren habe ich an keramischen Raketenspitzen für das MIRV-Programm gearbeitet.«

Der Russe kritzelte Lewinters Antworten in sein Notizbuch, dann hielt er inne, um die Niederschrift nochmals durchzulesen. Ohne aufzublicken fragte er: »Was führte Sie nach Japan, Mr. Lewinter?«

»Das Ökologiesymposion an der Waseda-Universität. Gestern hielt ich dort einen Vortrag. Wenn ich nicht gerade an Raketenspitzen arbeite, befasse ich mich vor allem mit Ökologie. Vor einigen Jahren entwickelte ich ein Festmüllverwertungssystem, das in ganz Amerika Anwendung finden könnte. Es bietet phantastische Möglichkeiten. Es besteht darin, in regionalen Zentren Festmüll zu sammeln, der neu aufbereitet und wiederverwertet werden kann. Ob Sie es glauben oder nicht, in Washington haben sie nicht mit der Wimper gezuckt, trotz der Probleme, die wir mit dem Abfall haben – und obwohl ich schwarz auf weiß bewies, daß sich das ganze System in fünfunddreißig Jahren amortisieren würde.« Lewinter hielt inne. »Spreche ich zu schnell für Sie?«

Aber Pogodin hatte zu schreiben aufgehört.

»Warum wollen Sie in die Sowjetunion gehen?«

»Wie soll ich nur mit der Beantwortung dieser Frage beginnen?« sagte Lewinter. »Ich könnte Ihnen vom Ende des amerikanischen Traums erzählen – von der Umweltverschmutzung, den Verbrechen, der politischen Korruption, der Isolierung der Intellektuellen, dem Rauschgift, der Unterdrückung der Meinungsfreiheit. Aber es gibt noch einen weiteren Grund. Ich gehöre zu dem berühmten militärisch-industriellen Komplex. Ich habe in ihm gelebt. Ich weiß, wovon ich rede. Mein Land ist eben dabei, ein Kernwaffenarsenal für den ersten Schlag aufzubauen. Und so wahr wir hier sitzen, irgendein General in Washington wird eines Tages vorschlagen, daß wir es auch verwenden. Ich will Ihnen zum militärischen Gleichgewicht verhelfen, damit die Generäle nicht in Versuchung kommen. Ich will Ihnen das MIRV-System ausliefern.«

Pogodin hatte plötzlich den Eindruck, daß er es mit einem Irren zu tun hatte. In Pogodins Welt waren Geheimdienstoperationen langwierige und mühselige Angelegenheiten, bei denen sich Hunderte von Menschen mit Bruchstücken von Informationen herumplagten, gleichsam einen Teil eines Puzzlespiels zusammensetzten, der – vielleicht – in ein größeres Bild passen mochte. Es ist nicht so, daß Unbekannte einfach von der Straße hereinspazieren und einem einen Schatz überreichen. Und doch...

»Ich möchte Ihnen offen sagen, was ich mir denke«, sagte Pogodin. Er hatte schon Hunderte von Menschen verhört und längst entdeckt, daß Offenheit eine starke Waffe war – vor allem, weil sie so ziemlich das letzte war, was Leute in Lewinters Lage erwarteten. »Wenn Sie tatsächlich haben, was Sie zu haben behaupten, dann wäre das eine wichtige Sache für uns. Und natürlich wären wir Ihnen dafür sehr dankbar. Aber Leute mit derartigen Informationen kommen nun einmal nicht von der Straße hereinspaziert. Ich bin daher verpflichtet, die anderen Möglichkeiten ins Auge zu fassen. Sie mögen ehrlich glauben, diese Informationen zu besitzen; aber vielleicht glauben Sie das bloß, weil andere es so wollen. Sie könnten, wissentlich oder unwissentlich, ein Strohmann sein, den uns jemand schickt, um uns Spielmaterial unterzuschieben. Oder Sie könnten ein kompletter Narr sein. Es gibt noch andere Varianten, aber die sind zu kompliziert, um auf sie einzugehen. Daher frage ich Sie: Was würden Sie an meiner Stelle tun?«

»An Ihrer Stelle«, sagte Lewinter, auf das Spiel eingehend, »würde ich die Möglichkeit nicht außer acht lassen, daß ich zumindest so wichtig bin, wie ich das behaupte – und vielleicht sogar noch wichtiger.«

»Doch, Sie brächten das fertig«, sagte Pogodin. »Sie kennen die Spielregeln nämlich nicht.«

»Und die lauten?«

»In diesem Stadium unserer Beziehungen müssen Sie uns ein Zeichen Ihrer Aufrichtigkeit liefern«, sagte Pogodin. »Überlaufen« – der Russe betonte das Wort – »ist eine heikle Sache. Sie müssen uns schon etwas geben, woran wir kauen können.«

Der Köder baumelte vor Lewinter. Er dachte an seinen Personalausweis, an seinen Fakultätsausweis vom M. I. T., an seinen Paß. Aber es war ihm klar, daß ihm keines dieser Dokumente zu einem Platz in der Acht-Uhr-Maschine nach Moskau verhelfen würde.

»Passen Sie auf«, sagte er, »ich könnte Ihnen die Flugbahnformel eines der Scheingefechtsköpfe in einer MIRV-Rakete geben. Die können Sie nach Moskau kabeln. Sicherlich wird es dort jemanden geben, der ihren Wert bestätigen kann.«

Mit ausdruckslosem Gesicht hielt Pogodin Lewinter das grüne Notizbuch hin.

»Brauchen Sie eine Füllfeder?« fragte er höflich.

»Nein, danke, ich habe meine eigene«, sagte Lewinter. Dann begann er mit klarer Schrift zu schreiben.

3

»Achtung, jetzt kommt der wichtige Teil«, sagte Diamond. Das hohe, holzgeschnitzte Tor der Sowjetbotschaft ging auf. »Der da hinten ist der KGB-Residenturchef Mickey Pogodin. Der Kerl rechts ist einer seiner Armenier. Der untersetzte Kerl links ist Lewinter. Sobald sie das Tor passiert haben, kommt eine Großaufnahme von ihm. Jetzt, Mr. Lawson, genau hier, halten Sie hier an.«

Grobkörnig und etwas überbelichtet füllte das Gesicht A. J. Lewinters die kleine Projektionsfläche am Ende des Raumes aus. Es war ein seltsam zwiespältiges Porträt: Seine Augen waren in dem Augenblick festgehalten worden, da sie zusammengekniffen und ängstlich seitwärts blickten; sein halboffener Mund hingegen zeigte ein selbstbewußtes und entspanntes Lächeln.

»Okay, Mr. Lawson, lassen Sie jetzt bitte den Film zu Ende laufen.«

Das Bild zeigte wieder die Totale und wurde unscharf, gleich darauf aber wieder klar. Ein vorbeifahrender Autobus verdeckte einen

Augenblick lang die Szene. Lewinter war eben dabei, in den Fond einer wartenden Limousine zu steigen, als er sich plötzlich Pogodin zuwandte und auf das Botschaftsgelände wies.

»Sieht aus, als wolle es sich das Schwein nochmals überlegen«, sagte jemand.

Diamond ersparte sich eine Antwort, und die flachen Gestalten auf der Leinwand bewegten sich lautlos weiter. Pogodin sagte etwas zu dem Armenier, der in die Botschaft zurückrannte und mit einer kleinen Plastiktasche zurückkehrte. Die drei Männer stiegen in den Fond des Wagens, der nun aus dem Blickfeld verschwand. Die Projektionsleinwand wurde hell, als das Filmende um die Rolle flatterte. Es wurde Licht gemacht, und die vier Männer um den Tisch blinzelten unbehaglich.

»Haben wir eine Ahnung, was in der Tasche war?« fragte Steve Ferri.

»Das ist die Preisfrage«, sagte Diamond.

»Wieso hat unsere Residentur in Tokio...«

Mit einer Handbewegung schnitt Diamond Ferri das Wort ab. »Mr. Lawson, würden Sie so gut sein und den Film später zurückspulen. Und vielen Dank.«

Die Tür fiel hinter dem Vorführer ins Schloß.

Diamond saß am oberen Ende des Tisches, den Rücken den vertikalen Jalousien zugewandt, und überdachte die Lage. Die Gesichter der vor ihm sitzenden Männer sollten ihm wohlvertraut sein; immerhin hatte er jahrelang Seite an Seite mit ihnen gearbeitet. Aber den Vorsitz hatte er heute zum ersten Mal inne. Diamond saß auf dem Platz des Stellvertretenden Unterstaatssekretärs, und diese Sitzordnung schuf eine gänzlich neue Situation. Ein Blick auf Bob Billings und Steve Ferri ließ ihn das deutlich erkennen – die beiden hatten Mienen aufgesetzt, die er nicht ganz durchschauen konnte. Sie wirkten zu hart, zu distanziert, zu bewußt verbindlich. Der einzige, der Diamond völlig vertraut erschien, war Gordon Rogers, über dessen rosiges und geschmeidiges Gesicht als Zeichen seiner Unsicherheit ein Lächeln huschte. Mit Rogers konnte Diamond fertig werden, aber Billings und Ferri – Billings mit seinem scharfgeschnittenen Profil und Ferri mit seinen kalten Augen –, ja, Billings und Ferri würden ein Problem darstellen.

Es gab keine festen Spielregeln für die Situation, die Diamond nun meistern mußte, daher begann er mit einer ausweichenden Feststellung. »Also, meine Herren«, sagte er, »diesmal ist wirklich Feuer auf dem Dach.«

Steve Ferri ging zum Fenster und öffnete die Jalousien. Sonnenlicht fiel in schrägen Streifen auf den Teppich. »Ist dieses Urteil nicht verfrüht?« fragte er. Ferri hatte zwölf Jahre als Offizier in der Armee gedient, wo er sich einen eintönigen, leicht südstaatlich gefärbten Akzent zugelegt hatte. Wenn er sprach, bewegten sich die schmalen Lippen und der Kiefer kaum; er schien durch zusammengekniffene Zähne zu sprechen, was seinen Worten eine Art barscher Autorität verlieh.

»Wäre der Chef hier, dann würde er sicherlich verlangen, daß wir in dieser Sache vorsichtig vorgehen.«

»Steve, nicht jeder kann sich so gut wie Sie in den Stellvertretenden Unterstaatssekretär einfühlen«, meinte Diamond. »Tatsache ist, daß er jetzt mit Herzklappenentzündung im Bethesda-Krankenhaus liegt und ich hier die Stellung halte.« Er vermied es, Ferri in die Augen zu schauen. »Sehen Sie«, sagte er, »in diesem Raum gibt es keinen, der jetzt nicht in Schwierigkeiten steckt. Wir sind für die Sicherheit des MIRV-Programms verantwortlich, und wir haben völlig versagt.«

Diamond machte es sich in dem ungewohnten Stuhl bequemer und streckte die Beine aus. Er bot ein Bild lässiger Eleganz; ein Mann um die Vierzig, unbekümmert die Hemdsärmel hochgekrempelt; ein dicker brauner Haarschopf fiel ihm in die Stirn. Er sah aus, als könnte er mit allem fertig werden. Aber er fragte sich, ob er es wirklich könnte. Alles schien zusammenzukommen. Zunächst hatte sich vor zehn Tagen jene unglaubliche Szene in seinem Büro abgespielt: Der Stellvertretende Unterstaatssekretär war nach Luft ringend auf dem Teppich gelegen. Und dann, kaum eine Woche später, sah sich Diamond auf diesen Posten gestellt. Und nun der Überläufer. Zu all dem kam noch Sarah, ein Problem, das er hätte vermeiden können – aber nicht vermeiden wollte.

Dennoch hatte er sich seit seiner Dienstzeit in der Agency nicht mehr so beschwingt gefühlt – anders konnte man das nicht bezeichnen. All diese Probleme ließen ihn irgendwie aufblühen, sie stärkten sein Ego und verliehen seinem Ehrgeiz neue Impulse. Die Gesetze, nach denen sich sein bisheriges Leben abgespielt hatte, waren plötzlich ungültig geworden und an ihre Stelle neue, weit vielversprechendere getreten. Diamond zweifelte nicht daran, daß man ihn offiziell zum Stellvertretenden Unterstaatssekretär für Sicherheitsfragen ernennen würde, wenn er die Sache mit dem Überläufer geschickt erledigte. Das Mädchen war eine andere Geschichte, eine Liebesgeschichte, und seit seiner Heirat hatte er keine Liebesgeschichte mehr erlebt.

»Ich bin noch immer der Ansicht, daß Sie übertreiben«, sagte Ferri und blickte zu Billings, um zu sehen, ob dieser ihn unterstützen würde. Aber Billings schwieg; wenn er sich schon mit Diamond anlegen sollte, dann würde er und nicht Ferri den geeigneten Augenblick wählen.

»Ich übertreibe?« sagte Diamond. Er war darauf bedacht, wenn schon nicht in der Wahl seiner Worte, so doch im Tonfall verbindlich zu bleiben. »Die ganze Sache war doch von allem Anfang an total versaut.« Er klappte einen Aktenordner auf und begann in einem Stapel von Dokumenten herumzustöbern. »Hier ist ein Bericht der Untersuchungs- und Personalabteilung – dafür sind Sie zuständig, Steve. Drei Wochen bevor Lewinter um Erlaubnis zum Besuch eines Symposions in Japan ansuchte, berichteten Ihre Leute, daß Lewinter« – Diamond fuhr mit dem Finger über die Seite – »fünfhundert Chlor-Trimeton-Heufiebertabletten und ein Dutzend Plastikflaschen mit Schuppenshampoo kaufte. Ebenso wußten wir aufgrund dieses Berichts, daß er zu seinem Zahnarzt – einem Dr. Fishkin in Boston – gegangen war und seine zahnärztlichen Unterlagen an sich genommen hatte. In irgendeinem Winkel unseres gewaltigen Sicherheitsapparats hätte da ein Alarmsignal ertönen müssen. Aber was geschieht? Lewinter ersucht um Erlaubnis zu einer Reise nach Japan – und ein gewisser Stefano Ferri, Direktor der Untersuchungs- und Personalabteilung, unterschreibt den Wisch.« Diamond strich das zerknitterte Papier glatt.

»Was ist daran so ungewöhnlich, wenn jemand Heufiebertabletten en gros kauft?« fragte Ferri aggressiv, aber seine Stimme klang ein wenig zu hoch. »Und das Schuppenshampoo – also bitte, Leo, was soll das! Was die zahnärztlichen Unterlagen anbelangt, so haben wir die Sache zwei Tage danach überprüft. In Wirklichkeit hatte Lewinter einen Streit mit Ihrem Dr. Fishkin und fragte überall nach einem anderen Zahnarzt.«

»Haben Sie jemals gehört, daß jemand fünfhundert Tabletten kauft?« fragte Diamond. »Außer er nimmt an, daß er dazu nicht mehr in der Lage sein wird. Ich wette, wenn Sie Lewinters Flugtasche öffneten, würden Sie dort die Tabletten, das Shampoo und Dr. Fishkins Röntgenaufnahmen finden.«

»Ich weiß nicht, Leo, aber mir scheint, Sie lesen da viel zuviel hinein«, sagte Gordon Rogers. »Ich gebe gern zu, daß wir in Anbetracht des Geschehenen mehr hätten tun sollen, als ihn in Tokio routinemäßig zu überwachen. Aber wenn wir jeden vom MIRV-Programm einsperren wollten, der Tabletten en gros kauft, dann hätten wir alle Hände voll zu tun.« Rogers, ein etwas weibisch wirkender Mann mit wulstigen, weichen Lippen, räusperte sich zufrieden, weil er glaubte, ein treffendes Argument vorgebracht zu haben.

»Ich hoffe, der Verteidigungsminister birgt in seinem Busen ebensoviel Nächstenliebe wie Sie«, sagte Diamond. »Aber verlassen Sie sich nicht darauf. Als ich gestern spät am Abend sein Büro verließ, erwartete er einen Anruf des Präsidenten. Eines kann ich Ihnen sagen: Die Klimaanlage lief auf Hochtouren – aber der Verteidigungsminister schwitzte wie ein Schwein. Und wenn wir nur eine Spur von Vernunft hätten, würden wir es auch tun. Abgesehen vom Integrierten Operationsplan und der Liste strategischer Ziele haben wir es hier mit dem wichtigsten Element der nationalen Sicherheit zu tun, das derzeit existiert.«

»Na schön, ich schwitze«, sagte Rogers, holte ein feines weißes Taschentuch mit seinen Initialen hervor und begann sich die Stirn abzutupfen. »Um Himmels willen, wann werden wir ein kleineres Konferenzzimmer oder eine größere Klimaanlage bekommen? Bei Gott, die Leute von der Strategischen Planung auf der anderen Seite der Halle lassen sich so etwas nicht gefallen.«

»Wie steht es mit der Neuverteilung der Büroräume?« warf Ferri ein. »Da der Chef außer Gefecht ist, werden wir bei der Vergabe von Arbeitsräumen wahrscheinlich den kürzeren ziehen. Man muß diesen Leuten dauernd auf die Zehen steigen. Nur wer schreit, kriegt was. Vielleicht sollte ich Ihnen eine Kopie des Memorandums schikken, das ich für den Chef ausgearbeitet habe. Ich habe Aktenschränke in der Besenkammer untergebracht und drei Assistenten, die übereinanderstolpern, in einem zwei mal zwei Meter großen Loch, das eigentlich für den Trinkwasserkühler bestimmt war.«

Diamond hatte das Gefühl, als stemme er sich gegen ein Steuerruder und versuche, ein Segelboot in einer steifen Brise auf Kurs zu halten. »Ich bin ebenso wie jeder andere darauf bedacht, daß wir kriegen, was uns zusteht«, sagte er, »aber können wir diese Sache im Moment nicht zurückstellen?« Diamond ging zu einem Schrank neben der Tür. »Hören Sie sich das einmal an«, sagte er und schaltete ein Tonbandgerät ein.

»He, George, ich bin's«, sagte eine Stimme, die aus einem Tunnel zu kommen schien.

»Wo, zum Teufel, sind Sie und Honigtopf geblieben?«

»In Marunouchi«, antwortete die Stimme. »Alles in Ordnung. Unser Freund hat mir soeben fünfeinhalb Stunden No-Theater verpaßt. Jetzt sind wir in Roppongi. Honigtopf befindet sich in einem Antiquitätenladen auf der anderen Straßenseite. Ich werde ihn beim Abendessen im Auge behalten und dann in seinem Hotel abliefern.«

Diamond schaltete das Gerät wieder aus.

»Dieser verdammte Chapin«, sagte Rogers. »Was für ein Idiot.«

»Nicht nur Chapin«, sagte Diamond. »Auch die Residentur in Tokio – sie hat so ziemlich alle Vorschriften verletzt. Chapin verliert Lewinter aus den Augen, dann vergeudet er dreieinhalb Stunden, indem er vor dem Hotel auf Lewinter wartet, ehe er dessen Verschwinden meldet. Es stellt sich heraus, daß die Residentur Filme hatte, auf denen man Lewinter in der sowjetischen Botschaft aus und ein gehen sah, aber sie entwickelten diese Filme erst achtundvierzig Stunden, nachdem er das Land verlassen hatte. Nach Ihren eigenen Vorschriften, Gordon, müßten diese Filme dreimal täglich, am Ende jeder Arbeitsschicht, abgeliefert und entwickelt werden. Wenn ich unrecht habe, unterbrechen Sie mich.«

Rogers nickte bekümmert.

»Dann war da noch die simple und alltägliche Sache mit dem verschlüsselten Funkverkehr«, fuhr Diamond fort. »Vierzig Minuten nachdem Lewinter durch die Tür dieser Botschaft getreten war, gab es einen für die Zeit nach Dienstschluß ungewöhnlich regen verschlüsselten Funkverkehr mit Moskau. Offensichtlich war da etwas im Gange. Was, zum Teufel, tat die Residentur?«

»Letzten Monat hatten die Russen an zwölf Abenden verschlüsselten Funkverkehr nach Dienstschluß«, sagte Rogers.

Diamond wartete, daß er noch etwas hinzufügen werde, aber Rogers ließ es dabei bewenden.

»Okay, lassen wir einmal Chapin, die Filme und den Funkverkehr beiseite«, sagte Diamond. Er nahm einen anderen Bericht zur Hand. »Eine Stunde fünfundvierzig Minuten, nachdem Lewinter die Botschaft betreten hatte – eine volle Stunde, ehe die Maschine mit Lewinter und Pogodin an Bord nach Moskau startete –, hielt die Residentur den Bericht einer örtlichen Agentin in Händen. Es handelte sich um eine japanische Putzfrau, die in der Sowjetbotschaft arbeitete. Sie berichtete, daß ein Amerikaner nach Dienstschluß hereingekommen sei, daß der diensthabende Offizier ihn rasch in ein Zimmer gedrängt habe und daß von der Hauptvermittlung aus zahlreiche aufgeregte Telefongespräche geführt worden seien. Die Putzfrau sprach bloß Russisch, sie verstand kein Englisch. Sie berichtete – hören Sie sich das an –, sie erzählte doch tatsächlich der Residentur, sie habe Bruchstücke eines Wortwechsels zwischen Pogodin und dem Botschafter Stantschew gehört. Der Botschafter habe anscheinend den kürzeren gezogen und sei hinausgestürmt, sofort danach seien alle japanischen Bediensteten nach Hause geschickt worden. Das war nicht einmal mehr ein Puzzlespiel, das war schon ein Scherenschnitt für Kinder.«

Rogers hatte es die Rede verschlagen. Er saß da, den Kopf auf beide Hände gestützt, und starrte auf die Tischplatte.

Robert Billings, ein magerer, aristokratischer Bürokrat, der auf seine Fähigkeit zur Haarspalterei stolz war, ließ sich nicht erschüttern. »Ich muß schon sagen, Leo, mir scheint, Sie geben sich größte Mühe, die einzelnen Fakten so zusammenzustellen, daß uns das Gesamtbild in schlechtem Licht erscheinen läßt. Ich las den Bericht – all diese Berichte gingen durch meine Hände. Die Putzfrau sagte nicht, daß sie einen Amerikaner sah; sie sagte vielmehr, sie habe einen Mann gesehen, den sie für einen Amerikaner hielt. Sie sagte nicht, daß sie Pogodin und Stantschew streiten hörte; sie sagte, sie habe einen Wortwechsel in der Halle belauscht, und dann sei der

Botschafter hinausgeeilt, nicht hinausgestürmt.«

Billings sprach von oben herab, gleichsam als Hüter des Grals. Leo Diamond gegenüber war er der überlegene Sprecher seiner Kollegen. In der Abteilung rangierte er als Direktor der Sektion Sicherheitsplanung und -programmierung direkt unter Diamond; als Dienstältesten wurde ihm von allen unübertreffliche Sachkenntnis zuerkannt. Er war brillant, zuverlässig und völlig mit der Abteilung verwachsen und wäre wahrscheinlich schon längst zum Chef ernannt worden, wenn er nicht einen so schulmeisterlichen und pedantischen Charakter gehabt hätte.

»Ich gebe zu, daß ein hundertprozentiges Überwachungssystem Lewinter vor dem Absprung erwischt haben könnte, aber ein solches Überwachungssystem entspricht nicht der Lebensauffassung in unserem Land«, fuhr Billings fort. »Sie haben jedoch das Wesentliche übersehen« – er sagte das sehr ruhig und ließ die Worte für sich selbst sprechen –, »ja, ich bin überzeugt, daß Sie das Wesentliche übersehen haben. Im Augenblick lautet die Kernfrage nämlich nicht: Wieso ließ man Lewinter entwischen, sondern vielmehr: Was hat er mit sich genommen – abgesehen von den Heufiebertabletten und dem Haarmittel natürlich. Mit anderen Worten: In welchem Ausmaß kann er unseren Freunden auf der anderen Seite helfen, und wie sehr kann er uns schaden? Meiner Meinung nach lautet die Antwort aufgrund der uns bekannten Fakten: keineswegs sehr viel.«

Leo Diamond kritzelte mit seinem Bleistift verschieden große S auf den gelben Schreibblock. »Und was sind in Ihren Augen die uns bekannten Fakten, Bob?« sagte er, den Blick auf den Schreibblock geheftet. Billings' Bemerkung: »Sie haben das Wesentliche übersehen«, stand zwischen ihnen im Raum.

»Schließlich ist das einzige Faktum, das ich kenne, eines, das wir alle kennen«, sagte Billings, immer noch gelassen. »Wer ist denn schon dieser A. J. Lewinter? Seine Sicherheitsakte« – Billings warf ein zusammengerolltes Computerformular auf den Tisch, als lege er es als Beweismaterial vor – »ist ziemlich farblos. Alter neununddreißig. Intelligenzquotient einhundertfünfundvierzig. Absolvierte mit Auszeichnung ein weithin unbekanntes Keramikinstitut im Osten unseres Landes, die sogenannte Alfred University. Ziemlich tüchtiger Fachmann auf dem Gebiet der technischen Keramik. Heirat.

Zwei Kinder. Scheidung. Begann vor vier Jahren für das MIRV-Programm zu arbeiten, indem er keramische Raketenspitzen entwarf. Gehalt 17 500 Dollar. Damals wurde er vom Sicherheitsdienst überprüft. Keine Schulden. Hetereosexuell. Keine Perversionen bekannt. Politisch etwas links von der Mitte, aber wer ist das nicht am M. I. T.? Jedenfalls war er kein Aktivist. Das einzig Außergewöhnliche in seiner Akte ist seine Leidenschaft für ökologische Fragen – kaum ein Grund zur Besorgnis. Vor sieben Monaten ließ er sich mit einer Forschungsassistentin ein, die wie eine Zweitausgabe seiner Frau wirkt. Auch sie wurde überprüft. Keine Schulden. Keine Perversionen bekannt. Politisch etwas links.« Billings – außer Diamond der einzige Mann am Tisch, der Aussicht hatte, Chef der Abteilung zu werden – beherrschte das Gespräch völlig. »Mickey Pogodin wird vielleicht seine Wunder erleben, wenn sie Lewinter zu verhören beginnen«, fuhr er äußerst selbstsicher fort. »Warum machen wir uns Sorgen? Ein Fachmann für keramische Raketenspitzen springt ab, und wir geraten in Panik? Auf dem Gebiet der keramischen Raketenspitzen sind die Sowjets genauso weit wie wir, vielleicht sogar weiter. Wahrscheinlich könnten sie Lewinter noch das eine oder andere beibringen. Alles ist so klar, daß man schwer begreift, warum ihn unsere sowjetischen Freunde überhaupt aufgenommen haben.«

Diamond füllte ein besonders breites S schwarz aus, dann blickte er auf. Seine Lippen waren fest zusammengepreßt. Gordon Rogers schrieb auf ein Notizbuch mit losen Blättern. Steve Ferri und Robert Billings starrten Diamond an. Das einzige Geräusch im Raum war das Summen der Klimaanlage.

Diamond brach das Schweigen. »Bob, nicht ich habe das Wesentliche übersehen, sondern Sie.« Er hatte die Herausforderung angenommen. »Der wichtigste Hinweis ist nicht diese Sicherheitsakte, sie verrät uns so gut wie nichts über Lewinter – den wirklichen Lewinter aus Fleisch und Blut, den Lewinter, wie er leibt und lebt. Der wichtigste Hinweis – und der einzige, mit dem wir uns in diesem Stadium beschäftigen sollten – ist die Tatsache, daß die Sowjets ihn aufgenommen haben. Sie gestatteten ihm, überzulaufen. Sie riskierten einen diplomatischen Zwischenfall in Japan. Sie riskierten es, einem Strohmann oder Spielmaterial aufzusitzen. Dennoch nahmen sie ihn auf. Hier beginnt die Wahrheit – bei der Tatsache, daß sie ihn aufnahmen. Die Russen sind nicht naiv. Bevor sie ihn nach Moskau flogen, hat er sicher beweisen müssen, daß es dafürstand, ihn aufzunehmen.«

Diamond begann an einem anderen S zu kritzeln, gab es aber auf. »Was glauben Sie, was in den verschlüsselten Funksprüchen stand, die nach Dienstschluß zwischen der Botschaft und Moskau ausgetauscht wurden?« sagte er. »Wir haben allen Grund, uns über unseren farblosen Mr. Lewinter Sorgen zu machen: Sie haben ihn aufgenommen.«

4

»Ich bin keine Materialistin«, sagte Sarah. »Ich mag einfach Dinge.«

»Soviel habe ich schon begriffen«, sagte Diamond. Er sah sich im Zimmer um. Fast alle ebenen Flächen waren mit Sarahs ›Dingen‹ überladen: Muscheln, bemalte Eierschalen, Steine, Elfenbeinkämme, französische Lakritzendosen, japanische *Kokeshi*-Puppen, Briefbeschwerer, alte Taschenuhren, gebrauchte Knöpfe lagen wahllos verstreut herum. »Ich könnte in einer solchen Umgebung niemals wohnen. Komisch, ich bewundere Menschen, die das können, aber mich würde das nervös machen. Es ist zu sehr wie... *Bouillabaisse.*«

Sarah saß mit überkreuzten Beinen auf dem Bett, nackt, schlaksig, knabenhaft reif – gleichsam eine frischgeschnittene Blume auf starkem Stiel. Sie betrachtete Leo, der sich mit dem Rücken gegen einen Haufen bunter Kissen lehnte, während die Zehen seines rechten Fußes unter der Decke herausragten. Sarah hatte schon etliche Liebhaber gehabt; sie brachte sie aber selten nach Hause. Wenn sie es einmal tat, dann testete sie die Männer heimlich – sie beurteilte sie nach ihrer Reaktion auf ihre Sammlungen. Sie hoffte, daß sie Leo gefielen, denn sie mochte Leo. Aber seine unklare Haltung verwirrte sie. Sie beugte sich über das Bett, wobei ihr langes braunes Haar seine Brust streifte, und fischte eine kleine Mahagonischachtel vom Nachttisch.

»Was hältst du davon?« fragte sie. »Das habe ich bei meinem letzten Bummel auf dem Pariser Flohmarkt entdeckt.«

»Was ist das?« fragte Diamond, instinktiv in neutralem Ton. Er hob den Deckel. Darin lagen, auf abgewetztem, purpurrotem Filz, sechs zwiebelförmige Messinggegenstände und ein Thermometer aus Stahl.

»Ich habe nicht die blasseste Ahnung«, sagte Sarah lachend. »Kann man nicht etwas mögen, ohne zu wissen, was es ist?«

»Ich mochte dich.« Diamond spielte wieder ein Spiel – und das störte ihn. Er hatte geglaubt, bei Sarah könne er seine Vorsicht beiseite lassen. Seitdem er erwachsen war, hatte er nie jemandem völlig vertraut, und es fiel ihm schwer, jetzt damit zu beginnen. Dennoch wollte er es versuchen. Er nahm eine der Messingzwiebeln heraus, drehte sie zwischen den Fingern und bemühte sich, die eingeätzte Inschrift zu entziffern. »Es ist wirklich sehr hübsch. Wirklich. Aber was ist es? Als du es gekauft hast, mußt du doch gewußt haben, was du kaufst.«

»Aber darum geht es ja gerade, Leo«, sagte sie. »Das ist ein Teil meiner Ich-weiß-nicht-was-Sammlung. Ich habe noch viel mehr davon.« Sie glitt vom Bett, stöberte auf einem niedrigen Regal herum und begann allerlei Sachen und seltsam geformte Gegenstände auf seinem Schoß aufzustapeln. »Für diese besondere Sammlung kaufe ich nur Dinge, von denen selbst der Verkäufer nicht weiß, was sie sein sollen.«

»Im Department gibt's einen Kerl, der diesen Dingen für dich nachgehen könnte«, sagte Diamond. »Er würde dir nicht nur sagen, worum es sich dabei handelt, sondern auch, wer sie wo erzeugt hat.«

»Vielen Dank, aber das will ich nicht«, sagte Sarah. »Das würde alles verderben. Wenn ich wüßte, was diese Dinge eigentlich sind, dann würde ich sie nicht mehr lieben – und nicht mehr behalten.«

Diamond genoß die ungezwungene Vertraulichkeit dieses Augenblicks. Die Zeit nach dem Liebesakt war für ihn stets etwas ganz Besonderes gewesen. Die wenigen Liebesaffären in seinem Leben, auch die mit seiner Frau, waren ihm schließlich auf die Nerven gegangen, nicht etwa, als der Geschlechtsakt zur Gewohnheit wurde, sondern als das Gefühl der Vertrautheit, das ihm folgen sollte, nicht mehr vorhanden war.

Sarah setzte sich ihm gegenüber auf das Bett. Mit ihren Fingern, die mit altmodischen Ringen überladen waren, strich sie sich das

Haar aus den Augen und lächelte ihr schüchternes, schwaches Lächeln, das Diamond als erstes an ihr aufgefallen war. »Wie war's?« fragte sie hilflos.

»Diese Frage solltest nicht du stellen«, sagte Diamond, »sondern ich. Es war großartig – du warst großartig.« Das klang nicht sehr überzeugend.

»Es wird noch besser werden«, sagte Sarah, »so ist es immer. Ich meine, wenn wir einander besser kennenlernen, dann werden wir noch andere Dinge machen...« Sie vollendete den Gedanken nicht.

Eine Weile sagte keiner etwas. »Wir sprachen über Dinge«, meinte Sarah schließlich.

»Dinge?« sagte Diamond.

»Ja, Dinge. Materialismus kontra Dinge. Erinnerst du dich?«

»Ja, ich erinnere mich. Du bist keine Materialistin, aber du hast Dinge gern. Nur eine Frau ist imstande, so feine Unterscheidungen zu treffen. Du sammelst nicht Dinge, Sarah, du sammelst Sammlungen. Wie lange brauchst du, um alles abzustauben?«

»Solche Fragen darfst du mir nicht stellen«, sagte sie fröhlich. »Was verstehst du schon vom Abstauben? Ich habe eine farbige Putzfrau, die einmal in der Woche zu mir kommt. Sie nimmt meine Dinge eines nach dem anderen in die Hand und staubt sie ab. Das besonders zerbrechliche Zeug – wie diese kleinen tschechischen Lebkuchenfiguren –, diese Dinge rührt sie nicht einmal an, sie bläst den Staub weg.«

»Sarah, du bist ein kleines Mädchen in einem Puppenhaus«, sagte Diamond und wollte sie küssen.

Sie wandte den Kopf ab. »Leo, rede nicht mit mir von oben herab. Ich bin kein einfältiges Collegemädchen. Du hast überhaupt nichts verstanden. Ich bin keine Materialistin. Es gibt da einen Unterschied. Materialismus hat mit Wirtschaft zu tun, mit Kapitalismus und Marx. Aber meine Dinge sind wie Wurzeln – so wie Bäume ihre Wurzeln aussenden. Wenn du eine Wohnung betrittst, dann siehst du all diese Wurzeln, die Dinge, die sie einem vertraut machen... die Dinge, die ihr die ganz persönliche Note verleihen.«

»Du würdest in jeder Wohnung, in der du mehr als einmal gewesen bist, vertraute Dinge vorfinden«, sagte Diamond.

»Das ist nicht dasselbe«, meinte Sarah. »Diese Dinge hier sind besondere Dinge, besondere Wurzeln. Jeder hat solche. Ich habe noch nie von jemandem gehört, der nicht an irgendwelchen Dingen hing, der einfach aufstehen und alles hinter sich lassen konnte.«

Diamond hob eine der Ich-weiß-nicht-was-Schachteln auf und begann sie zu untersuchen. »Ich schon«, sagte er. »Ich kenne einen, der alles hinter sich ließ – alles, außer einer Packung Heufiebertabletten und einer halben Flasche Schuppenshampoo.«

Diamond freute sich über den Themawechsel und die Gelegenheit, Sarah zu beeindrucken. »Ich habe einen Überläufer am Hals«, begann er in bewußt undramatischem Ton zu erklären. »Es ist noch nicht in die Zeitungen gekommen, daher darf ich nicht allzuviel sagen. Aber vor einigen Tagen ist dieser Kerl – ein Wissenschaftler – zu den Russen übergelaufen. Ich habe das vage Gefühl, daß er einige äußerst wichtige Geheimnisse mitgenommen hat.«

Sarah war wirklich gespannt – und erheitert. »Ein Überläufer... ein Wissenschaftler... echte Russen... ich liebe Geheimnisse, Leo. Und was wirst du in dieser Sache tun?«

»Also, der erste Teil der üblichen Vorgangsweise ist, genau zu ermitteln, was er mitgenommen hat. Wir rekonstruieren das Leben des Mannes vom Tag seiner Geburt bis zu dem Tag, an dem er das Flugzeug nach Moskau bestieg. Wir tragen alles Stück um Stück zusammen – warum er übergelaufen ist, zu welchen Dingen er Zugang hatte, wie viele Informationen er der anderen Seite geben konnte.«

»Wie?«

Diamond stieg aus dem Bett und begann im Zimmer hin und her zu gehen. Er war sich dessen bewußt, daß er nackt war, und meinte, er würde das beim Erzählen vergessen. Aber er vergaß es nicht. »Wir machen eine sogenannte UCA – das heißt Umfassende Charakteranalyse. Das Ganze kostet etwa achtzigtausend Dollar und dauert zehn Tage. Im wesentlichen handelt es sich dabei um eine Operation in zwei Phasen...«

Jetzt war Sarah bereits weniger an dem, was er sagte, interessiert, sondern vielmehr an der Art, wie er etwas sagte. Denn dies war ein Leo Diamond, den sie noch nicht kannte. Er sprach mit eiskalter Objektivität, als ginge es nicht um menschliche Wesen.

»...erst einige Male durchgeführt worden. An sich ist es verhältnismäßig einfach. Wir schicken eine Agentengruppe aus, die alle

Einzelheiten aus seinem Leben zusammenträgt. Dann stellen wir in New York ein Expertenteam zusammen. Es besteht aus einem Psychologen, einem Naturwissenschaftler, einem Kriminalbeamten und vielleicht noch einem oder zwei anderen. Die nehmen die von der Untersuchungsgruppe zusammengetragenen Grundinformationen und...«

Das Telefon klingelte. Diamond und Sarah sahen einander an – und lachten wegen der Überraschung, die jeder im Gesicht des anderen sah. Sie nahm den Hörer ab.

»Hallo«, sagte Sarah. »Nein, nein, tut mir leid, da sind Sie falsch verbunden – bitte, bitte.« Sie legte auf. »Irgend jemand wollte eine Madame Defarge sprechen. Da hat sich jemand einen Scherz erlaubt; stell dir vor, ein Leben lang mit so einem Namen herumzulaufen.«

Das Telefon klingelte wieder. »Laß mich«, sagte Diamond. Er lächelte nicht. Ohne ein Wort zu sprechen, hörte er eine Weile zu und bedeckte dabei die Sprechmuschel mit der linken Hand. Dann sagte er kühl: »Sie sind ein verdammter Hurensohn, Harry. Ein echter Schuft. Ich finde das keineswegs lustig... nein, das hat nichts zu bedeuten... soweit wir wissen, hat der Kerl nichts... das ist bloß ein Teil der routinemäßigen... negativ, negativ, Sie können nicht einen Ihrer Leute ins Team entsenden... kommen Sie als mein Gast, wenden Sie sich an den Unterstaatssekretär, aber das geht nur über meine Leiche... Sie mich auch.« Diamond knallte den Hörer hin – und brach in brüllendes Gelächter aus.

Von Diamonds Heiterkeit angesteckt, sprang Sarah auf das Bett und stimmte in das Gelächter mit ein. »Also, erzählst du mir nun weiter oder nicht?«

»Hör mal, so etwas kommt nicht alle Tage vor – zumindest hoffe ich das sehr«, sagte Diamond. »Das war ein alter Freund aus der Agency. Der Anruf war eine Art perverser Witz von ihm – sozusagen, um mir das Messer an die Kehle zu setzen und mich wissen zu lassen, daß er weiß, wo ich bin. Das ist seine Art, sich wichtig zu machen.«

»Aber du hast ihn doch angelogen, mit dem Überläufer.«

»Ja und nein. Wir müssen den Fall sozusagen in der Familie behalten, bis wir herausfinden, was eigentlich los ist – und die Agency ist jedenfalls nicht Teil meiner Familie.«

»Ist es dir eigentlich nicht verboten, mir Geheimnisse zu erzählen?« sagte Sarah. »Ich könnte doch eine... irgend jemand sein.«

»Du könntest – aber du bist nicht; du bist überprüft und völlig in Ordnung.«

»Überprüft?«

Diamond fühlte instinktiv, daß es ein Fehler gewesen war, ihr das zu sagen. Dennoch fuhr er fort: »Nachdem wir damals in Virginia Beach schwimmen waren, habe ich deinen Namen mit einem Stoß Bewerbungsschreiben ins Verteidigungsministerium geschmuggelt. Die Ergebnisse und Nachforschungen sind vorige Woche eingegangen.«

»Du Schuft«, sagte sie. »Kann ich sie sehen?«

Diamond lachte. »Ich habe sie bereits vernichtet, aber ich kann dir die Sachen erzählen, an die ich mich noch erinnere. Ich weiß mehr über dich als jeder andere Mann, mit dem du befreundet warst: über die Scheidung deiner Eltern; deine Zensuren am College – du hattest Französisch als Hauptfach; das Fiasko deines Bruders bei Colgate; die Abtreibung; den Streit um die TV-Nebenrechte im vergangenen Jahr. Ich weiß auch über die Männer in deinem Leben Bescheid. Deine erste große Liebe war ein reizender Kerl im College namens Edward Soundso.«

»Eddie Harmon«, sagte Sarah. »O du meine Güte, ich habe seit Jahren nicht mehr an ihn gedacht.«

»Was glaubst du, tut er jetzt?«

»Weißt du das nicht?«

»Er ist bei einem Makler in der Wall Street.«

»O du meine Güte! Eddie in der Wall Street! Ich habe immer noch einige seiner Kurzgeschichten.«

»Wenn ich mich richtig erinnere, hattest du nach Harmon ungefähr zwei bis drei Affären pro Jahr. Nur zwei davon waren etwas Ernstes. Kenneth Sorensen und der Kerl im vergangenen Jahr.«

»Peter.«

»Sorensen hat sich gut herausgemausert. Er erfand eine kommunistische Variante des Monopoly-Spiels, bei der es darum geht, Geld zu verlieren. Wer als erster pleite ist, gewinnt. Er verdiente eine Menge Geld damit und übersiedelte nach Südfrankreich. Was

Peter betrifft...«

»Ist mir alles bekannt«, sagte Sarah bedrückt. Minutenlang sprach keiner ein Wort. Dann sagte Sarah: »Wenn ich das recht verstehe, dann hast du mich von deinen Sicherheitsleuten überprüfen lassen. Das bedeutet, du warst dir ziemlich sicher, daß du mich ins Bett kriegen würdest.« Sie hob den Kopf, als sei ihr soeben ein Licht aufgegangen. »Das nimmt dem Ganzen die Zufälligkeit, nicht wahr?« Sie wies auf die verdrückten Laken und die auf dem Boden verstreuten Kleidungsstücke.

»Eigentlich nicht«, sagte Diamond. »Sieh mal, das gehört in Washington einfach zum Leben. Tausende von Menschen, die im Staatsdienst stehen, vom Präsidenten angefangen, haben Liebesaffären. Wir müssen da ein wachsames Auge auf die Mädchen haben. Es ist eine naheliegende Vorsichtsmaßnahme.«

»Ich habe schon gehört, daß Männer Vorsichtsmaßnahmen ergreifen, bevor sie vögeln«, sagte Sarah, »aber das schlägt dem Faß den Boden aus.«

»Aus diesem Grund weiß Harry wahrscheinlich, daß ich hier bin«, sagte Diamond nachdenklich.

»Wieso hat er dich Madame Defarge genannt?«

»Das war mein Codename im Krieg«, sagte Diamond. »Das klingt heute ein wenig läppisch, aber wenn London mir Instruktionen übermitteln wollte, ließ man von der BBC eine Mitteilung für Madame Defarge ausstrahlen. Das Komische ist, daß ich durch puren Zufall in die ganze Sache verwickelt wurde. Man überprüfte damals Millionen von Männern. Als ich an der Reihe war, schrieb irgend jemand UKR unter meinen Geburtsort anstatt UK.«

»Das verstehe ich nicht.«

»UKR ist die Abkürzung für Ukraine, UK für United Kingdom – Vereinigtes Königreich; als ich zur Welt kam, lebten meine Eltern in London. Jedenfalls warfen die Leute vom Armeegeheimdienst bloß einen Blick auf das UKR und schnappten mich für einen eventuellen Fallschirmabsprung über Rußland. Als sie entdeckten, daß ich auch ein wenig Französisch konnte, ließen sie mich statt dessen über den Alpes Maritimes abspringen. Dort sollte ich für abgeschossene Piloten der Alliierten Fluchtrouten organisieren. Ich blieb ganze vierzehn Wochen, dann wurde ich von einem hasenfüßigen Piloten verraten. Oder vielleicht war es ein deutscher *agent provocateur*, ich habe es nie erfahren. Jedenfalls mußte ich den Fluchtweg nun selber benützen und schaffte es gerade noch. Mit zwei englischen Piloten überquerte ich die Pyrenäen Richtung Spanien, als Grenzposten der Vichy-Regierung unsere Spur entdeckten. Ihre Hunde verfolgten uns bis zu einer Scheune. Ich ließ die Männer aus dem Fenster pissen. Das veranlaßte die Hunde, ihrerseits zu pissen, und sie verloren die Witterung. Wir entkamen durch die Hintertür, und die Hunde zogen ihres Weges. Das ist einer der Tricks, die wir in unserer Branche lernen.«

»Das ist eine tolle Geschichte«, sagte Sarah und begann schallend zu lachen. Allmählich hörte ihr Lachen auf. »Hast du jemals einen Menschen getötet? Ich weiß, das klingt vielleicht naiv, aber ich meine, hast du jemanden umgebracht?«

»Nicht im Krieg.« Diamonds Tonfall veränderte sich. »Nach dem Krieg, nach dem College, trat ich in die Agency ein und leitete ein Agentennetz in Osteuropa. Das ist eine Zeit, an die ich nicht gerne zurückdenke. Während der Sache in Ungarn, im Jahr 1956, kam jemand – übrigens der Mann, der eben am Telefon war – mit einem Plan daher – O Gott...« Diamond schüttelte den Kopf, als wollte er einen Alptraum abschütteln.

»Du mußt es mir nicht erzählen.«

»Nein, ich möchte davon sprechen. Die Idee schien damals sehr gut zu sein. Wenn sie funktioniert hätte, wäre ich wahrscheinlich noch heute in der Agency. Er meinte, es bestünde eine Chance, in der Tschechoslowakei die Umstände auszulösen, die damals in Ungarn herrschten. Aber zuerst kam es darauf an, die Russen in Sicherheit zu wiegen. Zu diesem Zweck verrieten wir absichtlich das Cernú-Agentennetz; wir ließen siebenundzwanzig unserer eigenen Agenten in ihre Hände fallen. Wir versetzten uns in die Lage der Russen und kamen zu dem Schluß, daß sie danach in Prag kaum noch Schwierigkeiten erwarten würden. Aber die Russen reagierten anders. Sie ließen alle hinrichten, sechsundzwanzig Männer und eine Frau. Sonst kam dabei nichts heraus – außer daß ich aus der Agency draußen war, weil ich nicht beweisen konnte, daß ich für dieses Unternehmen eine mündliche Genehmigung hatte.«

»Soll ich dir etwas zu essen machen?« fragte Sarah nach einer

Weile. »Ich habe noch etwas kalte *Ratatouille* im Kühlschrank.«

»Nein«, sagte Diamond. »Ich habe keinen besonderen Appetit.«

»Wann mußt du heimgehen?« fragte Sarah.

»Gegen Mitternacht.«

»Sag mal, wie ist sie eigentlich, deine Frau?«

»Darüber möchte ich lieber nicht sprechen.«

»Wieso hast du eigentlich keine Kinder?«

»Nun ja, ich glaube, wir wollten nie welche. Weder sie noch ich. Wir haben nie darüber gesprochen. Es erschien uns selbstverständlich, kinderlos zu sein.«

»Tut dir das jetzt leid?«

»Eigentlich nicht. Kinder sind eine verdammte Plage.«

»Leo, darf ich dich etwas fragen? Was hättest du getan, wenn dir die Leute vom Sicherheitsdienst, die mich überprüften, gesagt hätten, ich sei ein Sicherheitsrisiko?«

»Ich hätte trotzdem mit dir geschlafen – aber ich hätte dir nichts erzählt. Klar?«

»Sonnenklar«, sagte Sarah. Sie versuchte, nicht zu lachen – aber es gelang ihr nicht.

5

»Das hat mir richtig den Tag versüßt«, sagte Dukess und versuchte das Dröhnen des Motors zu überschreien.

Der junge Mann neben ihm zeigte auf das Pedal und artikulierte deutlich: »Ich kann Sie nicht hören, drücken Sie auf das Pedal.«

Dukess nickte heftig und drückte das Pedal nieder. Seine Stimme klang im Kopfhörer blechern und nasal. »Das hat mir den Tag versüßt.«

Fred Van Avery grinste verständnisvoll. »Ich hätte viel darum gegeben, wenn ich hätte mithören können«, sagte er. »He, Harry, hat er Sie nicht gefragt, wieso Sie wußten, wo er war?«

»Das muß ich ihm zubilligen«, sagte Harry Dukess. »Er ist immer noch Profi genug, um keine Fragen zu stellen. Aber verdammt wütend war er, das kann ich Ihnen sagen.«

Hoch über Virginia traf der Hubschrauber auf ein Luftloch, und die beiden Männer hinter dem Piloten griffen zwischen ihre Knie und hielten sich am Sitz fest. Die Stimme des Piloten kam über die Sprechanlage: »Tut mir leid. Sind Sie noch da? Wir nähern uns Andrews an Steuerbord.«

»Wie lange werden Sie Ihrer Meinung nach in Bangkok brauchen, Harry?« erkundigte sich Van Avery.

»Ich glaube, innerhalb von zwei Wochen kann ich das Material zusammenkriegen und wieder zurück sein«, sagte Dukess. »Mit etwas Glück wird das noch so ein Schlag ins Wasser, mit dem keiner etwas zu tun gehabt haben will.«

Aus langer Erfahrung wußte Van Avery, daß dies kein voreiliges Urteil war. Dukess kleidete sich leger, ja salopp. Im Büro wanderte er ziellos umher und ließ die Arme hängen, als sei ihm gerade sein Feuerzeug abhanden gekommen oder sein bester Freund. Aber hinter dieser Fassade gutmütiger Verworrenheit steckte ein Mann, der die Chancen genau abwog – und immer wußte, wie sie standen. Wenn Dukess sagte, er würde in zwei Wochen zurück sein, dann würde er in zwei Wochen zurück sein.

Der Hubschrauber senkte sich auf den Landeplatz der Central Intelligence Agency auf dem Luftwaffenstützpunkt Andrews. Am Rand des Landeplatzes wartete ein Sergeant neben der offenen Tür einer schwarzen Luftwaffenlimousine.

»Hören Sie zu«, sagte Dukess, »versuchen Sie so eine intellektuelle Type für den Chinatrip aufzutreiben. Und, wenn Sie nicht vergessen, sehen Sie zu, ob Sie eine von diesen Gestalten auch in das UCA-Team hineinkriegen können. Diamond muß einer Sache auf der Spur sein, sonst hätte er sich nicht auf eine UCA eingelassen. Aber lassen Sie sich nicht mitreißen. Haben Sie je vom Fall Cernú gehört – dieser Kerl hat den Ruf, so einfach ins Blitzblaue zu agieren.«

»Hatten Sie mit der Cernú-Sache zu tun?« fragte Van Avery.

»Und ob ich bei dieser Sache dabei war! Diamond hatte die großartige Idee, er könnte die Russen hineinlegen, indem er ihnen ein Agentennetz auslieferte. Als die ganze Sache fehlschlug, versuchte er es so darzustellen, als wäre die Idee von mir gekommen.« Aus Dukess' Stimme klang ein bitterer Unterton. »Das ist einer der ältesten Tricks – den Ruhm einheimsen, wenn die Sache gut gelaufen ist, und sich hinter nicht existierenden mündlichen Befehlen verstekken, wenn es schiefgegangen ist. Das Department führte eine Untersuchung gegen ihn durch, weil er nichts Schriftliches hatte und nur ein Idiot ein solches Risiko eingehen würde, ohne etwas schwarz auf weiß zu haben. Es bestand auch der Verdacht, daß er damals seiner Geliebten allerlei erzählt habe, aber man machte sich nicht die Mühe, ihn damit festzunageln. Er wurde aus dem Department hinausgeworfen – nicht wegen Verletzung der Sicherheitsbestimmungen in Zusammenhang mit seiner Freundin, nicht wegen der mißglückten Operation, sondern weil er versucht hatte, mich für ihr Scheitern verantwortlich zu machen.«

Ganz in seine Erinnerungen versunken, sprach Dukess nun mehr zu sich selbst als zu Van Avery. »Was er Viktor angetan hat, werde ich ihm niemals verzeihen.«

»Wer war Viktor?« Van Avery prägte sich alle Einzelheiten der Affäre Cernú ins Gedächtnis. Das würde ein großartiges Gesprächsthema abgeben, wenn sich die jüngeren Mitarbeiter der Agency zu einem abendlichen Drink zusammensetzten.

»Ein Name, der längst in Vergessenheit geraten ist. Viktor war Viktor Lenart, halb Tscheche, halb Franzose. 1944 arbeitete er für uns in Frankreich, später trieb er sich mit Diamond und mir in Europa herum. Er und Diamond waren eng befreundet. Ich glaube, wir alle waren es. Als Diamond dann Agentenführer in Osteuropa wurde, rekrutierte er Viktor. Viktor war der Chef des Agentennetzes, das Diamond den Russkis in die Hände spielte.«

»Und was geschah mit diesem Viktor?«

»Er versuchte zu flüchten, aber sie erwischten ihn, stellten ihn an die Wand und pumpten ihn voller Kugeln. Sollten Sie Diamond jemals als Gegenspieler haben, Fred, dann seien Sie auf der Hut. Freundschaft bedeutet ihm nichts. Er benützt jeden. Er benützte Viktor. Er versuchte mich zu benützen. Es gibt heute noch einige Leute bei uns, die glauben, daß er in der Sache Cernú die Wahrheit gesagt hat, und das hat meiner Karriere keineswegs genützt. Er ist ein Manipulator, ein Drahtzieher.«

Der Pilot blickte zurück und wartete höflich darauf, daß Dukess aufmachen würde. »Ist alles soweit klar, Fred?« sagte Dukess, wieder ganz geschäftsmäßig.

»So ungefähr. In der Sache Lewinter haben die Russen noch keinen Ton von sich gegeben. Aber wer wird die Sache in die Hand nehmen, sobald sie ihn öffentlich herausstellen?«

»Es ist bereits alles arrangiert. Interpol hat im Zusammenhang mit dem Überläufer einen einfachen Vermißtensteckbrief ausgesandt, die Bostoner Polizei ist dabei, allerlei belastendes Material zu fabrizieren – Kinderschändung oder Homosexualität. Keine Ahnung, was sie diesmal erfinden werden. Wenn die Russen die Geschichte veröffentlichen, dann stellen Sie sich dumm und lassen die Presse selber den Schmutz ans Licht zerren. Wenn wir uns heraushalten, wird die Öffentlichkeit A. J. Lewinter als Perversen abtun und froh sein, daß er fort ist.«

Eine abgeschabte Segeltuchtasche in der Hand, kletterte Dukess aus dem Hubschrauber.

»Übrigens, Fred«, rief er noch durch die Tür, »wenn es Ihnen gelingt, einen dieser Kerle ins UCA-Team einzuschleusen, dann denken Sie um Himmels willen an unser Budget. Versuchen Sie diesmal, nicht mehr als zweitausendfünfhundert zu bezahlen.«

6

Sogar im Schatten des Baumes war es drückend heiß. Jewgenij Michailowitsch Pogodin zog die Krawattenschleife auf und öffnete den Hemdkragen. Er stand auf einem kleinen Hügel und sah eine Reihe von Frauen, die sich jenseits der Straße auf einem Feld langsam vorwärtsbewegten, sich vorbeugten, wieder aufrichteten und irgend etwas in Säcke füllten – Pogodin war zu sehr Stadtmensch, um zu wissen, was sie da einfüllten. Unterhalb von ihm, am Straßenrand, hockte ein Mechaniker neben dem havarierten KGB-Dienstwagen und tauchte einen kleinen Motorbestandteil in eine Kaffeedose voll Benzin.

»He, Mechaniker, haben Sie den Schaden gefunden?« rief Pogodin hinunter.

»Es liegt wohl an der Benzinpumpe«, sagte der Mechaniker ohne aufzublicken.

»Wie lange dauert es noch?«

Der Mechaniker warf den Bestandteil in die Dose, wandte sich um und sah zu Pogodin empor. »Treiben Sie mich bloß nicht an. Sie können von Glück reden, daß Sie hier draußen überhaupt jemanden gefunden haben.«

»Damn it«, sagte Pogodin auf englisch, dann wandte er sich dem Mann neben ihm zu und wiederholte den Fluch auf russisch. »Man sollte doch meinen, daß der KGB seine Wagen in Schuß halten kann. Nun gut, Saizew, es kann nicht mehr lange dauern. Erzähle deine Geschichte zu Ende.«

Stojan Alexandrowitsch Saizew war kein erfreulicher Anblick. Sein Profil war das Gegenteil von markant; in gewisser Weise wirkten seine Züge verfallen. Nicht, daß sein Gesicht abstoßend gewesen wäre, vielmehr waren es verschiedene Kleinigkeiten, die nicht stimmten: Er hatte kleine, blutunterlaufene Augen, riesige Nasenlöcher, aus denen kleine Haarbüschel ragten, einen Mund voll kleiner verfärbter Zähne. Er brüllte vor Lachen über das, was er sich zu sagen anschickte.

»Und nun stell dir mal dieses Bild vor: Die Furtsewa rafft ihre Röcke, klettert auf die Bühne des Bolschoi-Theaters und kreischt:« – Saizew drückte seine Nasenlöcher mit den Fingern zusammen und setzte im Falsett fort – »›Sehen Sie sich bloß all diese Brustwarzen an. Ich bin Minister für Kultur, und ich sage Ihnen, das ist dekadent. Entweder Sie beschaffen sich andere Kostüme oder die Premiere wird abgesagt.‹« Saizew richtete sich auf und breitete die Arme aus. »Der Ballettmeister war großartig. Er blickte der Furtsewa geradewegs in die dogmatischen Augen und bellte zurück: ›Diese Kostüme sind wesentlich für den Geist dieses Balletts. Wenn sie wegkommen, dann gehe ich auch.‹«

»Wer setzte sich durch? Die Furtsewa?«

»Das meinst du«, sagte Saizew heiter und lehnte sich gegen den Baumstamm. »Also, ich ging zur Premiere, und was erblickte ich auf der Bühne? Unseren neuen Liberalismus, wie er auf und ab wippte – Brustwarzen, so weit das Auge reichte. Und unser Sozialismus überlebte es.«

Die beiden Männer brüllten vor Vergnügen.

»Saizew, du bist immer noch groß in Form«, sagte Pogodin. »Alles läuft bestens für dich, was?«

»Kann mich nicht beklagen. Ich lebe ein herrliches Leben. Ich bin bereits Großmeister und habe somit Anspruch auf ein ausreichendes Gehalt. Ich stehe jeden Morgen um zehn Uhr auf, trinke gemächlich eine Tasse Tee und arbeite dann – wenn man das so nennen kann – vier Stunden lang. Ich unterrichte einige fortgeschrittene Schüler – einer von ihnen ist vielversprechend. Pro Jahr spiele ich drei oder vier Turniere – und gewinne immer. Letztes Jahr schrieb ich wieder ein Buch – es hieß ›Der aggressive Bauer‹. Stellenweise ist es geradezu brillant. Meine Arbeiten werden in Frankreich veröffentlicht, und man läßt mir einen Teil der Tantiemen zukommen. Ich überprüfe die Übersetzungen, wofür ich noch mehr Geld bekomme. Mit den Devisen kann ich mir alles leisten, was ich brauche. Du hast ja meine Wohnung gesehen, als du mich abholtest: die westdeutsche Stereoanlage, die italienischen Anzüge, die neuesten Bücher aus Frankreich. Sogar mit einem Gesicht wie dem meinen kriege ich Frauen, so viele ich will.« Saizew wies auf seine Begleiterin, eine mollige Blondine, deren Haut stellenweise von einem Netz feinster Fältchen überzogen zu sein schien. Sie ließ die Füße in einen nahegelegenen Bach baumeln und schneuzte sich in ein besticktes Taschentuch.

»Wie ich höre, hast du dich in eine Art Don Juan verwandelt«, sagte Pogodin.

»Befriedigt es dich eigentlich, wie ein Schmetterling von Mädchen zu Mädchen zu flattern?«

»Ach, mein lieber, naiver, altmodischer und prüder Jewgenij Michailowitsch!« rief Saizew. »Ich wußte schon immer, daß du im Herzen ein Bourgeois bist. Ob es mich befriedigt? Frag mich lieber, ob es mir Spaß macht, meine Gedärme zu entleeren. Frag mich lieber, ob ich gern eine Flasche guten polnischen Wodkas leere. Verstehst du, was ich damit sagen will?«

»Und wie steht es mit dem politischen Klima, in dem du dein herrliches Leben führst?« fragte Pogodin.

»Aha! Ich wußte, du würdest das fragen, das tust du ja immer. Manchmal, wenn mir alles auf die Nerven geht« – Saizew sah sich um und vergewisserte sich, daß ihn das Mädchen nicht hören konnte, dann erst setzte er mit leiserer Stimme fort –, »manchmal schicke ich die Mädchen nach Hause, schalte das Nazi-Stereogerät ab, greife zu russischem Wodka und schreibe Essays. Mein Gott, du solltest lesen, was ich da schreibe!«

»Und wo befinden sich deine Werke, Puschkin?«

»Dort, wo alles Gute ist, das heute in Rußland geschrieben wird. In der Schreibtischlade. Gewisse Herren wissen natürlich davon, aber solange es in der Schreibtischlade bleibt...«

Die beiden Männer sahen einander schweigend an. Von hinten, vom Fluß herauf, kam die überraschend musikalische Stimme des Mädchens. »Saizew, Liebling, vermißt du mich?« rief sie und nieste wieder in ihr Taschentuch.

»Was für eine Kuh«, murmelte Saizew und warf ihr lächelnd eine Kußhand zu. Er wandte sich wieder zu Pogodin.

»Man kann sich nie ernsthaft unterhalten, wenn Frauen in der Nähe sind – besonders nicht, wenn sie an Heufieber leiden. Und nun zu dir, was ist mit dir los? Was führt dich heim nach Rußland?«

»Der Wunsch, zwischen Moskau und Obninsk unter einem Birnbaum zu sitzen und dich reden zu hören.«

»Im Ernst.«

»Im Ernst, ich darf es dir nicht erzählen.«

»Blödsinn! Du darfst es mir nicht sagen!« rief Saizew aus. »Seit wann? Einschmeichelnde Offenheit ist doch deine Stärke; du benützt sie, um Menschen zu entwaffnen und dann zu erobern. Also erobere mich.« Er hob scherzhaft die Arme, als wollte er sich ergeben.

»Weißt du, was mir durch den Kopf geht?« begann Pogodin.

Aber Saizew unterbrach ihn. »Es geht schon wieder los. Man sollte dich zum Kommissar für Aufrichtigkeit machen.«

Pogodin tat gekränkt. »Bei dir ist das etwas anderes, Saizew. Meine Offenheit ist keine Waffe, sondern Zeugnis unserer Freundschaft.« Und um dies zu beweisen, begann Pogodin über jenen Mann zu sprechen, der ihn in den letzten zwei Wochen beschäftigt hatte – A. J. Lewinter.

»...Ich bin kein Wissenschaftler, und ich kann mich nicht für den Wert seiner Informationen verbürgen. Aber eines kann ich dir sagen, ich habe vierzehn Stunden mit diesem Amerikaner im Flugzeug verbracht, und wenn er jemand anderer ist, als der zu sein er vorgibt, dann ist er der beste Schauspieler, den ich je gesehen habe.«

Saizew nickte nachdenklich. »Wenn das in Ordnung geht«, sagte er, »dann würde das deiner Karriere mächtig nützen, nicht wahr?«

»Ja, das könnte es.«

»Trübt das nicht dein Urteilsvermögen?« fragte Saizew.

»Wahrscheinlich.« Beide lachten.

»Wenn du für die Schreibtischlade schriebest, was würdest du sagen?«

»Die Sache ist zu kompliziert für die Schreibtischlade«, sagte Pogodin. »Unsere Fachleute, die Lewinter in Obninsk befragen, sind beeindruckt. Er hat eine Menge Formeln von sich gegeben. Es besteht kein Zweifel, daß es sich um Flugbahnformeln handelt. Und es besteht kein Zweifel, daß es sich um Flugbahnen von Gefechtsköpfen und Scheingefechtsköpfen handelt. Aber solange die Amerikaner sie nicht gegen uns starten, können wir nicht feststellen, ob es sich um jene Flugbahnformeln handelt, die sie bei ihren MIRV-Raketen tatsächlich verwenden.«

»Also wirst du niemals genau wissen können, ob die Informationen echt sind?« sagte Saizew.

»So ist es«, sagte Pogodin. »Wir können diese Informationen nicht überprüfen. Wir können bloß den Mann auf Herz und Nieren prüfen. Dazu kommt noch, daß die Leute in Moskau ihm nicht trauen. Sie meinen, die Sache sei allzu einfach – zu glatt. Wenn sie für die Informationen bezahlt hätten, dann wäre das etwas anderes. Aber er kam freiwillig.«

»Und wie ist es mit dir, glaubst du ihm?«

Pogodin überlegte einen Augenblick. »Ich glaube, daß... daß er glaubt, echte Informationen zu besitzen.«

»Mein offenherziger Freund, wie gewöhnlich hast du die Frage nicht beantwortet. Aber lassen wir das. Sag mir lieber, wie ist dieser Amerikaner eigentlich?«

»Er ist kein Mensch, mit dem man gemeinsam trinken würde«, sagte Pogodin, »aber er ist interessant. Er ist voller emotioneller Widersprüche. Und eben das macht ihn glaubwürdig. Einmal ist er arrogant, gleich darauf äußerst unsicher. Einmal feilt er sich die Fingernägel, gleich darauf kaut er an ihnen herum. Während des halben Fluges nach Moskau hielt er mir einen Vortrag über Ökologie...«

»Worüber?« fragte Saizew.

»Über Ökologie. Er hielt mir einen Vortrag über Ökologie. Die restliche Zeit fragte er mich ständig, ob ihn unsere Leute als Helden oder als Verräter betrachten würden. Wenn er von seiner Heimat sprach, benützte er Schlagworte; er war offenbar nicht fähig, spezifische politische Fragen tiefschürfend zu analysieren. Er gab sich als Frauenheld und flirtete mit der Stewardeß jedesmal, wenn sie vorbeikam. Nach unserer Ankunft arrangierte ich es, daß er eines unserer Mädchen bekam. Es berichtete mir später, daß sich nichts getan habe. Ich kann dir aber etwas noch Merkwürdigeres berichten. Er brachte keine Kleider mit und hatte kein Geld bei sich – nicht einmal eine Zahnbürste. Aber er schleppte Allergietabletten für sechs Monate und einen Ranzen voll Schuppenshampoo mit sich. Ja, und auch noch zahnärztliche Röntgenaufnahmen. Das Komische daran ist, daß ich ihm sofort alles abgenommen habe, als er das Flugzeug bestieg. Man kann ja nie wissen, was in dem Zeug drin ist.«

Saizew stand auf und streckte sich. »Faszinierend, faszinierend. Ich würde ihn gern einmal kennenlernen. Sag mal, ist er eigentlich auf der Flucht vor irgend etwas – oder zu irgend etwas?«

»Ich bin mir nicht ganz sicher, aber ich habe den Eindruck, er ist ein Mensch, der alles, was ihm in seinem Leben widerfahren ist, bedauert.«

»Ich habe nie gewußt, daß deine Arbeit so geistig ist«, sagte Saizew. Die Bemerkung klang wie immer ironisch, aber er meinte sie als Kompliment.

»Endlich begreifst du«, sagte Pogodin. Auch er stand auf. »Genaugenommen machen wir so ziemlich das gleiche. Mein Metier ist nicht die Spionage – sondern die Kunst des Spiels. Ich bin sozusagen dein aggressiver Bauer. Ich versuche herauszufinden, was die Amerikaner tun. Sie versuchen herauszufinden, was wir tun. Dann versuche ich herauszufinden, was sie glauben, daß wir tun. Und sie wiederum versuchen herauszufinden, was ich glaube, daß sie glauben, was wir tun. Und so weiter, ad infinitum.«

»Es klingt tatsächlich ein wenig wie Schach – außer daß deine Endspiele gewöhnlich schmerzlicher ausgehen als meine«, sagte Saizew.

Der Mechaniker wischte sich die Hände mit einem öligen Lappen ab. »*Gospodin*«, rief er herauf – wobei er die vor der Revolution üblich gewesene Anrede ›Bürger‹ anstatt des gebräuchlichen ›Genosse‹ verwendete –, »setzen Sie sich mal auf den Fahrersitz und treten Sie aufs Gaspedal. Ich glaube, der Starter funktioniert wieder.«

Pogodin und Saizew glitten die Böschung hinunter und klopften sich den Staub ab. Kurz darauf lief der Motor wieder, und Saizew hupte, um das Mädchen zu rufen. »Kannst du noch auf eine Tasse Tee hereinkommen, wenn du uns bei der Datscha absetzt?« fragte er.

»Das wird wohl nicht möglich sein«, sagte Pogodin. »Ich soll um drei Uhr in Obninsk sein und bin bereits zu spät dran.«

»Dann komm doch auf dem Rückweg nach Moskau bei uns vorbei – unser Haus ist stets voll von Freunden, wir haben jede Menge Wodka und genügend Nachschub an Frauen, also genau das, was ein Junggeselle wie du braucht. Jemand hat mir sogar versprochen, etwas Haschisch mitzubringen.«

»Ich will es versuchen«, sagte Pogodin. »Die Leute werden mindestens noch zehn Tage brauchen. In dieser Sache braut sich ein echter Konflikt zwischen Moskau und Obninsk zusammen. Ich habe solche Dinge schon früher erlebt – sie pflegen sich in die Länge zu ziehen.«

»Sollen sie sich doch ohne dich in die Länge ziehen, und komm früher zu mir«, sagte Saizew.

»Das kann ich mir nicht leisten«, sagte Pogodin. »In dieser Sache steht für mich zu viel auf dem Spiel.«

Das Mädchen rutschte die Böschung herunter und enthüllte dabei einen fleischigen Schenkel und ein Stück ihres Schlüpfers. Saizew und Pogodin beobachteten ihren Abstieg mit unverhohlenem Vergnügen.

7

TOP SECRET

Umfassende Charakteranalyse 327

Betrifft: Lewinter, A. J.
Leiter der Untersuchung: Billings, Robert
Mitarbeiter: Kaplan, Dr. Jerome S.
Farnsworth, Frederick F.
Schindler, Prof. Erich T.

Beilagen: Protokolle der Befragungen vom 12. und 13. August

TOP SECRET

Redigiertes Protokoll eines Gesprächs zwischen Agent N. Wilson und Maureen Sinclair, Forschungsassistentin für sinologische Studien an der Harvard-Universität. 12. August. Die Befragte, geschieden, 33 Jahre alt, hat Lewinter etwa acht Monate lang gekannt und etwa zwei Monate lang intime Beziehungen zu ihm unterhalten, und zwar bis zum Zeitpunkt seiner Teilnahme an der Ökologiekonferenz in Japan.

WILSON: Ich danke Ihnen sehr, daß Sie mich gleich empfangen haben.

SINCLAIR: Aber bitte, das ist doch selbstverständlich. Nehmen Sie da irgendwo Platz. Ist das ein Tonbandgerät? Warten Sie, ich werde das alles wegtun. Mein Gott, was werden Sie von mir denken, ich meine, weil es hier so aussieht! Ich versichere Ihnen, ich bin sonst nicht so schlampig. Aber die Frau, die hier aufräumt, ist krank. Sie hat Masern. Hoffentlich ist sie nicht wieder schwanger.

WILSON: Sie brauchen sich nicht zu entschuldigen. Verglichen mit meiner Wohnung, ist Ihre tadellos.

SINCLAIR: Aha, Sie sind wohl einer von den Höflichen, wie? Sie wissen doch, was die Chinesen sagen, nicht wahr? Es heißt bei ihnen: ›Höflichkeit ist die annehmbarste Form der Heuchelei.‹ Im Originaltext heißt es – Sie verstehen nicht zufällig ein wenig Mandarin? Nein, vermutlich nicht – also der Originaltext ist besonders reizend, denn die Übersetzung des Schriftzeichens für Heuchelei kann auch –

WILSON: Ich möchte nicht ungeduldig wirken, Miss Sinclair, aber ich meine –

SINCLAIR: Ach, du meine Güte, Ihre Leute scheinen wegen dieser Sache völlig den Kopf verloren zu haben. Ich sagte schon dem anderen Herrn, der hier war, daß der arme Kerl einfach die Gelegenheit nützt, sich ein wenig in Japan umzusehen.

WILSON: Der andere Herr? Welcher andere Herr?

SINCLAIR: Ich habe über diese Dinge schon gelesen; die linke Hand, die nicht weiß, was die rechte tut, und so ähnlich. Aber das einmal in Wirklichkeit zu erleben...

WILSON: Was war das für ein Mensch, Miss Sinclair? Das ist wichtig.

SINCLAIR: Lassen Sie mich mal nachdenken. Ach ja, das war vorgestern. Der Mann war vorgestern hier. Ein kleiner, untersetzter Mann an die Fünfzig, sehr freundlich. Nun ja, so freundlich nun auch wieder nicht. Er stellte einige Fragen, deutete an, daß Augustus in Japan durchgebrannt sei. Er hat außerdem Papiere von Augustus mitgenommen.

WILSON: Er hat Dokumente mitgenommen?

SINCLAIR: Das stimmt, einen ganzen Karton voll. Es war ein Maxwell-House-Kaffee-Karton, wenn Ihnen das weiterhilft. Stimmt etwas nicht? Er war doch von Ihrer Abteilung, nicht wahr?

WILSON: Davon bin ich überzeugt, Miss Sinclair. Ich glaube, es handelt sich hier bloß um eine Überschneidung der Aufträge. Hat er seinen Namen genannt, eine Visitenkarte oder sonst etwas hinterlassen?

SINCLAIR: Nein, nichts. Wenn ich es mir genau überlege, hat er sich eigentlich überhaupt nicht vorgestellt. Warum sind Sie denn wegen Augustus alle so sehr besorgt? Ich sagte schon Ihrem Kollegen, Augustus macht bloß einige Rundfahrten, das ist alles. Ich wäre nicht überrascht, wenn er im nächsten Augenblick zur Tür hereinkäme.

WILSON: Wieso sind Sie so sicher, daß er nur Stadtrundfahrten macht? Die Ökologiekonferenz ist nämlich vor mehr als einer Woche zu Ende gegangen.

SINCLAIR: Augustus hat mir eine Postkarte geschrieben. Ich habe sie noch, wenn Sie sie sehen möchten. Wahrscheinlich wollen Sie sie auch mitnehmen.

Anmerkung von Wilson: Die Postkarte ist mit 3. August datiert. Auf einer Seite ein Luftbild von Tokio. Die Handschrift ist vom Agenten G. Moorer eindeutig als die Lewinters identifiziert worden. Der Text lautet:

Liebe Maureen, mein Vortrag auf der Konferenz begeistert aufgenommen – hatte noch nicht viel Zeit, das Lokalkolorit zu studieren, werde aber am Nachmittag eine No-Aufführung besuchen und beabsichtige zwecks Stadtrundfahrten einige Tage länger hierzubleiben, vorausgesetzt, daß ich das Flugticket ohne Verlust umtauschen kann. Falls sich jemand vom Betrieb nach mir erkundigt, sag ihm, ich bin zu den Russen übergelaufen. Ich denke immer an Dich.

Der restliche Text ist eingerückt und sieht wie ein Gedicht aus:

Eindringen – kann ich es? – danach nimm Maß an mir
Doch sieh dich vor:
Die Zunge, übereifrig, läßt
  Aus Maulwurfshügeln Berge wachsen
  Und Höhlen gräbt sie in Vertiefungen
Tu, was du willst
  Doch hüte dich vor des Zahnarztes Bohrer
  Der, wie der Volksmund sagt
Nur ungehobelt tut, was Mannesarbeit ist.

Die Postkarte ist mit den Initialen A. und J. signiert. Ende der Anmerkung.

SINCLAIR: Er macht bloß Spaß, wissen Sie. Ich meine die Sache mit dem Überlaufen. Sie nehmen das doch nicht ernst, nicht wahr? O du meine Güte, mir scheint, Sie tun's doch.

WILSON: Was dieses Gedicht betrifft, Miss Sinclair – können Sie mir Näheres darüber sagen?

SINCLAIR: Was, zum Beispiel?

WILSON: Zunächst einmal, warum steht es auf der Karte? Die Art, wie er es so einfach dazugeschrieben hat, ist doch irgendwie seltsam – eigentlich überraschend.

SINCLAIR: Ehrlich gesagt, es hat mich auch überrascht. Ich wußte gar nicht, daß er sich daran erinnerte. Augustus und ich haben uns vor acht Monaten kennengelernt, im Lesesaal der Universitätsbibliothek. Aber das wissen Sie wahrscheinlich schon. Als wir uns kennenlernten, las ich eine alte Nummer der *Kenyon Review*. Das ist eine Literaturzeitschrift. Darin waren einige Beispiele moderner chinesischer Lyrik – ausgesprochen gräßliche kleine Sachen über den Vorsitzenden Mao. Die Übersetzungen waren fürchterlich. Aber das ist eine andere Geschichte. Wie dem auch sei, Augustus beugte sich plötzlich ohne jeden Grund zu mir herüber – übrigens, jetzt, da ich ihn kenne, finde ich das sehr untypisch für ihn –, also, er beugte sich zu mir und fragte mich, was ich lese. Ich hatte soeben die chinesische Lyrik zu Ende gelesen und war gerade bei diesem Gedicht, dem auf der Postkarte. Ich habe vergessen, wer es geschrieben hat. Augustus nahm die Zeitschrift und las es einmal. Er lachte, ich erinnere mich daran, daß er lachte. Und das war alles. Ich hätte nie gedacht, daß er sich daran erinnern würde. Wirklich ein lieber Kerl, schreibt das so einfach auf die Postkarte.

WILSON: Vielleicht hat er es an jenem Abend in der Bibliothek abgeschrieben? Oder später?

SINCLAIR: Das hätte er nie für sich behalten können. Nein, entweder hat er sich plötzlich wieder daran erinnert – Sie müssen nämlich wissen, A. J. Lewinter hat ein außergewöhnlich gutes Gedächtnis –, oder er ist in Tokio zufällig auf das Gedicht gestoßen und hat es mir geschickt – so wie ein anderer Blumen schicken würde.

WILSON: Aha. Sagen Sie, Miss Sinclair, hatten Sie den Eindruck, daß er vor seiner Japanreise verzweifelt, unglücklich oder unzufrieden war? Verzeihen Sie meine Neugierde, aber es ist wichtig.

SINCLAIR: Aber, um Himmels willen, nein! Augustus ist hier sehr glücklich – ich glaube, es ist kein Geheimnis, daß wir, wie soll ich es ausdrücken, daß wir zusammenleben. Bei Augustus läuft alles bestens. Im September, genauer gesagt, heute in drei Wochen, heiraten wir.

WILSON: Und wie geht's ihm beruflich?

SINCLAIR: Ich glaube, gut. Genau weiß ich das nicht. Augustus spricht nie über seine Arbeit. Aber eines kann ich Ihnen sagen: Er ist nie deprimiert oder dergleichen. Er ist ganz begeistert von seinem Plan zur Festmüllverwertung. Kennen Sie sein Festmüllverwertungsprojekt? Es ist tatsächlich revolutionär. Er hat kürzlich mit einem Kongreßabgeordneten, Senator oder so jemandem, über die Sache gesprochen und kam ganz aufgeregt zurück. Er sagte, der Kongreßabgeordnete, Senator, oder wer immer es war, wolle eine Gesetzesvorlage zur Zuweisung von Mitteln für die Schaffung einer bundesstaatlichen Gesellschaft zur Festmüllverwertung nach den von Augustus vorgeschlagenen Richtlinien einbringen. Das wäre wirklich ein großer Triumph für Augustus. Haben Sie etwas von einer derartigen Gesetzesvorlage gehört?

WILSON: Bei diesen Dingen bin ich leider nicht auf dem laufenden, Miss Sinclair. Also, Sie meinen, Mr. Lewinter hatte keine besonderen Sorgen?

SINCLAIR: Nur die, die wir alle kennen, Mr. Wilson – Geldsorgen. Augustus ist mit den Zahlungen der Alimente im Rückstand. Nicht sehr, wissen Sie, aber doch genug, um sich Sorgen zu machen. Seine Frau – seine Ex-Frau – ist, wenn ich so sagen darf, ein Luder. Augustus pflegte jeden Sonntag hinzugehen, um seine Kinder zu besuchen, aber sie hat sie gegen ihn aufgehetzt. Ich kann mir gut vorstellen, was für Geschichten sie erzählt hat, was für Lügen sie sich ausgedacht hat. Jedenfalls ist Augustus besorgt, daß sie ihm wegen der Alimente Schwierigkeiten machen könnte, obwohl sie das Geld, weiß Gott, nicht braucht. Von ihrem Vater bekommt sie nämlich einen sehr großzügigen Zuschuß.

WILSON: Wieso war er mit den Alimenten im Rückstand? Er verdient doch gut und konnte auch keine besonderen Ausgaben haben.

SINCLAIR: Ach, das liebe Geld, Mr. Wilson. Augustus und Geld. Vielleicht hat er Löcher in den Taschen. Wer weiß schon, wieso?

Aus irgendeinem Grund hat er nie genug Geld. Wer von uns hat das schon? Ich glaube, er kann einfach nicht mit Geld umgehen. Er zahlt immer noch Schulden ab – für das Auto, für ein Häuschen am Kap. Die Alimente reißen ein ganz schönes Loch in sein Einkommen. Wenn ich ehrlich sein soll, etwa eine Woche vor seiner Abreise nach Japan überwand Augustus seinen Stolz und ging zu einem dieser Kreditinstitute, die Schulden konsolidieren – irgendein Institut in Boston.

WILSON: Meinen Sie Consol-O-Debt?

SINCLAIR: Ja, das war's. Consol-O-Debt.

Wissen Sie, was die Chinesen über das Geld sagen? Sie sagen, Geld verleiht dem Menschen Flügel, die ihn überall hinbringen können – außer in den Himmel. Nun, das chinesische Wort für ›Himmel‹...

Redigiertes Protokoll eines Gesprächs zwischen Agent D. Matthews und Rupert Brooke Lewinter vom 12. August. Der Befragte, 45 Jahre alt, Forschungschemiker bei der Firma Norton Pharmaceuticals, Inc., ist Lewinters einziger Bruder.

LEWINTER: Entschuldigen Sie bitte, wie war doch Ihr Name?

MATTHEWS: Matthews.

LEWINTER: Ja, natürlich, Matthews. Als Sie am Telefon erwähnten, von welcher Stelle Sie kämen, hielt ich es für besser, uns privat zu treffen. Ich hoffe, es war nicht schwierig, herzufinden.

MATTHEWS: Ihre Erklärungen waren ausgezeichnet.

LEWINTER: Es geht um Jerry, nicht wahr? Ich dachte mir doch, daß ihn diese Clique am M. I. T. noch in Schwierigkeiten bringen wird. Nicht einmal, tausendmal sagte ich zu ihm, Jerry, halte dich bloß fern von diesen professionellen Nestbeschmutzern. Ich weiß nicht, was Jerry macht, aber es war mir klar, daß es auf Ihre Leute keinen guten Eindruck machen würde, wenn es sich herumspricht, mit was für Typen er sich abgibt. Ich habe doch recht, nicht wahr? Jerry sitzt im Dreck?

MATTHEWS: Wenn es Ihnen recht ist, Mr. Lewinter, möchte ich die Dinge gern der Reihe nach besprechen. Können Sie mir etwas über das Vorleben Ihres Bruders erzählen? Zum Beispiel, hatte er eine glückliche Kindheit?

LEWINTER: Offen gesagt, Mr. Matthews, Jerry –

MATTHEWS: Entschuldigen Sie die Unterbrechung, Mr. Lewinter, aber jedermann scheint ihn bei seinen Initialen zu rufen. Warum nennen Sie ihn Jerry?

LEWINTER: Die Familie nannte ihn Jerry. In der Bronx High School of Science nannte man ihn Augustus. Im College nannte er sich anfangs A. Jerome, aber im letzten Jahr benützte er bloß die Initialen. Aber wir riefen ihn stets Jerry, einfach Jerry. Ich glaube nicht, daß er das gern hört, aber es ist nicht leicht, Gewohnheiten aus der Kindheit abzulegen, nicht wahr?

MATTHEWS: Ich verstehe. Sie wollten etwas über seine Kindheit erzählen, als ich Sie unterbrach, Mr. Lewinter.

LEWINTER: Ja, seine Kindheit; offen gesagt, Mr. Matthews, Jerry wurde verhätschelt, und ich glaube, das hat ihm nicht gutgetan. Alle Wünsche wurden ihm stets sofort erfüllt. Wenn ihm ein Spielzeugschiff oder ein Flugzeug oder eine Eisenbahn ins Auge stachen, schon am nächsten Tag konnte er damit spielen. Man könnte vielleicht sagen, er war insofern glücklich, als er nie frustriert war, aber ich weiß nicht, ob man ihn im weiteren Sinn als glücklich bezeichnen könnte. Ich will damit sagen, daß ihm alles zu leicht gemacht wurde und ihm daher nichts mehr viel bedeutete. Drücke ich mich verständlich aus?

MATTHEWS: Ich glaube schon; fahren Sie fort.

LEWINTER: Es ist sicherlich bemerkenswert, daß meine Eltern – mein Vater war eine Art Erfinder –, daß meine Eltern bei mir diesen Fehler nicht begangen haben. Eigentlich sind Jerry und ich so etwas wie ein Lehrbeispiel für Probleme der Kindererziehung. Ich war natürlich der ältere Bruder. Als ich zur Welt kam, hatten meine Eltern große Mühe, mit dem vorhandenen Geld auszukommen. Daher mußte ich schon frühzeitig lernen, mit jenen Enttäuschungen fertig zu werden, die nun einmal zum normalen Leben gehören. Kurz bevor Jerry geboren wurde, kam mein Vater zu bescheidenem Wohlstand – er erfand einen Haushaltsmüllzerkleinerer mit Pedalantrieb, mit dem man jeglichen Abfall außer Blechdosen pulverisieren kann. Je von Lewinters Müllzerkleinerer gehört? Wurde auch im Versandkatalog von Sears & Roebuck geführt. Gelegentlich findet man noch auf Farmen einen Lewinter-Müllzerkleinerer. Jedenfalls waren meine Eltern entschlossen, Jerry alle Annehmlichkeiten zu bieten. Es waren genau die Worte, die sie gebrauchten: alle Annehmlichkeiten. In Wirklichkeit verschafften sie ihm, so scheint mir, nur Unannehmlichkeiten, denn sie bereiteten ihn nicht auf die Rückschläge und Enttäuschungen des Lebens vor.

MATTHEWS: Sehr interessant. Sie führen also viele seiner Probleme auf seine Kindheit zurück.

LEWINTER: Bitte, mißverstehen Sie mich nicht, Mr. Matthews. Jerry war ein aufgeweckter, kluger Junge. Er hatte ein phänomenales Gedächtnis. Sein Gedächtnis war so gut, daß man ihn als Kind sogar von Ärzten untersuchen ließ, die feststellen konnten, ob er nicht ein fotografisches Gedächtnis hätte. Als mein Vater einmal die Brieftasche verloren hatte, konnte Jerry die Nummern sämtlicher Ausweiskarten, die darin waren, aufsagen. Ein anderes Mal sagte er aus dem Lesebuch der vierten Volksschulklasse Wort für Wort auf, und zwar einen Tag, nachdem er das Buch bekommen hatte. Das war wirklich ein Kunststück.

MATTHEWS: Hatte er eines?

LEWINTER: Hatte er was, Mr. Matthews?

MATTHEWS: Hatte er ein fotografisches Gedächtnis, nach Ansicht der Ärzte?

LEWINTER: Ja – und nein. Ich weiß, es klingt merkwürdig. Aus irgendeinem Grund schaltete er es sozusagen ab, als er die Ärzte sah, und schaltete es wieder ein, wenn er zu Hause jemanden beeindrukken wollte. Ich jedenfalls bin überzeugt, daß er es hatte – das heißt, bis zu dem Unfall.

MATTHEWS: Unfall?

LEWINTER: Ja, er war etwa acht Jahre alt, glaube ich. Acht oder neun. Er fiel vom Garagendach und landete auf dem Kopf. Er war fast zwei Tage lang bewußtlos – er schwebte wirklich zwischen Leben und Tod. Er erholte sich natürlich wieder, aber er hat nie mehr seine Gedächtniskunststücke gezeigt. Ich bin überzeugt, daß er bei diesem Sturz seine außerordentliche Erinnerungsfähigkeit eingebüßt hat, da bin ich ganz sicher. Nicht abzusehen, was aus ihm hätte werden können, wenn er sie behalten hätte. Ich meine, er war ja an sich schon sehr intelligent. Intelligenz und dazu noch ein fotografisches Gedächtnis, wer weiß...

MATTHEWS: Erzählen Sie von seiner Frau, ich meine seiner früheren Frau.

LEWINTER: Sie war eine gute Mutter, eine gute Ehefrau, auf ihre Art recht hübsch und sehr ehrgeizig, was Jerry betraf. Sie stellte Anforderungen an ihn – und das war etwas, was unsere Eltern nie getan haben. Wenn er es zu etwas gebracht hat, dann, weil Susan ihn angetrieben hat.

MATTHEWS: Er war offenbar nicht Ihrer Ansicht. Warum hat er seine Frau verlassen?

LEWINTER: Darüber weiß ich ebensowenig wie Sie. Er begriff einfach nicht, was er an ihr hatte.

MATTHEWS: Wie ich höre, will er wieder heiraten. Kennen Sie das Mädchen?

LEWINTER: Das ist mir neu. Ich wußte, daß sie ziemlich eng befreundet waren, aber von Heirat hat er nie ein Wort erwähnt. Also, Jerry will wieder heiraten? Interessant. Ich habe diese Person nie kennengelernt, daher kann ich Ihnen über sie nichts berichten. Ja, eines weiß ich. Sie drängte ihn, seinen Festmüllverwertungsplan – ich sagte immer zu ihm, es sei doch bloß ein überdimensionaler Lewinter-Müllzerkleinerer – irgendeinem Kongreßabgeordneten vorzulegen.

MATTHEWS: Was ist mit der Clique am M. I. T., die Sie vorhin erwähnten?

LEWINTER: Da ist nicht viel zu sagen. Ich habe den einen oder anderen von ihnen kennengelernt – es sind lauter Krakeeler, Typen, die nichts anderes im Sinn haben, als in allem das Schlechte zu sehen, verstehen Sie? Ich sagte zu Jerry, daß das bei seiner Tätigkeit – ich weiß ja nicht genau, was er tut, bloß, daß es sehr geheim ist –, daß das bei seine Tätigkeit nicht die Leute wären, mit denen er sich abgeben sollte.

MATTHEWS: Ich nehme an, daß er diesen Rat nicht beherzigt hat.

LEWINTER: Jerry hat meinen Rat nie beherzigt.

MATTHEWS: Wie war seine Einstellung zur Sowjetunion?

LEWINTER: Jetzt haben Sie mir aber einen Schrecken eingejagt. Warum fragen Sie so etwas?

MATTHEWS: Ausschließlich Routine, Mr. Lewinter. Ich frage es bloß, weil es auf meiner Frageliste steht.

LEWINTER: Auf seine Weise ist Jerry ein sehr großer Idealist; vermutlich glaubt er, daß es auch die Russen sind. Bitte, verstehen Sie mich nicht falsch, Jerry ist kein Mitläufer. Nichts Derartiges. Wenn er sich über Rußland überhaupt Gedanken macht, dann wahrscheinlich mit der vagen Vorstellung, sie könnten sich für sein Müllverwertungsprojekt interessieren. Sie müssen wissen, Jerry ist wegen dieses Projekts sehr frustriert. Es gelingt ihm offenbar nicht, irgend jemanden dafür zu interessieren, so sehr er sich auch bemüht. Jemanden zur Annahme seines Müllverwertungsplanes zu bewegen, bedeutet ihm sehr viel.

Protokoll eines Gesprächs zwischen Agent R. Grotten und Susan Bidgood Lewinter am 13. August. Die Befragte, 37 Jahre alt, Hausfrau, ist die geschiedene Frau Lewinters.

LEWINTER: Ich erwartete einen Mr. Bodkin. Am Telefon hieß es, ein Mr. Bodkin würde kommen. Sie habe ich nicht erwartet.

GROTTEN: Bodkins Frau bekam letzte Nacht ein Baby. Ich wurde gebeten, für ihn einzuspringen.

LEWINTER: War es ein Knabe oder ein Mädchen?

GROTTEN: Das weiß ich wirklich nicht. Das hat mir niemand gesagt.

LEWINTER: Heutzutage ist man mit Knaben viel besser dran, meinen Sie nicht auch, Mr. Grotten? Haben Sie Kinder?

GROTTEN: Wie? Ach so, ja, ich habe welche.

LEWINTER: Knaben oder Mädchen?

GROTTEN: Wie? Ach so – eines von jeder Sorte. Also, Mrs. Lewinter –

LEWINTER: Verzeihen Sie, wenn ich Sie unterbreche, aber ich führe wieder die Anrede ›Miss‹. Seit meiner Scheidung. Miss Lewinter.

GROTTEN: Aber selbstverständlich. Nun also, Miss Lewinter, darf ich Ihnen im Zusammenhang mit Ihrem geschiedenen Mann einige Fragen stellen?

LEWINTER: Hat es etwas mit den Alimenten zu tun? Ich habe ihn letzte Woche gerichtlich verklagt – August ist mit seinen Zahlungen seit drei Monaten im Rückstand –, und man sagte mir dort, ein Gerichtsbeamter würde mich aufsuchen.

GROTTEN: Eigentlich bin ich –

LEWINTER: Nicht, daß es dringend ist. Ich meine mit dem Geld. Ich habe ein eigenes Einkommen, auf das ich mich stützen kann. Aber es geht um das Prinzip. Im Scheidungsurteil wurde festgesetzt, daß er wöchentlich 125 Dollar zu bezahlen hat. Das ist doch wohl nicht unzumutbar? Heutzutage kommt man mit 125 Dollar nicht sehr weit, wenn man einen Haushalt hat und zwei Kleinkinder aufziehen muß, nicht wahr?

GROTTEN: Wir sind nicht vom Gericht, Miss Lewinter. Ich dachte, man hätte Ihnen das klargemacht, als die Zusammenkunft mit Bodkin verabredet wurde. Es handelt sich um eine routinemäßige Sicherheitsüberprüfung.

LEWINTER: Aber die hat er doch schon hinter sich. Die wurde doch gemacht, als August hierherzog.

GROTTEN: Ich weiß, Miss Lewinter, wir bringen die Akte bloß auf den neuesten Stand. Ich versichere Ihnen, es ist bloß eine Formsache. Dürfte ich Sie nun bitten, mir einige Fragen zu beantworten?

LEWINTER: Sie haben nichts mit den Alimenten zu tun?

GROTTEN: Nein, nichts.

LEWINTER: Ach so.

GROTTEN: Die Tatsache, daß er mit den Zahlungen der Alimente im Rückstand ist, interessiert mich allerdings sehr. Sie erwähnten vorhin, daß er drei Monate im Verzug sei. Wie kommt es, daß Sie drei Monate gewartet haben, ehe Sie gerichtlich klagten, Miss Lewinter?

LEWINTER: Würde ich jedesmal, wenn August einen Zahlungstermin versäumt, zum Gericht laufen, würde ich wie ein Idiot dastehen. Man muß August verstehen. Er ist ein sehr vergeßlicher Mensch. Er vergißt immer alle Geburts- und Jahrestage, Verabredungen zum Abendessen und Rechnungen – und schließlich auch die Alimente. Er hat einfach keinen Kopf für Einzelheiten.

GROTTEN: Haben Sie versucht, ihn daran zu erinnern, ich meine, an die Alimente?

LEWINTER: Ach, ich habe es immer wieder versucht. Gott weiß, daß ich's versucht habe! Ich sandte ihm Einschreibbriefe und Telegramme. Ich habe alles getan, nur selber hingegangen bin ich nicht. Dazu konnte ich mich nicht überwinden, nicht vor dem Frauenzimmer, das dort haust. Ich bin nicht böse, glauben Sie mir. August hat das Recht, sein eigenes Leben zu leben. Aber diese Frau. Ich weiß nicht, was er in ihr sieht.

GROTTEN: Ich nehme an, Sie haben die Frau kennengelernt?

LEWINTER: Nur einmal, vor unserer Scheidung, bei einer Party. Ich weiß, worauf Sie hinauswollen. Nein, ich kenne sie nicht sehr gut. Aber jeder, der sie kennengelernt hat, sagt dasselbe. Mit einem Wort, sie ist eine Xanthippe.

GROTTEN: Ich möchte keine alten Wunden aufreißen, Miss Lewinter, aber was führte eigentlich zur Scheidung? Was ging da schief?

LEWINTER: Ach, das ist sehr kompliziert. Sie haben es doch nicht eilig, oder? Also, lassen Sie mich mal sehen, ob ich es kurz machen kann. Ich glaube, was sozusagen das Faß zum Überlaufen brachte, war dies: August wollte stets wichtiger erscheinen, als er war. Nicht, daß er tatsächlich log, verstehen Sie. Aber irgendwie schuf er sich ein eigenes Bild von sich selbst, mit Hilfe von allerlei Schwindeleien. Nehmen Sie beispielsweise die Sache mit dem Müllverwertungsplan. An dem Plan war sicherlich was dran. Aber er redete in einer Weise darüber, daß man glauben konnte, er sei Leonardo da Vinci, der der Welt die Dampfmaschine schenkte, oder was es auch war, das da Vinci erfunden hat. August mußte sich um jeden Preis wichtig machen. Er suchte ständig nach Dingen, die ihn zu einer wichtigen Persönlichkeit machen würden. Das führte zu Halbwahrheiten und Übertreibungen. Und wenn man eine seiner Schwindeleien aufdeckte, dann sackte er einem sozusagen unter den Fingern zusammen. Es war eigentlich recht traurig.

GROTTEN: War er politisch engagiert?

LEWINTER: Aber nein, niemals. August politisch interessiert? Darüber zerbrach er sich nie den Kopf. Er interessierte sich für praktische Dinge – seine Arbeit, seine Pläne, aber nie für Politik.

GROTTEN: War er mit seiner Arbeit zufrieden?

LEWINTER: Soweit ich das beurteilen kann, ja. Er schien zu glauben, daß er auf den leitenden Mann seiner Abteilung am M. I. T. einen sehr guten Eindruck gemacht hatte. Er war wohl der Meinung, daß man dort für seine neuen Ideen sehr empfänglich sei.

GROTTEN: Sprach er jemals über die Sowjetunion?

LEWINTER: Die Sowjetunion? Großer Gott, ich glaube nicht, daß er überhaupt wußte, wo sie lag.

Redigiertes Protokoll eines Gesprächs zwischen Agent T. Blumenthal und Dr. Donald Fishkin am 13. August. Der Befragte war Lewinters Zahnarzt.

FISHKIN: Lewinter! Dieser verdammte, widerborstige Idiot! Warum, zum Teufel, fragen Sie nach Lewinter? Hat man ihn mit den Fingern in der Kasse ertappt oder ähnliches? Mein Lieber, den möchte ich in die Hände kriegen, diesen verrückten Irren. Jawohl, Irren. Er hat den Verstand verloren, er ist verrückt, geisteskrank, ein unnützer Hundesohn. Was er braucht, ist eine maßgeschneiderte Zwangsjacke. Lassen Sie sich einen guten Rat geben, gehen Sie diesem tobenden Verrückten aus dem Weg. Vier Jahre lang habe ich ihn behandelt, vier Jahre lang. Schön. Seit vier Jahren kommt er hierher und erzählt mir, wie froh er ist, einen so guten Zahnarzt gefunden zu haben. Gut. Eines Tages kommt er hereingetanzt, schimpft mich einen Trottel und tanzt mitsamt seinen Röntgenaufnahmen wieder hinaus. Noch dazu in einem Wartezimmer voll von Patienten.

BLUMENTHAL: Hat er jemals –?

FISHKIN: Dieses Schwein, er ist ein frei herumlaufender Narr, wenn Sie mich fragen. Ging mir einfach mit seinen Röntgenaufnahmen durch. Der Hundesohn hat mir nicht einmal die 125 Dollar bezahlt, die er mir schuldet. Vier Jahre, vier lange Jahre! Eines kann ich Ihnen versichern, von Mann zu Mann: Der ist übergeschnappt. Vollkommen übergeschnappt!

8

»Klingt wie ein Paranoiker«, meinte Kaplan gähnend.

»Lewinter?« fragte Billings mit einem Anflug von Besorgnis um seine schmalen, trockenen Lippen.

»Der Dingsda, der Zahnarzt.«

»Wir sind nicht hier, um den Dingsda, den Zahnarzt, zu analysieren«, sagte Billings kalt und runzelte die Stirn. Er nahm seine Hornbrille mit beiden Händen ab – irgend jemand hatte ihm einmal gesagt, die Rahmen hielten länger, wenn man sie auf diese Weise abnähme – und legte sie auf einen Stoß Protokolle. »Wir können also die Möglichkeit ausscheiden, daß der Gegenstand dieser UCA unzurechnungsfähig ist?«

Kaplan zögerte mit seiner Antwort so lange, bis die Stille peinlich wurde. Diese Technik hatte er in seiner medizinischen Praxis entwickelt; nie sofort loslegen, bedächtig erscheinen, jedes Wort abwägen, die Gedanken der anderen durch das Schweigen hervorlocken, bis sie einem auf halbem Weg entgegenkommen.

»Unzurechnungsfähigkeit gibt es in der Psychiatrie nicht«, sagte er schließlich mit Bestimmtheit. »Unzurechnungsfähigkeit ist eigentlich ein juristischer Terminus und impliziert die Unfähigkeit, zwischen Recht und Unrecht zu unterscheiden. Da es sich hier nicht um ein juristisches Verfahren handelt und es hier nicht um Recht oder Unrecht geht, sollten wir uns lieber an Termini mit psychiatrischer Relevanz halten.«

Sie hatten sich von Anfang an nicht verstanden: Billings, der pedantische Berufsagent, der darauf schwor, daß Ergebnisse auf seinem wie auch auf jedem anderen Gebiet auf Disziplin, Beachtung der Gesetze der Rangordnung sowie genauer Aktenführung beruhten; und Kaplan, der brillante junge Psychiater, der in Disziplin bloß Mittelmäßigkeit sah und auf Intuition schwor.

»Mein Gott, könnten wir keinen Psychiater auftreiben, der nicht Jude ist?« hatte Billings geklagt, als ihm ein Adjutant die Liste der Mitarbeiter an der Umfassenden Charakteranalyse überreichte. »Die sind immer so schlampig.«

Billings hatte schlampig im geistigen Sinn gemeint, aber schon der erste Blick auf Kaplan überzeugte ihn, daß der Ausdruck auch im physischen Sinn angewendet werden konnte. Kaplan hatte eine große Nase, einen vorstehenden Adamsapfel, der beim Sprechen wie eine Boje auf und ab hüpfte, und langes Haar, das aussah, als hätte es eben der Wind zerzaust. Die Weste seines Vierhundert-Dollar-Anzugs war bis zur Taille aufgeknöpft und enthüllte eine rote, weißgetupfte Krawatte, die Kaplan um 89 Cents in der Krawattenschwemme gekauft hatte.

»Also schön, wir wollen das Wort *unzurechnungsfähig* nicht verwenden«, meinte Billings. »Es ist mir natürlich klar, daß wir bis jetzt nicht viel Material haben – der Großteil der Befragungsergebnisse liegt noch nicht vor –, aber irgendwo müssen wir beginnen. Vielleicht können wir zu einer vorläufigen Beurteilung gelangen…«

»Macht mir den Eindruck von, eh, Analkompulsion«, sagte Erich Schindler, der Naturwissenschaftler im UCA-Team. Mit seinen vorstehenden, tabakgebräunten Zähnen wirkte er wie ein Eichhörnchen; er pflegte mit vorgeneigtem Kopf zu sprechen, als spähe er über eine Brille hinweg, die er weder trug noch benötigte. Ehe er seine gewichtige ›Analkompulsion‹ ins Gespräch geworfen hatte, war sein größter Beitrag eine durch nichts provozierte Erörterung der ›kartesianischen Unterscheidung zwischen dem Geist, dessen Wesen das Verstehen ist, und dem Leib, dessen Wesen die Bewegung ist‹ gewesen. Über seine nicht vorhandene Brille meldete er sich wieder zu Wort. »Sehen Sie mal, mein Freund, ich will ja hier niemandem auf die Zehen treten und so – Sie sind hoffentlich nicht allzu empfindlich hinsichtlich Ihres Zuständigkeitsbereiches? –, aber ich habe vor langer Zeit gelernt, daß man sicherlich ins Schwarze trifft oder zumindest nicht wesentlich fehlgeht, wenn man jemanden als, nun ja, als analkompulsiv bezeichnet, nicht wahr?«

»Völlig richtig«, meinte Kaplan zustimmend. Er schätzte Schindler trotz seiner umständlichen Denkweise und seines übertriebenen Standesdünkels. Kaplan war überrascht gewesen, daß ein prominenter Wissenschaftler wie Schindler an einer solchen Sache teilnahm. Er vermutete, zum Teil aus eigener Erfahrung, daß das Honorar, wie man das in akademischen Kreisen nannte, für eine Ablehnung zu verlockend gewesen war.

»Analkompulsion ist die Allerweltsdiagnose in der Psychiatrie«, setzte Kaplan fort. »Wir finden sie überall. Es ist im Grunde der gehobene Ausdruck für verklemmt, und wer ist das heute nicht?« Er blickte vielsagend auf Billings. »Es ist noch viel zu früh« – Kaplan wies auf den Stoß Protokolle – »für mehr als nur nichtssagende Verallgemeinerungen.«

»Vielleicht wären Sie so freundlich, es dennoch zu versuchen«, sagte Billings.

Stille. Als sie peinlich zu werden begann, ergriff Kaplan das Wort.

»Dafür bezahlen Sie mich ja. Okay, beginnen wir mit den grundlegenden Dingen. Grob gesprochen gibt es drei Gründe, warum Leute von unserer Seite zur anderen überlaufen. Erstens«, Kaplan neigte sich vor und begann eindringlich zu sprechen, sein Adamsapfel hüpfte auf und ab, und seine Worte überstürzten sich, »fliehen sie vor Schulden, Scheidungen, Komplikationen aller Art, Schwierigkeiten am Arbeitsplatz, der drohenden Aufdeckung von Verbrechen, unerträglichem seelischem Druck, allen möglichen Schicksalsschlägen, dem Leben im allgemeinen. Sie haben keine Ahnung, wohin sie gehen, und es ist ihnen auch gleichgültig. Es gibt keinen Weg für sie als den nach oben. Wir haben einige Hinweise, die Lewinter in diese Kategorie einreihen könnten. Seine Arbeit konnte nicht besonders befriedigend sein, sonst hätte er nicht so viel Zeit und Mühe in seine Müllverwertungspläne gesteckt. Dann ist da die Sache mit den Schulden. Und auf Grund der ersten Befragungen habe ich den Eindruck, daß er nahe daran war, von einem Mädchen geangelt zu werden, das in vielfacher Hinsicht wie eine Kopie der Frau erscheint, die er verlassen hat. Vielleicht kam ihm dies zu Bewußtsein, und er machte sich aus dem Staub, ehe es zu spät war.«

»Sie meinen also, es handle sich um den klassischen Fall eines Menschen, der vor Schwierigkeiten davonläuft?« faßte Billings zusammen. Es war eine Schlußfolgerung, die seiner persönlichen Einstellung entgegenkam.

»Das habe ich nicht gesagt. Ich sagte, es gibt einige Hinweise, daß er in diese Kategorie passen könnte. Aber es gibt auch Hinweise, wonach man ihn zu jeder der beiden anderen Kategorien zählen könnte.«

»Welche sind diese beiden anderen Kategorien?« fragte Schindler und paffte heftig an der Zigarette, die ihm von den Lippen baumelte.

»Die erste Gruppe sind also unsere Ausreißer, okay. Die zweite

Gruppe leidet an Schizophrenie, bei der es sich, wissenschaftlich ausgedrückt, um eine funktionelle Psychose handelt, die sich unter anderem in heimlichen Phantasievorstellungen äußert. Gelegentlich führen diese Vorstellungen dahin, daß sich der Betreffende selbst als Symbolgestalt sieht, die durch das eigene Beispiel die Welt verändern kann. Jesus, glaube ich, litt an Schizophrenie. Jedenfalls findet man viele dieser Leute unter den Radikalen. Sie betrachten sich als Rädchen in der Maschine und träumen von jener einzigartigen Tat – einem Attentat, einem Selbstmord, einer Selbstverbrennung, einem Absprung –, die sie zu einem Symbol werden ließ. Hat sich Lewinter tatsächlich in radikalen Kreisen bewegt, wie sein Bruder meint, dann mag er in seinem Absprung einen dramatischen und symbolischen Akt gesehen haben, der sein Leben und seine Ideen ins Scheinwerferlicht bringen könnte.«

Kaplan wurde sich plötzlich seiner Eindringlichkeit bewußt. Gleichsam wie um sich zu beruhigen, lehnte er sich zurück und unterdrückte ein Gähnen. »Dann haben wir noch die dritte Kategorie, die meiner Meinung nach die weitaus interessanteste ist. Für Menschen dieser Gruppe bedeutet der Absprung einen schnellen Weg zum Reichtum beziehungsweise die Möglichkeit, rasch Status zu gewinnen. Es gibt mehr als einen Hinweis, daß Lewinter in diese Kategorie fallen könnte. Das wenige, das wir bisher über sein Leben wissen, kann als verzweifeltes Statusstreben interpretiert werden: Alle paar Jahre experimentierte er mit seinem Namen, bis er schließlich bei seinen Initialen landet, die als Statussymbol gelten; seine Beschäftigung mit einem weltbewegenden Projekt, das die Menschheit davor retten soll, im Müll zu ersticken; selbst die Flucht vor seiner Gattin zu einer anderen Frau. Erinnern wir uns, was seine Ex-Gattin sagte – die keine sehr hohe Meinung von ihm hatte. Einen Augenblick – hier ist es. Ich zitiere: ›August wollte stets wichtiger erscheinen, als er war.‹ Ende des Zitats. Und hier, ich zitiere wieder: ›Irgendwie schuf er sich ein eigenes Bild von sich selbst, mit Hilfe von allerlei Schwindeleien.‹ Ende des Zitats. Nun, sicherlich haben wir alle eine übertriebene Vorstellung von unserer eigenen Wichtigkeit« – wieder blickte Kaplan ausdrücklich auf Billings –, »aber wir müssen herausfinden, wie bedeutsam dieser Faktor im Falle Lewinter war. Wenn sein Eigenimage stark übertrieben war, und alles, was wir bisher wissen, spricht für diese Annahme, und wenn seine Leistungen innerhalb unserer Gesellschaft diesem Image nicht entsprachen, dann könnte er sich aus dem Staub gemacht haben oder abgesprungen sein, wie wir in unserer Branche sagen, und zwar um – und hier darf ich wieder meinen Terminus verwenden –, um schnell Status zu gewinnen. Er kann das getan haben, indem er etwas Wertvolles mitnahm, etwas, das ihn in den Augen seiner Gastgeber gleich nach seiner Ankunft in eine besondere Stellung katapultiert hätte. Nun, ob dieses Verhaltensmuster auf Lewinter paßt und ob, wenn dies der Fall ist, das Wertvolle sein eigener Körper war oder ein Müllverwertungsprojekt oder Geheiminformationen über keramische Raketenspitzen oder sonst etwas, das wird sich noch herausstellen.«

»Verdammt verwirrend, nicht? Was Sie da sagen« – der kettenrauchende Naturwissenschaftler Schindler unterbrach sich, um wieder eine Zigarette anzuzünden –, »bestätigt nur meinen Eindruck, oder soll ich es Vorurteil nennen, daß man die ganze Sache, ich meine die Protokolle, wie etwas aus *Rashomon* liest – kennen Sie das japanische Rashomon-Thema? – oder aus Durrells *Alexandria*-Romanen. Großartige Werke, die *Alexandria*-Tetralogie. Eine heterogene Gruppe von Menschen beobachtet dieselben Ereignisse oder dieselben Personen, und jeder gelangt zu einer anderen Version der Wahrheit. Ha! Lewinter scheint stets ein anderer zu sein, je nach dem Betrachter, oder soll ich sagen, je nach der Perspektive. Was ich damit sagen will: Fishkins Lewinter ist ganz anders als der Lewinter vom Standpunkt seines Bruders, der wiederum ganz anders ist als der Lewinter vom Standpunkt seiner Frau. Und so weiter. Wie, um Himmels willen, sollen wir aus diesem, wie soll ich sagen, aus diesem Misthaufen den wirklichen Lewinter herausklauben? Ja! Misthaufen ist wohl das richtige Wort. Wie finden wir nun den wirklichen Lewinter?«

»Indem wir uns durch die Widersprüche, das Rollenspiel, die Pose und die Prahlerei durcharbeiten, bis wir auf den eigentlichen Lewinter stoßen«, warf Billings ein. »Das ist ja überhaupt der Sinn der UCA – die äußeren Schichten wegzuräumen und zu halbwegs zutreffenden Schlußfolgerungen darüber zu gelangen, ob er zu jenen Menschen gehörte, die es fertigbringen, ihrem Land zu schaden, oder ob er, falls er seinem Land schaden wollte, auch die Möglichkeit dazu hatte.«

»Das ist wahrlich ein harter Brocken«, sagte das vierte Mitglied der Gruppe, Fred Farnsworth, pensionierter Chef der Kriminalpolizei von Houston, der als praktischer Kriminalist an der UCA mitwirkte.

»Meine Herren, wenn Sie nichts dagegen haben, wollen wir weitermachen«, sagte Billings und warf einen Blick auf seine Uhr. Er wandte sich wieder an Kaplan: »Haben Sie irgendeinen allgemeinen Eindruck, was seine Kindheit betrifft? Sie erinnern sich, sein Bruder hatte zu diesem Thema eine Menge zu sagen.«

Kaplan schien die Frage einen Augenblick lang zu überlegen. »Man kann praktisch alles, was der Bruder sagte, außer acht lassen«, antwortete er schließlich. »Das einzige, was mit auffallender Deutlichkeit zutage trat, war die geschwisterliche Eifersucht. Der jüngere Bruder bekam alles, was dem älteren Bruder verwehrt worden war, und das nahm dieser übel. Er nimmt es immer noch übel. Lewinter mit den eifersüchtigen Augen seines Bruders zu betrachten, ist jedenfalls eine heikle Sache.«

»Das bringt uns nicht sehr weit, nicht wahr?« Billings wurde klar, daß er das Eintreffen weiterer Protokolle hätte abwarten sollen, ehe er mit der Diskussionsphase der UCA begann.

»Er wurde offensichtlich verunsichert«, fuhr Kaplan unaufgefordert fort; der Klang seiner eigenen Stimme begann ihm Spaß zu machen. »Die Frage ist bloß – wie wurde er verunsichert?«

»Was meinen Sie mit – wie?« fragte der Kriminalbeamte Farnsworth.

»Ich habe da eine Theorie über Kindererziehung«, sagte Kaplan und blinzelte dabei Schindler zu, um ihm zu zeigen, daß er Farnsworth necken wollte. »Es ist wichtig, zu wissen, ob ihn seine Eltern auf natürliche Weise verunsicherten, sozusagen ohne böse Absicht, oder ob sie es absichtlich darauf angelegt hatten, ihn zu verunsichern, was beim besseren Mittelstand sehr oft der Fall ist.«

Farnsworth schnappte nach dem Köder. »Was ist da der Unterschied?«

»Mein Gott, das wissen Sie nicht? Wer absichtlich verunsichert wird, entwickelt schließlich ein identifizierbares Syndrom; er ist dann manisch depressiv oder Kleptomane, sexuell pervers, Sadist oder sonst etwas, das der Psychiater schlicht und einfach diagnostizieren kann. Wer aber auf natürliche Weise verunsichert wird, ist wählerisch, er wird einmal von dieser Neurose, dann von jener Psychose befallen. Kaum glaubt der Psychiater, den Mann mit einem Terminus festgenagelt zu haben, da entwischt er ihm wieder, und der Psychiater keucht mit dem Lehrbuch hinter ihm her und versucht verzweifelt, den Fußstapfen seiner Psyche zu folgen. Wozu er nie imstande ist. Viele Leute, die auf natürliche Weise verunsichert wurden, werden irrtümlicherweise für Genies gehalten. Sehen Sie mich an. Aber das ist eine andere Krankengeschichte. He, hören Sie sich das mal an!« – Kaplan blätterte im Inseratenteil der Zeitschrift *The New Republic* – »›Attraktive, sportliche, hochintelligente schwarze Intellektuelle, gebildet, warmherzig, allein und einsam, sucht zwecks Gemeinschaftsleben Kontakt zu Gruppe männlicher Intellektueller. Keine Rassenvorurteile.‹ – Sollten wir nicht einen Briefwechsel anfangen, ein bißchen Heimsport betreiben, wenn Sie wissen, was ich meine. Na, wie wär's, he?«

Billings schäumte. Sein feines Gesicht mit den vornehmen Zügen lief rot an, seine Lippen aber verloren jegliche Farbe und Frische und wirkten grau wie Beton. In diesem Augenblick haßte er Kaplan und alle ähnlich cleveren jungen Erfolgsmenschen, die innerhalb und auch außerhalb der Abteilung arbeiteten und die keine Achtung vor den Älteren, keinen Respekt vor Erfahrung zeigten und die Leute in führenden Stellungen immer wieder zwangen, sich zu bewähren. »Mr. Kaplan«, sagte Billings schroff. »Ich anerkenne selbstverständlich, daß Sie äußerst unterhaltsam sind – aber Ihre Brillanz bringt uns in der Sache nicht von der Stelle.«

»Aber sie hilft zweifellos, die Zeit zu vertreiben«, entgegnete Kaplan. Schindler und Farnsworth kicherten. Kaplan fragte sich, ob er nicht zu weit gegangen war. Das Honorar war schließlich nicht zu verachten. Der Ausdruck der Selbstgefälligkeit begann aus seinem Gesicht zu schwinden.

Nun war es soweit, das brachte das Faß zum Überlaufen, und Billings war nahe daran, diesen witzelnden jüdischen Psychiater hinauszuwerfen, als Leo Diamond hereinkam. Er wirkte elegant und beherrscht und fühlte sich so selbstsicher, wie er aussah.

»Bob«, sagte Diamond und nickte der Reihe nach Billings und den anderen Männern zu, »meine Herren.«

»Leo«, sagte Billings, allerdings nach einem kaum merklichen Augenblick des Zögerns, als wäre er seines Namens nicht sicher. Es war dies eines jener winzigen Zeichen, die so viel bedeuten – das subtile Signal dessen, der nachgeben würde.

»Also, ich nehme an, Sie sind noch nicht zum Kern der Sache gekommen«, meinte Diamond und ließ sich lässig in einem ledernen Drehsessel nieder. »Ich erhielt die Duplikate der Befragungen gestern abend. Damit ist ja wohl nicht viel anzufangen, bevor wir nicht mehr Material hereinkriegen.«

Kaplan lehnte sich auf dem Sofa zurück und betrachtete die Decke. Er strahlte wieder vor Selbstzufriedenheit.

Billings nahm die Brille von dem Papierstoß und setzte sie mit beiden Händen auf, indem er mit den Fingerspitzen nach den Ohren tastete. »Wir haben ein wenig daran herumgekaut, sozusagen nach Motiven und Fäden gesucht.« Billings fiel es nicht im Traum ein, Kaplan eine Genugtuung zu verschaffen, indem er Diamond zustimmte.

»Sie sind Kaplan, nicht wahr?« sagte Diamond und wandte sich dem Mann auf dem Sofa zu. Ohne eine Antwort zu erwarten, fuhr er fort: »Ich las Ihren Aufsatz im *Esquire* über – wie spricht man das aus? – das – das Kiebutz-Syndrom. Wirklich brillant. Ich war ganz begeistert.«

Kaplan strahlte bei diesem Kompliment. »Sie sprechen das falsch aus – es heißt Kie-bitz-Syndrom, mit der Betonung auf der ersten Silbe. Das ist Jiddisch.«

Diamond wiederholte den Ausdruck zwei- oder dreimal, um sich zu vergewissern, daß er ihn korrekt aussprach. »Ich wollte Ihnen sagen, seit ich diesen Aufsatz gelesen habe, bemerkte ich dieses Syndrom unzählige Male – sogar bei mir. Es ist für einen Zuschauer verdammt schwierig, sich nicht auf subtile Weise in ein Spiel einzumischen. Wie sind Sie auf diesen Einfall gekommen?«

»Wohl durch Intuition. Meine Familie trifft sich jeden Mittwochabend in der Wohnung meiner Mutter in Bronx zum Pennypoker. Das geht seit Jahren so. Es ist eine ständige Einrichtung. Jedenfalls, im vergangenen Jahr hat meine Mutter nicht mehr mitgespielt – sie wird alt und hält das Spiel auf. Eines Abends fiel mir auf, wie sie von Spieler zu Spieler huschte, einen Blick auf ihre Karten warf, Ratschläge erteilte, lachte, brummte und Grimassen schnitt. Es kam dann soweit, daß man nicht mehr so sehr auf die Spieler, als vielmehr auf das Gesicht meiner Mutter achtete, um einen Hinweis auf das Blatt der anderen zu kriegen. Es stellte sich heraus, daß ihr das Kiebitzen mehr Spaß machte als das Spielen. Danach begann ich überall, wohin ich auch kam, das gleiche festzustellen – ich hatte stets den Eindruck, daß die Menschen im Geschäftsleben, im Kunstbetrieb, überall eigentlich, um einen unsichtbaren Pokertisch versammelt waren und den Spielern gute Ratschläge gaben und den ganzen Spaß hatten, ohne dabei ein Risiko einzugehen. Das ist es, das Kiebitz-Syndrom.«

»Nun, ich spreche natürlich als Laie, aber ich hielt das für ausgesprochen brillant.«

Diamond wußte, daß er nun mit Kaplan als Verbündetem rechnen konnte.

»War Lewinter ein« – Diamond sprach das Wort langsam und korrekt aus – »Kiebitz?«

»Zweifellos. Sein Verhältnis zu den Radikalen, auf das sein Bruder unverhohlen hingewiesen hat, war das eines Kiebitz zu den Spielern. Das fällt einem auch auf, wenn man …«

Kaplan war nicht mehr zu stoppen; er tat im Grunde das, was er Billings verweigert hatte, er stöberte in den mageren Hinweisen, um Lewinters Psyche auf die Spur zu kommen. Während Billings zuhörte, fühlte er das wortlose Einverständnis zwischen Diamond und Kaplan und wußte, daß er sich behaupten mußte, ehe Diamond die Sitzung völlig beherrschte. Der Teufel hole die Diamonds, dachte er. Er hatte das Gefühl, er habe seine ganze Karriere damit verbracht, mit diesen Leuten Machtkämpfe auszutragen. Er selbst hatte die Kriegsjahre hinter einem Schreibtisch verbracht, mit den farblosen und unbedankten Routinearbeiten der Spionage befaßt, in einem Milieu, das die Vorstellung nährte und von ihr genährt wurde, jene Seite, die die besten Akten führte, würde zwangsläufig als Sieger hervorgehen.

Dann ging der Krieg zu Ende, und die Leute aus dem Außendienst kehrten an die Schreibtische zurück, wie Pilger zu der Kirche, die sie ausgesandt hatte, und drängten sich vor jene, die ihren Dienst über den Akten sitzend getan hatten. Es war unfair, das wußte Billings, aber es blieb ihm nichts anderes übrig, als diese Leute auf Schritt und Tritt zu bekämpfen.

»...man hat auch den Eindruck, daß der Vater ein Mann der Tat war, sozusagen ein Spieler, und daß dies...«

Nun war Billings am Zug. »Mr. Kaplan, nicht jeder von uns hat das Vergnügen gehabt, Ihren Aufsatz im *Esquire* zu lesen. Vielleicht können Sie uns verraten, ob Ihr Syndrom etwas Licht in die Frage bringen kann, warum Lewinter abgesprungen ist – und ob er irgendwelche handfesten Geheimsachen mitgenommen hat; das ist schließlich der Hauptzweck dieser Untersuchung.«

»Regen Sie sich bloß ab«, sagte Kaplan, der sehr wohl merkte, daß Billings kaum etwas tun konnte, solange Diamond die Sache in der Hand hatte. »Sie waren den ganzen Morgen hart am Ball.«

Hier endete das Spiel, denn Leo Diamond tat das, was sein Recht, über Bob Billings, die UCA und die ganze Abteilung zu herrschen, besiegelte: Er kam Billings zu Hilfe.

»Bei allem Respekt vor Ihren Fachkenntnissen«, sagte er zu Kaplan in einem Ton, der keinen Widerspruch erlaubte, »Bob Billings ist seit langem in dieser Branche tätig. Er versteht die Bedeutung des Faktors Zeit. Was Sie hart am Ball sein nennen, hat vielen das Leben gerettet. Wir haben es hier mit einer brenzligen Sache zu tun. Die Russkis haben unseren zartbesaiteten Lewinter ins Herz geschlossen. Wir müssen herausfinden, warum, und wir müssen es schnell herausfinden. Wenn Bob übereifrig ist, dann deshalb, weil er sehr wohl versteht, was auf dem Spiel steht.« Diamond blickte in die Runde und lächelte. »Sehen Sie«, begann er von neuem, »wir wollen diese anfänglichen Reibereien dem Übereifer zuschreiben« – es entging Kaplan nicht, daß Diamond Billings auf freundschaftliche Weise tadelte – »und nochmals von vorne anfangen. Was sagen Sie dazu, meine Herren?«

Draußen vor den hohen Fenstern saß ein Rotkehlchen auf dem Ast einer verkrüppelten Platane und zwitscherte wütend ein anderes an, das in sein Territorium einzudringen versuchte. Es erinnerte Diamond an die Vögel, die er und Sarah am Vortag im Central Park Zoo gesehen hatten – an das vielstimmige Vogelgezwitscher, das in den gekachelten Räumen widerhallte, in denen diese Vögel weit weg von Bäumen und freiem Himmel leben mußten. Sarah hatte ihn plötzlich am Arm gepackt und gesagt: »Ich hasse Zoos.«

Diamond riß sich aus seinen Gedanken. »Es gibt da einige Punkte, die wir heute klären können. Den ersten bemerkte ich noch gestern abend, als ich das Protokoll las: Wer, zum Teufel, hat Lewinters Papiere aus der Wohnung der Sinclair geholt?«

»Da wir unseres Wissens die einzigen sind, die eine Untersuchung durchführen«, sagte Billings, »können wir bloß annehmen, daß es einer unserer Agenten war, der irrtümlich denselben Auftrag bekam.« Billings war bemüht, seiner Stimme wieder die alte Festigkeit zu verleihen – was ihm fast gelang. »Darum geht es eben. Bob, sind wir die einzigen, die Lewinters Lebensumstände erforschen?« fragte Diamond. »Schließlich ist da noch eine Seite, die sich an Lewinters Vergangenheit äußerst interessiert zeigen könnte.«

»Die Russen, was?« fragte Farnsworth, in die Bresche springend. »Das ist keineswegs weit hergeholt. Erinnern Sie sich, vor zwei oder drei Jahren ist da ein Spezialist für biologische Kriegsführung abgesprungen, ein Kerl namens MacComber, und einige von uns waren fest davon überzeugt, daß die Russkis in seiner Vergangenheit herumschnüffelten. Na, das kann ja heiter werden.«

»Es ist zumindest eine Möglichkeit«, sagte Diamond. »Das Nächstliegende ist, festzustellen, ob einer von unseren Leuten die Papiere weggeschleppt hat. Lautet die Antwort nein, dann bleiben wohl nur die Russen übrig.«

»Verdammt«, sagte Farnsworth, immer noch von dem Gedanken fasziniert, daß ein waschechter russischer Agent einfach von der Straße hereinspaziert war und Lewinters Papiere an sich gebracht hatte. »Hören Sie, ich werde sofort an alle Dienststellen in den Städten, Bundesstaaten und Bundesämtern eine dringliche Anfrage loslassen. Wenn einer unserer Leute sie genommen hat, dann kriegen wir innerhalb von vierundzwanzig Stunden positiven Bescheid. Bei Gott, eine schöne Geschichte.«

»Nun gut«, sagte Diamond und wandte sich dem zweiten Punkt zu. »Die andere Angelegenheit, mit der wir uns meiner Meinung nach mit Aussicht auf Erfolg beschäftigen können, ist die Sache mit dem Gedächtnis.«

»Worum handelt es sich da, Leo?« fragte Billings, nun wieder mit der üblichen Freundlichkeit.

»Das ist mir auch aufgefallen – das mit dem Gedächtnis«, sagte Kaplan, wobei er Billings ignorierte und sich direkt an Diamond wandte.

Aber Billings ließ sich nicht so leicht zurücksetzen. »Selbstverständlich ist uns allen die Sache mit dem Gedächtnis aufgefallen – das mußte ja jedem in die Augen springen. Aber wie Sie sich sicherlich erinnern, sagte der Bruder, Lewinter habe es im Alter von sieben oder acht Jahren bei einem Sturz verloren. Dieser Hinweis entspricht völlig seiner Personalbeschreibung, in der ein fotografisches Gedächtnis nicht erwähnt wird, und – was noch wichtiger ist – auch der Aussage seiner geschiedenen Frau, die darüber klagte, daß er für Einzelheiten kein Gefühl hatte, daß er ständig Daten und später die Bezahlung der Alimente vergaß. Lewinter war ein vergeßlicher Mensch, meine Herren. Offensichtlich war sein Erinnerungsvermögen – das zugegebenermaßen wichtig sein könnte, wenn bewiesen würde, daß er es hatte – durchaus nicht bemerkenswert.«

»Erstens –«, sagte Kaplan.

»Zunächst einmal –«, sagte Diamond.

Beide lachten wie Verschwörer. Wiederum wurden Billings' Lippen blaß.

Diamond gab Kaplan einen Wink. »Setzen Sie fort, was wollten Sie sagen?«

»Erstens halte ich es für wichtig, eine Unterscheidung zu treffen zwischen der Fähigkeit, Informationen oder Erfahrungen zu speichern, und der Fähigkeit, das Gespeicherte zu reproduzieren. Im allgemeinen speichert das menschliche Gehirn fast alles oder zumindest viel mehr, als es normalerweise zu reproduzieren imstande ist. Bei psychiatrischen Behandlungen oder unter Hypnose kommt gewöhnlich eine Menge Material zum Vorschein, was gespeichert, aber untergegangen ist, wird reproduziert. Was uns daher eigentlich interessiert, ist nicht Lewinters Aufnahmefähigkeit, sondern vielmehr seine Fähigkeit, zu reproduzieren. In diesem Zusammenhang sollten wir uns einige wichtige Fakten ins Gedächtnis rufen.«

Kaplan hätte in Sachen Erinnerungsvermögen ebensogut die gegenteilige Position vertreten können, aber es ging ihm darum, Billings den Boden unter den Füßen zu entziehen. »Erstens, bis zum Zeitpunkt seines Sturzes vom Garagendach verfügte er offenbar über ein fotografisches Gedächtnis. Zweitens ist es meines Wissens durchaus möglich, diese Fähigkeit zu verlieren und im späteren Leben wiederzuerlangen, für immer oder nur für gewisse Zeit. Drittens besitzen wir einen eindrucksvollen Beweis dafür, daß er die Fähigkeit, alles zu reproduzieren, tatsächlich wiedererlangte.«

»Wenn Sie das Gedicht meinen –«, begann Billings.

Aber Kaplan war so sehr in Fahrt geraten, daß er nicht aufhören konnte zu reden.

»Selbstverständlich geht es um das Gedicht. Nach Aussage seiner Freundin hat er es nur ein einziges Mal gelesen. Acht Monate, nachdem er zufällig auf dieses obskure Gedicht gestoßen ist und im Augenblick, da er daran denkt, ein Mädchen zu verlassen, dem er die Ehe versprochen hat, will er ihm ein Zeichen seiner Zuneigung oder, wenn Sie wollen, seines schlechten Gewissens senden. Und so gräbt er in Japan, wo er vermutlich kaum eine Nummer der *Kenyon Review* findet –«

»Was noch zu beweisen ist«, sagte Billings, wurde aber von Kaplans eindringlicher Stimme übertönt.

»– gräbt er das Gedicht wieder aus. Eine ganz schöne Leistung, würde ich meinen.«

»Und was ist mit der Bemerkung seiner Ex-Gattin, daß er kein Gefühl für Einzelheiten hatte?« erkundigte sich Farnsworth. »Und warum steht nichts in seiner Sicherheitsakte, wenn er ein fotografisches Gedächtnis hatte?«

»Mr. Farnsworth, Menschen mit totalem Erinnerungsvermögen können all das reproduzieren, was sie reproduzieren wollen. Aber so wie jeder andere Mensch haben auch sie die Fähigkeit, alles zu – wie soll ich sagen? –, zu unterdrücken, das heißt, sie können Dinge verdrängen oder außerstande sein, sie zu reproduzieren; Dinge, die sie als lästig, langweilig oder überflüssig empfinden, wie zum Beispiel Jahrestage und Geburtstage und« – Kaplan betonte das nächste Wort, als sei es der endgültige Beweis – »Alimente. Was die Sicherheitsakte betrifft, denken Sie nur an die Aussage seines Bruders, wonach er sein fotografisches Gedächtnis einfach verbarg, wenn man ihn den Ärzten vorführte. Die Sache ist ganz einfach – er wollte nicht für ein Monstrum gehalten werden. Viele Leute mit einem fotografischen Gedächtnis reagieren genauso.«

»Es steht außer Frage, daß man dieser Sache nachgehen muß«, sagte Diamond. »Wenn er über ein fotografisches Gedächtnis verfügte, dann brauchte er nichts zu fotografieren, zu kopieren, zu stehlen, auswendig zu lernen, ja nicht einmal zu verstehen, um die Informationen mit sich zu nehmen.«

»Denn er brauchte bloß einen Blick auf das Material zu werfen«, meinte Billings und nahm Zuflucht zum letzten Rückhalt des Unterlegenen, zum Sarkasmus.

»Genau«, sagte Kaplan, den Sarkasmus kühl überhörend.

»Okay, dann sind wir, glaube ich, derselben Meinung«, sagte Diamond. Billings schwieg. »Wir wollen uns mit dem Gedicht befassen. Ich jedenfalls akzeptiere die intuitive Meinung seiner Freundin – wonach er damit herausgeplatzt wäre, wenn er das Gedicht vor seiner Japanreise auswendig gelernt hätte. Die Frage ist nun, ob er in Japan zufällig auf ein Exemplar der *Kenyon Review* gestoßen sein könnte. Und wir sehen uns jetzt noch die medizinischen Fakten hinsichtlich Verlust und Wiedererlangung eines fotografischen Gedächtnisses an, ja? Ich glaube, wir kommen der Sache näher.«

9

TOP SECRET

Umfassende Charakteranalyse 327

Betrifft: Lewinter, A. J.
Leiter der Untersuchung: Billings, Robert
Mitarbeiter: Kaplan, Dr. Jerome S.
Farnsworth, Frederick F.
Schindler, Prof. Erich T.

Beilagen: Protokolle der Befragungen vom 15. bis 17. August

TOP SECRET

Nicht redigiertes Protokoll eines Telefongesprächs zwischen Agent A. Bodkin und Professor Whitman Finch, Leiter der Abteilung für Literatur am Kenyon College, Gambier, Ohio. 15. August. Befragter hat keine uns bekannten Kontakte zu Lewinter.

FINCH: Es ist eigentlich kein besonders gutes Gedicht. Natürlich sind diese Dinge äußerst subjektiv. Ich will damit sagen, daß jemand ein Gedicht dieser Art nehmen kann, wie es ist, und daran sogar Gefallen findet. Es mag etwas aussagen – meine Studenten würden das wahrscheinlich so formulieren: Das Gedicht würde ihnen etwas sagen. Ich meine jedoch, daß die meisten erfahrenen Kritiker, die gewillt wären, einen Kommentar abzugeben, das Gedicht einstimmig als höchst mittelmäßig beurteilen würden. Die Form ist völlig epigonenhaft. Sie zeigt sehr wenig Originalität. In seiner Thematik ist das Gedicht abscheulich verworren. Zunächst spricht der Dichter über die Einstellung des Menschen zum Geschlechtsakt. Dann scheint er sich in eine Abhandlung über Kybernetik zu verirren. Wir sehen eine deutliche Trennung – eine offenbar unbeabsichtigte, das heißt also künstlerische – von Form und Inhalt. Die Kadenz zeigt einige gute Ansätze. Aber im großen und ganzen würde ich es als, nun ja, als recht unbedeutend bezeichnen.

BODKIN: Herr Professor, glauben Sie nicht, daß ich mich dafür nicht interessiere, aber was ich eigentlich herausfinden möchte, ist dies: Wurde dieses Gedicht jemals anderswo veröffentlicht als in dieser Ausgabe der *Kenyon Review?*

FINCH: Um Himmels willen, nein. Warum sollte jemand auf diese Idee kommen?

Abschrift eines Top-Secret-Kabels von Richard Mathews Harding, Kulturattaché der Amerikanischen Botschaft in Tokio. Eingegangen und entschlüsselt am Morgen des 15. August. Befragter hatte keine uns bekannten Kontakte zu Lewinter.

EXHARDING REUR 121352Z

DIES IST DIE SELTSAMSTE ANFRAGE DER WIR JE NACHGINGEN STOP HABEN ALLE BIBLIOTHEKEN IM UMKREIS VON EINHUNDERT MEILEN UM TOKIO KONTROLLIERT UND FANDEN NUR EINE – DIE UNIVERSITÄT

VON KYOTO – DIE ALTE NUMMERN DER KENYON REVIEW SAMMELT STOP KYOTO MELDET DASS SEPTEMBERAUSGABE 1964 FEHLT ABER KANN NICHT FESTSTELLEN SEIT WANN STOP HINWEIS DASS FEHLEN NICHTS UNGEWÖHNLICHES STOP BIBLIOTHEKAR SAGT HUNDERTE VON ÄLTEREN AUSGABEN ENGLISCHER ZEITSCHRIFTEN VON LESERN NICHT RETOURNIERT STOP GENAUE KONTROLLE VON PRIVATARCHIVEN UNMÖGLICH ABER UMFASSENDE NACHFRAGEN ERGABEN NIEMANDEN MIT ALTEN NUMMERN VON KENYON REVIEW STOP HOFFE DIESE ANTWORT BEFRIEDIGT

HARDING

Redigiertes Protokoll eines Gesprächs zwischen Agent R. Grotten und Dr. Louis Krimenger, Direktor der Krimenger-Klinik für Psychiatrie. 16. August. Befragter hat keine uns bekannten Kontakte zu Lewinter.

KRIMENGER (hustet): Rauchen Sie? Ich weiß, Zigaretten sind giftig, aber ich kann es nicht lassen (hustet). Also, wo waren wir? Ach ja, die Antwort auf Ihre Frage ist einfach. Es kommt äußerst selten vor – aber es ist durchaus möglich (hustet). 1934 gab es einen berühmten Fall – eine Frau Evers oder Evans oder so ähnlich hatte ihr fotografisches Gedächtnis verloren und wiedererlangt. Meines Wissens ein gut dokumentierter Fall. Hören Sie, wenn Sie da noch einen haben, würde ich ihn gern kostenlos untersuchen. Das gäbe Material für einen tollen Aufsatz.

Redigiertes Protokoll eines Gesprächs zwischen Agent L. Luftwell und Dr. Gerhard Grueneberg, Chef der Psychiatrischen Abteilung im Bellevue-Hospital und Direktor des Freud-Archivs in Washington. 16. August. Befragter hat keine uns bekannten Kontakte zu Lewinter.

GRUENEBERG: Ich glaube, so etwas ist immer möglich. Ich wäre ein Dummkopf, wenn ich das Gegenteil behaupten wollte. Allerdings habe ich von keinem einzigen Fall gehört, in dem jemand ein fotografisches Gedächtnis wiedererlangt hätte.

LUFTWELL: Wie ich hörte, gab es 1934 einen solchen Fall...

GRUENEBERG: Ach ja, das ist der Fall, der immer angeführt wird. Mrs. Evak. Purer Schwindel. Die arbeitete in einem Zirkus, wo sie ihre Gabe des totalen Erinnerungsvermögens vorführte. Und was die Sache mit dem Verlust und der Wiedererlangung ihres fotografischen Gedächtnisses anlangt – das pflegte sie immer wieder zu behaupten, um Reklame zu machen. 1934 hat irgendein armer Arzt sie ernst genommen...

Redigiertes Protokoll eines Gesprächs zwischen Agent S. Eckart und dem Kongreßabgeordneten Fred Walters in dessen New Yorker Büro. 16. August. Befragter hat angeblich mit Lewinter über dessen Vorschläge zur Errichtung einer überregionalen Gesellschaft für Festmüllverwertung gesprochen.

WALTERS: Ich stehe Ihren Leuten jederzeit gern zur Verfügung. Ich war im Krieg selber im Abwehrdienst der Armee, wissen Sie. Um ehrlich zu sein, im Augenblick kann ich mich dieses Namens nicht entsinnen. Ich erinnere mich dunkel daran, daß mir vor einigen Wochen einer auf die Pelle gerückt ist – haha, ich meine das nicht wörtlich – mit irgendeinem haarsträubenden Plan zur Wiederverwertung von Glas-, Eisen- und Stahlabfällen, die durch Röhren zu regionalen Sammelstellen gepumpt werden sollten. Aber das war ein reines Phantasiegebilde. Hören Sie, wenn es etwas Wichtiges ist, kann ich meine Leute in den Akten nachsehen lassen.

Anmerkung: Bei der anschließenden Überprüfung der Akten fand sich ein hektographierter Bericht, der Lewinters Namen trug und den Vorschlag zur Gründung einer überregionalen Gesellschaft für Festmüllverwertung enthielt. Der Bericht ist als Beweisstück 17 C *gekennzeichnet und weist auf der rechten oberen Ecke des Titelblattes sowie der folgenden vierzehn Seiten meine Initialen auf.*

Redigiertes Protokoll eines Gesprächs zwischen Agent A. Bodkin und Thomas A. Osborne, Zweigstellenleiter des Consol-O-Debt-

Büros in Boston. 17. August. Befragter soll Lewinter im Zusammenhang mit dessen Kreditantrag gesprochen haben.

OSBORNE: Sie müssen verstehen, daß wir gewöhnlich keine Auskünfte über unsere Kunden erteilen. Die Leute sollen das Gefühl haben, daß sie sich uns wie einem Priester anvertrauen können.

BODKIN: Ich verstehe Sie sehr gut, Mr. Osborne, und es ist sehr freundlich von Ihnen, in diesem Falle eine Ausnahme zu machen. Wir wissen das zu schätzen. Ihre Regierung weiß das zu schätzen.

OSBORNE: Nun ja, hier habe ich seinen Antrag. Ich habe ihn herausgesucht, als Sie anriefen. Da ist er, sehen Sie? A. J. Lewinter.

BODKIN: Ja, das ist er.

OSBORNE: Nun ja, es handelt sich hier um den klassischen Fall eines Menschen, der ein gutes Einkommen hat – warten Sie, Frage 12, hier, 17500 Dollar im Jahr –, ja, ein sehr gutes Einkommen, und der mit Geld nicht umgehen kann. Wir haben eine Menge derartiger Kunden, denen wir einen Kredit geben, damit sie ihre Schulden begleichen können. Eines muß ich Ihnen sagen, Mr. Bodkin, es ist eine befriedigende Tätigkeit, anderen Menschen aus finanziellen Schwierigkeiten zu helfen. Wir gehören nicht zu den üblichen halsabschneiderischen Geldverleihern. Wir sind eine Firma mit Herz.

BODKIN: Wie hoch war der Kredit, den Sie Lewinter gegeben haben?

OSBORNE: Nun ja, wir konnten uns dann doch nicht entschließen, ihn als Kunden zu akzeptieren.

BODKIN: Sie haben ihm kein Geld geliehen?

OSBORNE: Nein, das haben wir nicht. Im übrigen, der Grund dafür steht nicht auf dem Antrag. Aber da war irgend etwas an diesem Mann, ich erinnere mich genau, irgend etwas, das mich stutzig machte. Bei unserem Geschäft müssen wir uns sehr auf unsere Intuition verlassen, Mr. Bodkin. Und meine Intuition sagte mir: Vorsicht, dieser Kerl ist unzuverlässig. Darf ich fragen, warum Sie sich nach ihm erkundigen? Hat er Kreditschwindel begangen? Ich wette meinen letzten Dollar, er hat Kreditschwindel begangen.

Wortprotokoll eines Gesprächs zwischen Agent A. Bodkin und James George Styron, außerordentlicher Professor für Chemie an der Universität Boston, Gründungsmitglied von PEACE, eines Professorenverbandes zum Zweck der Weltverbesserung. Der Befragte kannte Lewinter, als dieser bei PEACE tätig war.

STYRON: Also, Mr. Bidkin oder Bodkin, oder wie Sie heißen, jetzt haben Sie mich endlich erwischt.

BODKIN: Bodkin, ich heiße Bodkin. Ich habe den Eindruck, daß Sie mich ungern empfangen.

STYRON: Natürlich empfange ich Sie ungern. Allerdings muß ich zugeben, daß ich etwas Derartiges erwartet habe. Sie haben wohl nichts dagegen, wenn auch ich mein Tonbandgerät einschalte. Wie, zum Teufel, steckt man diese verdammte Kassette hinein?

BODKIN: Drehen Sie sie um. So ist's richtig.

STYRON: Also, lassen Sie mich raten, warum Sie hier sind. Sie glauben, PEACE ist irgendein kommunistisches Komplott, um im Gebiet von Boston die Macht zu ergreifen, die Jugend zu verderben und LSD in die städtische Trinkwasserversorgung zu tun. Habe ich recht? Ihre Bosse haben einfach kein Verständnis für Radikale, die wie ich entschlossen sind, innerhalb des Establishments zu wirken, um das Establishment zu verändern.

BODKIN: Mr. Styron...

STYRON: Professor, wenn es Ihnen recht ist. Der Name unserer Gruppe soll Sie zu keinen falschen Schlüssen verleiten. Ich gebe zu, PEACE klingt wirklich nach Klischee. Mir selbst wäre etwas weniger Einprägsames, aber dafür weniger Kitschiges lieber gewesen. Vielleicht ist es ganz gut, daß Sie mich erwischt haben. Vielleicht gewinnen Sie hier ein wenig Verständnis für unsere humanistische Grundeinstellung und für den subtilen Prozeß, der einen Humanisten in einen Aktivisten verwandelt. Kennen Sie die humanistische Tradition, Mr. Bidkin?

BODKIN: Ich heiße Bodkin, Professor Styron. B wie Bravo, O wie Oskar, D wie Diamant, K wie König, I wie Indien, N wie November. Bodkin.

STYRON: Sie sind wohl sehr empfindlich, was Ihren Namen betrifft, nicht wahr?

BODKIN: Herr Professor, ich weiß nicht, was Ihre Sekretärin Ihnen gesagt hat, aber ich bin nicht hergekommen, um über PEACE zu sprechen, jedenfalls nicht ausschließlich darüber. Ich versuche, über ein ehemaliges Mitglied Ihrer Gruppe etwas in Erfahrung zu bringen, nämlich über Professor Lewinter vom Massachusetts Institute of Technology.

STYRON: Lewinter?

BODKIN: A. J. Lewinter. Haben Sie ihn gut gekannt?

STYRON: Na, das ist ja eine tolle Sache! Sie kommen den weiten Weg hierher, um nach Lewinter zu fragen. Ob ich ihn kannte? Niemand kannte ihn. Er ist unserer Gruppe eigentlich niemals beigetreten. Er nahm an vier oder fünf Zusammenkünften teil, und wir freuten uns über seine Anwesenheit, denn wir begrüßen jede Mitarbeit von seiten unserer wissenschaftlichen Kollegen vom M. I. T.

BODKIN: Ist er irgendwie aufgefallen? Hat er sich freimütig geäußert?

STYRON: Nun, das ist ja das Merkwürdige. Er sagte nie auch nur ein einziges Wort, bis auf das letzte Mal. Wir besprachen die Aussendung eines Kettenbriefes an wissenschaftliche Kreise. Ich schäme mich keineswegs, daß ich, wie gewöhnlich, die Rolle des Aktivisten spielte. Wenn wir das Weiße Haus mit 100 000 oder vielleicht sogar einer halben Million Briefen überschwemmen könnten, die nicht von durchschnittlichen Banausen unterzeichnet wären, sondern von der wissenschaftlichen Elite, dann müßte man dort aufhorchen und sich die Sache einmal überlegen. Jedenfalls ereiferte sich Lewinter wegen dieses Vorschlages sehr.

BODKIN: Wie ereiferte er sich?

STYRON: Er begann mit den Armen in der Luft herumzufuchteln und uns als elitär zu bezeichnen. Er machte den Eindruck, daß er radikalere Dinge vorhatte als die, mit denen wir uns zu befassen bereit waren. Nach diesem Abend ist er nie wieder erschienen, und ich muß bekennen, daß ich dies nicht bedauere. Schon ohne Leute seiner Sorte ist es schwierig genug, etwas Konkretes zu erreichen.

BODKIN: Haben Sie später nochmals von ihm gehört?

STYRON: Es ist wahrscheinlich bloß ein Gerücht, aber ich hörte, daß sich Lewinter mit den BMD-Leuten in Harvard eingelassen hat. Denen sollten Sie lieber einmal auf die Finger sehen, nicht uns.

Redigiertes Protokoll eines Gesprächs zwischen Agent G. Brandt und Nancy Mitgang, in Ermangelung einer Kaution von 50000 Dollar derzeit Untersuchungshäftling im Charles-Street-Gefängnis, wo sie auf ihren Prozeß wegen Sprengstoffbesitzes wartet. 17. August. Die Befragte war Mitglied des Bundes Militanter Demokraten, und zwar zu der Zeit, als Lewinter mit dieser Gruppe in Verbindung gestanden haben soll.

MITGANG: Sie können mich. Und das sind die letzten drei Worte, die Sie aus mir herauskriegen werden. Wenn Sie glauben, daß ich Ihnen mehr über Hank sagen werde, als ich den anderen gesagt habe, dann haben Sie Scheiße im Hirn. Also hören Sie bloß auf, mich einzuseifen. Machen Sie, daß Sie hier rauskommen.

BRANDT: Ich bin nicht hergekommen, um über Sie oder Hank oder den BMD zu sprechen.

MITGANG: Über was sonst? Die Theologie William Blakes? Die sexuellen Phantasien der metaphysischen Poeten? Also worüber?

BRANDT: Lewinter. A. J. Lewinter. Erinnern Sie sich an ihn?

MITGANG (längeres Lachen): Lewint... (neuerliches Lachen). Sie müssen... (neuerliches Lachen).

BRANDT: Darf ich fragen, warum Sie lachen?

MITGANG: Lewinter. Es ist einfach widersinnig, ein Arschgesicht erkundigt sich nach einem Schleimscheißer. Du liebe Scheiße, was hat er angestellt? Hat er vielleicht eine Marke zu sechs Cent auf einen Briefumschlag zu acht Cent gepickt? (Neuerliches Lachen).

BRANDT: Ich dachte...

MITGANG: (Gelächter).

BRANDT: Ich dachte...

MITGANG: Was dachten Sie? Sie dachten, Sie könnten mir reinkriechen und Informationen aus mir rausholen. Also, bei mir gibt's keine Informationen. Da gibt's nichts zu berichten. Lewinter war in der Bewegung nie wirklich engagiert. Er schwamm bloß eine Zeitlang am Rande mit, das ist alles. Sie bellen den falschen Baum an. Der Kerl war so verkorkst, daß er einem Psychiater einen tödlichen Schrecken eingejagt hätte, sobald er auf der Couch lag. Irgend jemand hat ihn einmal zu unserem Sensitivity-Training unten beim Vineyard mitgeschleppt, und da machte er sich fast in die Hosen, als wir alle nackt schwimmen gingen. Eines von den Mädchen ging später mit ihm bumsen, und sie sagte, er wollte nicht einmal die Kleider ausziehen, ehe sie nicht das Scheißlicht ausmachte. Das Komische war, sagte sie, daß er, einmal in Fahrt, gar nicht so schlecht war. Aber was weiß man schon, nicht wahr? Ich wette, Sie bumsen auch bloß im Dunkeln!

BRANDT: Haben Sie ihn nach der Zusammenkunft am Kap irgendwann einmal wiedergesehen?

MITGANG: Ich glaube, er hat sich da noch eine Weile herumgetrieben. Aber er hat sich nie auf was eingelassen.

BRANDT: Wieso?

MITGANG: Wieso was?

BRANDT: Wieso hat er sich noch eine Zeitlang da herumgetrieben? Wieso duldeten sie ihn, obwohl er so ein Spießer war?

MITGANG: Es war Hank, glaube ich. Er dachte, Lewinter habe eine Menge auf dem Kasten. Man kann wohl nicht immer die Richtigen kriegen, nicht wahr?

10

Geduckt, die Knie gebeugt, die Finger der linken Hand wie eine Antenne nach vorne ausgestreckt, hielt Harry Dukess den gekerbten Griff des Messers locker in der rechten Hand und pumpte mit kurzen, ächzenden Zügen Luft in die Lungen. Wie die Spitze eines kreisenden Rapiers waren seine Sinne und seine Finger auf den Gegner gerichtet; er tastete nach einer ungedeckten Stelle, die es ihm ermöglichen würde, den Feind zu töten. Aber Dukess war bloß Form ohne Inhalt; eine verbrauchte Sprungfeder, beim Zusammendrükken ohne Spannung, beim Öffnen ohne Kraft. Als sich eine ungedeckte Stelle bot, stieß Dukess ungeschickt zu. Der jüngere Mann lenkte den Stoß mit einer blitzschnellen Bewegung aus dem Handgelenk ab, stieß seinerseits mit der messerbewehrten Hand von unten her zu und traf den älteren Mann in die Achselhöhle.

»Scheiße«, sagte Dukess, als die Gummiklinge seine Haut berührte und sich umbog. Immer noch nach Atem ringend, sagte er: »Noch einmal.«

Es war nicht so sehr der Körper, sondern der Geist, der nicht mitmachte, tröstete sich Dukess; beim Anblick von Van Averys frischem, harmlos wirkendem Gesicht konnte er nicht glauben, daß von dort wirklich Gefahr drohen könne. Diesmal, dachte Dukess, würde er die Gefahr aus seinen eigenen Erinnerungen beisteuern; er würde jemanden anderen an Van Averys Stelle setzen, so wie ein Mann manchmal seine Frau umarmt und dabei an eine andere denkt. Wieder duckte er sich und versuchte, sich den Ausdruck in Shiptars Gesicht, knapp bevor er ihn tötete, ins Gedächtnis zurückzurufen. Abgesehen vom Schnurrbart, konnte er das Gesicht nicht mehr rekonstruieren, er erinnerte sich nur an das eisige Gefühl der Bedrohung. Diese Bedrohung wollte er jetzt wieder erleben, aber jener Augenblick war schon zu weit entfernt, er spürte ihn nicht mehr mit allen Fasern. Wie sehr und wie oft sich Dukess auch bemühte, er konnte diese seltsame Mischung aus Angst und Erregung nicht mehr einfangen, die ihn jedesmal durchzuckt hatte, wenn er um sein Leben kämpfte.

Van Avery knurrte, täuschte einen Tritt vor, machte dann mit der linken Hand eine Scheinbewegung gegen Dukess' Augen. Dukess' messerbewaffnete Hand fuhr empor, um den Schlag abzuwehren, der nicht erfolgte. Er wollte den Arm wieder sinken lassen, als Van Averys Gummiklinge blitzschnell herabstieß und einen roten Striemen auf Dukess' Handgelenk mit den stark hervortretenden Adern hinterließ.

»Es geht um die ersten zehn Minuten«, sagte Dukess. Sein Atem ging leichter, als er sich auf der Ringermatte in einer Ecke der Dachkammer neben Van Avery ausstreckte. »Wenn es je wieder soweit kommen sollte, muß ich ihn in den ersten zehn Minuten kriegen. Ich lasse später zu schnell nach.«

Es war eine Diskussion unter Professionals, und Van Avery übte professionelle Kritik. »Ich glaube nicht, Harry. Wenn Sie es mit einem Profi zu tun kriegen, dann wird er Sie auf zehn Minuten einschätzen und sich zurückhalten, bis Ihnen die Luft ausgeht. Jeder, der trainiert ist, würde das tun. Wissen Sie, was ich tun würde?«

»Was würden Sie tun?« Die Jugend, dachte Dukess zynisch, ist immer schneller – aber nicht smarter. Aber bei ihrer Schnelligkeit brauchte sie wohl nicht smart zu sein.

»Angenommen, der Kerl hat keine Ahnung, wer Sie wirklich sind, dann stellen Sie sich am besten dumm. Stehen Sie unbeholfen da, fuchteln Sie mit den Fäusten, gehen Sie wie ein Tölpel auf ihn los. Und dann machen Sie ihn kalt, ratsch« – Van Avery machte mit dem Zeigefinger die Geste des Halsabschneidens –, »noch ehe er merkt, daß er es mit einem Profi zu tun hat.«

»So ganz stimmt das nicht«, sagte Harry Dukess. Er spannte die Bauchmuskeln, blickte an seinem Körper hinab und sah, daß er um die Mitte herum immer noch recht dick war. »Warum will mich der Kerl umbringen, wenn er nicht weiß, wer ich bin, verraten Sie mir das? Wenn er es darauf abgesehen hat, mich umzubringen, dann kennt er höchstwahrscheinlich meinen Namen und Dienstgrad, meine Dienstnummer – und mein Alter. Ich jedenfalls würde alle Kraft in den ersten zehn Minuten einsetzen.«

»Und wenn das nicht funktioniert?«

»Wenn das nicht funktioniert, würde ich vermutlich aufgeben.« Dukess fühlte sich von dem Trainingskampf mit Van Avery in der Dachkammer ausgepumpt und war verdrossen über die Aussicht, aufgeben zu müssen.

»Komisch, wie das langsam über einen kommt. An einem Tag macht man noch in der Dienststelle zwei, zweieinhalb oder sogar drei Stunden Nahkampftraining mit Curley. Und dann, ehe man sich's versieht, hält man es nicht einmal eine halbe Stunde ohne das Gefühl durch, daß einem die Lungen bersten.« Dukess setzte sich auf, zog das Hemd seines grauen Trainingstrikots aus und lehnte sich gegen die Wand. »Was ist, Fred, wollen wir jetzt unsere Gin-Tonics leeren, eine Dusche nehmen und dann den Holzkohlengrill anzünden? Bin froh, daß Sie heute Ihre Familie mitgebracht haben. Ich habe da einige Brathähnchen – das Wasser wird Ihnen im Munde zusammenlaufen.« Von draußen hörte man die schrillen Stimmen von Kindern, die sich im Gras balgten. »Hört mit dem Geraufe auf, noch bevor sich jemand weh tut!« schrie Dukess durch das offene Fenster der Dachkammer. Das Kreischen hörte auf. Dukess wandte sich wieder Van Avery zu.

»Diese Lausebengel werden wohl niemals erwachsen, was?«

Aber Dukess hing immer noch den Gedanken an seine Jugend nach. Er hielt die rechte Hand hoch, die Handfläche abgewandt, und betrachtete sie aufmerksam – eine große, schwammig gewordene Hand. »Mit dieser Hand habe ich drei Männer getötet« – Dukess sprach mit leiser Stimme –, »zwei mit dem Messer, einen hielt ich unter Wasser, bis keine Luftblasen mehr kamen. Jeder von ihnen hätte mit mir dasselbe getan. Es ist schon komisch, hier in dieser Dachkammer zu sitzen, den Sonntagsgrill vorzubereiten und sich an das zu erinnern.«

»Ich habe nie jemanden getötet – bin für solche Sachen zu spät eingetreten«, sagte Van Avery. Eine Spur von Bedauern klang aus seiner Stimme.

»Sie könnten es. Sie sind genug kaltblütig, schnell und beherrscht. Ich bin sicher, Sie könnten, wenn Sie müßten.«

»Es ist nett, daß Sie das sagen, Harry. Aber es heißt, man weiß das erst, wenn man es getan hat.«

»Nun, diese Zeiten sind für immer vorbei. Heute kämpft keiner mehr bis zum Finish. Wir leben im Zeitalter des verhaltenen Kampfes.«

»Har-ry!« Dukess' Frau, die ihren Ärger hinter einem scherzhaften Tonfall verbergen wollte, rief durch die Bodenbretter herauf: »Es ist halb sechs, und das Grillen braucht eine gute halbe Stunde. Har-ry, hörst du mich?«

Dukess hielt die Hände trichterförmig an den Mund. »Komme sofort, Clara«, rief er. Aber er rührte sich nicht.

Van Avery stand auf und begann mit den Tai-Chi-Chuan-Übungen, die er von einem nationalchinesischen Agenten während einer Dienstfahrt in Saigon gelernt hatte. Es war eine anmutige Übungsreihe, eine Art Lehrsystem von karateähnlichen Schlägen, die im Zeitlupentempo ausgeführt wurden. »Wie... ging... die... Sache... in... Bangkok... Harry... eh?« fragte er, wobei er die Worte so dehnte, daß sie seinen Bewegungen entsprachen.

»Kein Grund zur Aufregung«, antwortete Dukess. »Wie gesagt, es war bloß ein Betriebsunfall, von dem kein Mensch je erfahren wird – hoffe ich. Die Residentur in Bangkok verhängte eine ›Ausschaltung mit nachteiligen Folgen‹ über eine ortsansässigen Kerl, der zu viele Freunde hatte.«

»Haben... Sie... die... Freunde... ebenfalls... ausgeschaltet?«

»Einer wurde bestochen, ein anderer ausgeschaltet.« Dukess sah zu, wie sich Van Avery auf dem Absatz herumdrehte und im Zeitlupentempo die Faust wie einen Kolben in Schulterhöhe nach vorne stieß. »Haben Sie für die Chinareise einen Professor auftreiben können, Fred?«

Van Avery sank auf die Matte zurück. »Ob Sie es für möglich halten oder nicht, wir haben die Kartei von A bis Z durchgesehen, und der einzige, den wir finden konnten, war ein Kunstgeschichtler in Berkeley, der sagte, er wolle sich das erst einmal überlegen. Wir werden sicherlich jemanden finden, aber wir werden ihm wahrscheinlich mehr als vorgesehen zahlen müssen.«

»Scheiße«, sagte Dukess. »Ich erinnere mich noch an die Zeiten, als diese Leute zu uns gekrochen kamen, um einen Auftrag zu kriegen. Damals waren wir noch keine Parias. Man erwies uns gerne Gefälligkeiten – und wir sorgten für die Veröffentlichung eines Buches oder eines Artikels, manchmal verschafften wir sogar eine Anstellung an einer Universität. Wahrlich, die Zeiten ändern sich. Es ist nicht nur bei den Akademikern so. Wann haben wir das letzte Mal einen erstklassigen Agenten angeworben, he? Die cleveren jungen Leute gehen nicht mehr zum Nachrichtendienst. Sie kriegen anderswo viel mehr Geld.«

»Ich glaube nicht, daß es hauptsächlich daran liegt, Harry. Es hängt wohl damit zusammen, daß diesen Individualisten, die heutzutage von den Colleges abgehen, der Sinn für kollektives Arbeiten, wie wir es betreiben, völlig fehlt. Diese Leute haben keine Ahnung, was ein Team leisten kann.«

»Ich weiß bloß eines, man erwartet von mir, daß ich mit zweitklassigen Leuten große Aktionen durchführen soll – Anwesende natürlich ausgenommen, Fred. Verdammt noch mal, ich sollte meine Zeit nicht mit dem Lesen der täglichen Übersicht über die Sowjetpresse vertun müssen. Ich kann mit meiner Zeit Besseres anfangen. Wir kriegen einfach keine zielbewußten Leute mehr. Ich erinnere mich noch, wie Sie das erste Mal wegen eines Jobs kamen. Vor lauter Eifer haben Sie fast die Türen eingetreten. Sie haben nicht gemekkert, wenn Sie abends Überstunden machen oder einen Urlaub verschieben mußten.« Dukess schüttelte den Kopf. »Diese Akademiker gehen mir stark auf die Nerven. Die hängen ihr Mäntelchen nach dem Wind, egal woher er weht. Ich wette, es ist Ihnen auch nicht gelungen, an einen der Leute von Diamonds UCA heranzukommen, was?«

Van Avery ließ sich im Türkensitz auf dem Boden nieder, hielt den Rücken kerzengerade und führte mit verschränkten Armen isometrische Übungen durch. »Ich habe einen – aber fragen Sie nicht, wieviel er kostet.«

»Mehr als zweitausendfünfhundert?«

»Glatte dreitausend.«

Dukess pfiff durch die Zähne. »Mit dem Geld hätte man das ganze Amtsgebäude abhören können. Wen haben Sie gekriegt?«

»Schindler, den Naturwissenschaftler. Erinnern Sie sich, er hat uns vor vier Jahren anläßlich einer dieser Pugwash-Symposien in Belgrad einen Dienst erwiesen.«

»Hätten Sie das nicht ausnützen können, um ihn dazu zu bewegen, daß er umsonst für uns arbeitet? Eine Drohung, das den Zeitungen zuzuspielen...«

»Damit fing ich an, aber er ist ein alter Halunke. Er sagte, wenn sich einer an die Presse wendet, dann würde er es sein, und dann würden wir nie wieder einen Akademiker finden, der bereit wäre, für uns zu arbeiten. Eine neuerliche Kontroverse mit einem dieser Akademiker ist aber das letzte, was wir uns wünschen, also habe ich bezahlt.«

»Und?«

»Und was?« fragte Van Avery.

»Was geht im UCA-Team vor sich?«

»Ach das. Das ist wirklich merkwürdig, Harry.«

»Wieso merkwürdig? Liefern die Spürhunde im Außendienst keine brauchbaren Informationen?«

»Informationen sind in jeder Menge eingegangen – aber bis jetzt weiß keiner, was er davon halten soll. Es scheint, daß Lewinter bis über die Ohren in Schulden steckte. Das Gericht ist wegen ausständiger Alimentationszahlungen hinter ihm her.«

»Also ist er wohl wegen seiner Schulden ausgerissen?«

»Da steckt mehr dahinter. Er hat sich auch mit einigen radikalen Organisationen im Gebiet von Boston eingelassen – erst mit den Leuten von PEACE...«

»Über die haben wir eine Akte, nicht?« Dukess verschränkte die

Hände, so wie es Van Avery tat, und bemühte sich, sie auseinanderzuziehen.

»Das örtliche FBI-Büro hat einen Agenten in ihrem Exekutivkomitee. Strengen Sie sich nicht so an, Harry, bloß einen ständigen Druck ausüben, so ist's richtig. Lewinter hatte auch mit den BMD-Leuten zu tun, aber es ist nicht klar, wie weit das ging. Und dann ist da noch die verrückte Müllgeschichte.«

»Müllgeschichte?«

»Es scheint, Lewinter ist mit einem Festmüllverwertungsprogramm, das Milliarden kosten würde, hausieren gegangen. Er hat es sogar einem Senator vorgelegt. Lewinter bedeutete der Plan offenbar sehr viel, und – jetzt kommt's erst – sein Bruder, der sich ziemlich offen äußerte, sagte, Lewinter sei der Ansicht, daß sich die Russen für seine Pläne erwärmen könnten.«

»Das wäre wahrlich der Gipfel – überzulaufen, um den Roten ein Abfallsammelprogramm zu bringen!«

»Es kommt noch schöner. Und das ist der Teil, der mich verwirrt. Wie sich herausstellte, hatte Lewinter ein fotografisches Gedächtnis, das er angeblich im Alter von etwa acht Jahren verloren hat. Aber gerade als er absprang, noch am selben Tag, schrieb er seiner Freundin eine Postkarte, auf der er ein Gedicht zitierte.«

»Er ist eben ein Eierkopf«, sagte Dukess. »Was ist daran so ungewöhnlich?«

»Anscheinend sah er dieses Gedicht nur ein einziges Mal in seinem Leben, und das war acht Monate zuvor. Dennoch war er imstande, es wiederzugeben.«

»Womit wir wohl wieder bei dem fotografischen Gedächtnis wären? Vielleicht hat er das Gedicht in Japan wiedergefunden – immerhin hat man auch dort Bibliotheken.«

»Nein. Das UCA-Team hat das überprüft. Der Kulturattaché in Tokio sagt, in der ganzen Stadt gab es keine Kopie dieses Gedichts. Um die Sache noch verwirrender zu machen, holten die UCA-Leute ärztliche Gutachten über fotografisches Gedächtnis ein. Einer sagt, man kann es wiedererlangen, der andere sagt, man kann es nicht.«

»Und was taten die UCA-Leute mit diesem Zeug?«

»Darum geht es eben. Billings, der eigentlich diesen Fall bearbeiten sollte, hat es offensichtlich darauf angelegt, die einfachste

Schlußfolgerung daraus zu ziehen – nämlich, daß Lewinter wegen Schulden oder dergleichen ausgerissen ist und nichts mit sich genommen hat. Es ist leicht einzusehen, warum Billings diesen Standpunkt einnimmt. Er identifiziert sich mit seiner Abteilung und will ihr keine Minuspunkte einbringen. Außerdem will er den Auftrag, für die Sicherheit des MIRV-Programms zu sorgen, nicht an uns oder eine andere Dienststelle verlieren, was durchaus eintreten könnte, wenn sich herausstellen sollte, daß Lewinter das MIRV-Programm ernstlich gefährdet hat. Bis hierher leuchtet mir die Sache ein. Aber dann taucht Diamond auf – er hat an den meisten UCA-Sitzungen teilgenommen, und laut Aussage unseres Dreitausend-Dollar-Mannes dirigiert er praktisch die ganze Sache. Offenbar hat er es darauf angelegt, die schlimmste Hypothese zu stellen. Diamond hat beispielsweise diese Geschichte mit dem fotografischen Gedächtnis hochgespielt und reitet ständig auf Lewinters Verbindungen zu den Radikalen herum. Der Psychiater im Team unterstützt Diamond hundertprozentig, und zwar nach Ansicht unseres Naturwissenschaftlers bloß deshalb, weil er Billings anscheinend wie die Pest haßt.«

»Ein Sack voller Flöhe, was?« Van Avery war ehrlich verwirrt. »Ich verstehe, daß Billings den Fall verharmlosen will, aber warum will Diamond ihn dramatisieren? Sie kennen ihn, Harry. Vielleicht können Sie sich einen Reim darauf machen?«

Den Kopf gegen die Wand gelehnt, überdachte Dukess die Frage eine Weile. Plötzlich stand er auf und bedeutete Van Avery, ihm zu folgen. »Ich will Ihnen etwas zeigen.« In der anderen Ecke der Dachkammer, neben der Treppe, befand sich Dukess' Arbeitsplatz. Er war ausgestattet mit einem kleinen Holztisch, einem Bücherregal mit Zeitschriften des Diplomatischen Dienstes, einer Tischlampe und einem kleine Safe. Dukess drehte am Kombinationsschloß, öffnete den Safe und entnahm ihm ein Album mit Zeitungsausschnitten und Fotografien. Er legte es auf den Tisch und begann zu blättern. »Sehen Sie mal, hier sind Diamond und ich bei der Fallschirmausbildung in England. Und hier Diamond und Viktor – erinnern Sie sich, ich habe Ihnen von Viktor erzählt, dem Mann, der in der Tschechoslowakei umkam? – im besetzten Frankreich. Und auf diesem sind wir drei zusammen auf der Croisette in Cannes.«

»Ist das im Hintergrund nicht ein deutscher Soldat?«

»Ja. Ich dirigierte Diamond eine Zeitlang von London aus und stieß dann in den Alpes Maritimes zu ihm. Diese Aufnahme entstand kurz bevor die Deutschen unseren Ring aushoben. Diese hier wurde gleich nach dem Krieg aufgenommen – Viktor, Diamond und wieder ich. Ich kann mich nicht einmal erinnern, wo das war – wir haben uns damals bloß so herumgetrieben.«

Während Dukess die vergilbten Fotos betrachtete, war sein Blick gleichzeitig zornerfüllt und von Wehmut verhangen. »Jetzt verstehen Sie, Fred.«

»Vielleicht bin ich ein wenig vernagelt, Harry, aber das müssen Sie mir näher erklären.«

»Diamond spielt den Fall deshalb hoch, weil er wie ich ist. Wir beide sehnen uns nach den guten alten Zeiten zurück, in denen wir achtundvierzig Stunden ohne Schlaf auskommen konnten, ohne es zu spüren, als uns gute Nerven und einige Aufputschmittel genügten, um eine Woche lang durchzuhalten, als wir mitten im Getümmel waren, als wir Schachzüge austüftelten und sie dann mit eisernen Nerven ausführten. Ich finde immer noch etwas davon im Dienst – aber Diamond wurde nach der Affäre Cernú kaltgestellt. Der Fall Lewinter bietet ihm eine neue Chance, sein altes Leben wiederaufzunehmen. Passen Sie nur auf, Fred, es wird ihm nicht genügen, den Fall hochzuspielen. Nein, es wird nicht dabei bleiben. Dieser Hundesohn wird versuchen, eine ganze Operation daraus zu machen. Er wird wieder eine Affäre Cernú daraus machen.«

Später, viel später, nach den Gin and Tonics und den gegrillten Hähnchen, als Van Avery seine Familie zusammenrief und man sich zum Aufbruch bereit machte, faßte er Dukess am Arm und zog ihn beiseite auf die geschützte Veranda.

»Ihr Männer müßt immer fachsimpeln«, klagte eine der Ehefrauen. »Was ist an diesem Beruf so interessant?«

»Ich habe etwas vergessen«, sagte Van Avery schnell. »Während Ihrer Abwesenheit ließ ich von einem unserer Leute einige Papiere Lewinters abholen. Ich dachte, wir sollten selber einen Blick darauf werfen. Jedenfalls hat Diamond herausgefunden, daß irgend jemand sie genommen hat – aber er glaubt, daß vielleicht die Russkis ihrerseits Nachforschungen anstellen. Er hat diesbezüglich eine dringliche Anfrage ausgesandt. Was meinen Sie, Harry, sollen wir's zugeben?«

Dukess überlegte das Problem. »Ich möchte Diamond ungern die Chance geben, uns der Einmischung zu bezichtigen – wir sollten lieber eine Weile abwarten und sehen, wie sich die Sache entwickelt.«

11

TOP SECRET

Umfassende Charakteranalyse 327

Betrifft: Lewinter, A. J.
Leiter der Untersuchung: Billings, Robert
Mitarbeiter: Kaplan, Dr. Jerome S.
Farnsworth, Frederick F.
Schindler, Prof. Erich T.

Beilagen: Protokolle der Befragungen vom 19. August

TOP SECRET

Redigiertes Protokoll des Gesprächs zwischen Agent A. Bodkin und Dr. Simon Kastner, Leiter der Abteilung für Forschung und Entwicklung ballistischer Raketenköpfe. 19. August. Befragter war Lewinters Vorgesetzter am M. I. T.

KASTNER: Ich vermute, Sie kommen wegen Lewinter. Er ist abgängig, nicht wahr? Nun, das habe ich mir gedacht. Ich wußte, daß da etwas faul war. Kein Lewinter, kein Brief, kein Telegramm, kein Wort, nichts. Ist er ausgerissen?

BODKIN: Ich bedaure, da bin ich nicht zuständig, Doktor Kastner. Sie wissen wahrscheinlich ebensoviel wie ich.

KASTNER: Na, natürlich, ich verstehe. In solchen Fällen ist man ja bei Ihnen äußerst zugeknöpft. Okay, was kann ich für Sie tun?

BODKIN: Also zunächst können Sie mir erzählen, was für eine Arbeit er für Sie machte und wie gut er sie machte.

KASTNER: Wollen Sie das im einzelnen wissen oder im allgemeinen? Die Einzelheiten sind recht kompliziert.

BODKIN: Ich bin mit dem allgemeinen Teil zufrieden.

KASTNER: Sehr vernünftig! Wenn ich's nur auch sein könnte. Okay. Also, Lewinter war – soll ich die Vergangenheit oder die Gegenwart verwenden? –, ist, war Fachmann für technische Keramik, natürlich ein äußerst fähiger Bursche, sonst wäre er überhaupt nicht bei uns. Sein Spezialgebiet sind ballistische Raketenköpfe, bei denen keramische Stoffe verwendet werden. Er ist – war – Angehöriger eines Teams, das sich mit der Entwicklung eines keramischen Stoffes befaßt, welcher elektronische Schwingungen absorbiert, anstatt sie zu reflektieren. Was wir hier entwickeln wollen, ist ein Stoff, der sozusagen elektronisch porös ist. Ich brauche wohl nicht zu betonen, daß jenes Land, das als erstes ein solches Material findet, einen ungeheuren Vorteil haben wird. Es würde nämlich bedeuten, daß die Raketenköpfe vom Radar des Gegners nicht erfaßt werden können. Die Radarimpulse würden dann von den Raketenköpfen nicht reflektiert werden. Laienhaft gesagt heißt das, man erhält kein Echo, keine Anzeige auf dem Radarschirm. Na, und wenn die Russkis die Raketenköpfe nicht orten und verfolgen können, dann können sie sie auch nicht abschießen. Können Sie mir so weit folgen?

BODKIN: Ich denke schon. Haben Sie bisher schon etwas gefunden?

KASTNER: Ich wünschte, wir hätten es, verdammt noch mal. Nein, leider, ein ›poröser‹ Raketenkopf bleibt immer noch sozusagen unser unerfüllter Wunschtraum. Die besten Materialien, über die wir verfügen, können die Hitze beim Wiedereintritt in die Atmosphäre nicht einmal annähernd vertragen. Wir haben unser dafür vorgesehenes Grundbudget – etwa 17 Millionen Dollar – fast aufgebraucht, und das einzige konkrete Ergebnis bisher ist ein Material, das den Doppler-Effekt eines anfliegenden Raketenkopfes um etwa sieben Prozent verzerrt, was einen Dreck wert ist, da die andere Seite den Doppler-Effekt bestenfalls zur schnellen Feststellung der Flugrichtung des Geschosses verwendet.

BODKIN: Mit anderen Worten, Lewinter könnte aus seinem Fachgebiet keine Geheimnisse preisgeben.

KASTNER: Aha, jetzt kommen wir wohl zum Kern der Sache? Das

stimmt. Er könnte nichts preisgeben, außer vielleicht Formeln, die wir ausprobiert und dann als unbrauchbar abgelehnt haben.

BODKIN: Aber das könnte doch etwas sein, oder? Es könnte den anderen helfen, das Feld der Möglichkeiten einzuengen oder dergleichen?

KASTNER: Theoretisch haben Sie recht, aber in der Praxis müßten sie selbst dieselben Möglichkeiten durchexerzieren – falls sie das nicht schon getan haben –, um sicherzugehen, daß wir uns nicht geirrt haben. Nein, Mr. Bodkin, wenn man mir einen russischen Lewinter offerierte, ich würde dankend ablehnen.

BODKIN: War das alles, womit Lewinter zu tun hatte, die Entwicklung der porösen Raketenköpfe?

KASTNER: Seitdem ich hier beschäftigt bin, ja. Vor einigen Monaten, kurz nachdem er einen dreimonatigen Kurs in Astrophysik absolviert hatte, berechnete er eine Reihe von MIRV-Flugbahnen, und zwar solche, die bei Blindköpfen den Flug von echten Gefechtsköpfen und umgekehrt vortäuschen sollten. Ich leitete sie an die Sektion für Flugbahnrechnungen weiter.

BODKIN: Was geschah mit den Flugbahnformeln?

KASTNER: Sie wurden als Amateurarbeit abgelehnt, als eindeutige Amateurarbeit.

BODKIN: Gab es noch etwas? Hat er an noch einer Sache gearbeitet?

KASTNER: Hahaha! Bloß an seinem Müll-Hobby. Wissen Ihre Leute davon?

BODKIN: Das Festmüllverwertungsprojekt, stimmt's?

KASTNER: Ja, das ist es. Bloß eine Freizeitbeschäftigung und nicht geheim.

BODKIN: Wie steht es mit dem Zugang zu Geheimmaterial? Könnte er sich irgendein Material verschafft haben, das nicht zu seinem Spezialgebiet gehört?

KASTNER: Unsere Sicherheitsvorkehrungen sind erstklassig, Mr. Bodkin. Es wäre ihm unmöglich gewesen, außerhalb seines eigenen Laboratoriums etwas zu Gesicht zu bekommen. Und, wie ich Ihnen schon sagte, sein Laboratorium hat praktisch nichts erreicht.

BODKIN: Wenn er aber Geheimmaterial gesehen hätte, wie konnte er dazu Zugang bekommen?

KASTNER: Das ist, wie gesagt, unmöglich.

BODKIN: Aber theoretisch?

KASTNER: Nun, theoretisch hätte er um Einsicht in das Material in den Dokumentenregalen im Verschlußmaterialkeller ansuchen müssen. Er hätte einen ›Berechtigungsschein‹ unterzeichnen müssen, um eine bestimmte Akte zu erhalten. Und das hat er nicht getan, außer für Material der Kategorie 7 – und das sind Daten betreffend keramische Raketenköpfe.

BODKIN: Und falls es ihm gelungen sein sollte, Dokumente aus den Regalen zu erhalten, was dann? Könnte er sie fotografiert oder abgeschrieben haben?

KASTNER: Auch das ist unmöglich. Ich sagte schon, unsere Sicherheitsvorkehrungen sind außerordentlich streng. Er hätte sie von den Regalen in den Lesesaal bringen müssen, wo er von einem der Lesesaalaufseher ständig beobachtet worden wäre. Alles, was er abgeschrieben hätte, wäre im Kontrolljournal vermerkt und der Sicherheitsabteilung mitgeteilt worden, die wiederum bei uns angefragt hätte, warum er etwas abschrieb.

BODKIN: Also so ist das. Sie haben wohl nichts dagegen, wenn ich selber mal einen Blick auf die Dokumentenregale und in den Lesesaal werfe?

KASTNER: Schauen Sie sich nur um, Mr. Bodkin. Aber Sie verschwenden bloß Ihre Zeit. Unser Laden hier ist völlig dicht. Zum Teufel, wenn man es genau betrachtet, gab es nur eine Sache, die Lewinter irgend jemandem anbieten konnte: seine dilettantischen Flugbahnformeln und den Unsinn mit der Müllverwertung. Das reicht wohl kaum, um sich abzusetzen?

Redigiertes Protokoll des Gesprächs zwischen Agent A. Bodkin und P. J. Noble, Bibliothekar des Dokumentationsarchivs für Erforschung und Entwicklung ballistischer Geschosse am M. I. T. 19. August. Befragter hatte keine uns bekannten Kontakte mit Lewinter.

BODKIN: Ich glaube, ich verstehe Sie nicht recht. Ich dachte, Sie seien der ständige Dokumentationsbibliothekar.

NOBLE: Aber das bin ich ja. Ich war der stellvertretende Bibliothekar des Dokumentationsarchivs und wurde nach dem Unglück zum ständigen Bibliothekar befördert.

BODKIN: Was für ein Unglück?

NOBLE: Es traf unseren Mr. Marmsbury. Er war sehr kurzsichtig, wissen Sie. Und das Leben bringt so allerlei mit sich, *n'est-ce pas?* Wir hatten gerade über den Urlaub geplaudert, er und ich. Der arme Mr. Marmsbury war nämlich Witwer, wissen Sie, und er wollte eine dieser Kreuzfahrten für fröhliche Junggesellen machen. In die Karibische See.

Und kaum zehn Minuten später lag er tot unter den Rädern eines Lastwagens. Können Sie sich das vorstellen? Nur zehn Minuten später!

BODKIN: Wie lange ist das her?

NOBLE: Warten Sie, heute ist der Neunzehnte, nicht wahr? Neunzehn, achtzehn, siebzehn, sechzehn, fünfzehn, vierzehn, dreizehn, zwölf, elf, zehn, neun, acht, sieben, sechs. Es war der Sechste, morgen werden es genau zwei Wochen her sein.

BODKIN: Somit sind Sie erst seit zwei Wochen Bibliothekar?

NOBLE: Ständiger Bibliothekar des Dokumentationsarchivs lautet hier die Bezeichnung. Das ist richtig. Allerdings war ich vorher vierzehn Jahre lang stellvertretender Bibliothekar des Dokumentationsarchivs, also kenne ich mich hier sehr gut aus. Ich bin keineswegs ein unerfahrener Neuling.

BODKIN: Mr. Noble, erinnern Sie sich an einen Mann vom wissenschaftlichen Personal namens Lewinter, A. J. Lewinter?

NOBLE: Leider, ich hatte mit den Wissenschaftlern kaum Kontakt, zumindest nicht bis vor zwei Wochen. Es ist nämlich so, der ständige stellvertretende Bibliothekar des Dokumentationsarchivs, was ich bis dahin ja war, ist die ganze Zeit mit Archivierungsarbeiten beschäftigt und sieht daher nur selten einen dieser klugen Köpfe. Ich bedauere, aber ich erinnere mich nicht daran, daß in diesen zwei Wochen ein Lewinter hier gewesen wäre.

BODKIN: Also versuchen wir es einmal anders. War Ihr Vorgänger, Mr. Marmsbury, ein vorsichtiger Mensch?

NOBLE: Er war ein rechter Pedant. Das habe ich an ihm wirklich sehr geschätzt. Er war der Bibliothekar par excellence, Mr. Bodkin.

Das könnte man auf seinen Grabstein schreiben. Hier liegt ein Bibliothekar par excellence.

BODKIN: Ein Bibliothekar par excellence?

NOBLE: Absolut. In all den Jahren, in denen ich ihn kannte, irrte er sich bloß ein einziges Mal. Kennen Sie einen Menschen, der in vierzehn Jahren eines aufreibenden Dienstes nur einen einzigen, winzigen Fehler gemacht hat, Mr. Bodkin?

BODKIN: Leider, nein. Aber das ist zweifellos ein Rekord. Im übrigen, was war das für ein Fehler?

NOBLE: Ach das. Bloß einer jener dummen Irrtümer, die uns daran erinnern, daß wir auch nur Menschen sind. Vor ein oder zwei Monaten kam ein Wissenschaftler mit einer Handvoll Flugbahnformeln herunter und verlangte die Mappe mit den Flugbahnformeln, um etwas zu vergleichen. Wenn der Mann nicht seine eigenen Flugbahnformeln in der Hand gehabt hätte, würde ihm Mr. Marmsbury die Mappe ganz gewiß nicht ausgehändigt haben. Aber das machte ihn unvorsichtig, ich meine, weil der Mann doch selber Flugbahnformeln in der Hand hatte. Es war aber bloß eine Angelegenheit von Minuten.

BODKIN: Minuten?

NOBLE: Ja, es dauerte bloß wenige Minuten, bis Mr. Marmsbury festgestellt hatte, daß der Mann keinen diesbezüglichen Berechtigungsschein hatte. Ich bin überzeugt, daß er nicht einmal dazu kam, im Lesesaal die Mappe zu öffnen. Können Sie sich eine derartige Unverfrorenheit vorstellen: Mit der Zulassung zu Geheimmaterial der Kategorie 7 daherkommen und Material über Flugbahnen verlangen!

BODKIN: Eine Frechheit. Hat Mr. Marmsbury den Zwischenfall gemeldet?

NOBLE: Er hat es selbstverständlich ins Journal eingetragen. Er war in diesen Dingen äußerst genau. Aber da er die Mappe zurückholte, ehe der Unbefugte Einsicht nehmen konnte, hat er dann doch keine, wie soll ich sagen, Staatsaffäre daraus gemacht. Haha, eine treffende Bezeichnung, nicht wahr? Eine Staatsaffäre!

BODKIN: Eine sehr treffende Bezeichnung, Mr. Noble.

Redigiertes Telefongespräch zwischen Agent A. Bodkin und Leutnant Merton Frank vom Boston Police Department. 19. August. Befragter hat keine uns bekannten Kontakte zu Lewinter.

FRANK: Marmsbury, Arthur R. Weißer, Alter 62 Jahre, Größe 173, Gewicht 70 Kilogramm, Augen braun, Haar grau. Ist er das?

BODKIN: Ja, das ist er.

FRANK: Jawohl, es war tatsächlich ein Fall von Fahrerflucht.

BODKIN: Hat man den Täter erwischt?

FRANK: Nein, das nicht. Ich erinnere mich an den Fall. Er war einigermaßen merkwürdig. Dieser Marmsbury wurde von einem kleinen Lieferwagen niedergestoßen, der auf beiden Seiten eine leuchtend gelbe Aufschrift trug. Ein halbes Dutzend Leute merkten sich diese Aufschrift. Die Sache war so klar, daß niemand auf die Zulassungsnummer achtete. Fairfax-Molkerei. So lautete die Anschrift. Fairfax-Molkerei.

BODKIN: Und was war daran so merkwürdig?

FRANK: Soweit wir das feststellen können, gibt es keine Fairfax-Molkerei, weder in Boston noch im ganzen Bundesstaat Massachusetts, noch sonstwo an der Ostküste.

Redigiertes Protokoll eines Gesprächs zwischen Agent A. Bodkin und Louis Mendelini, Sicherheitsbeamter im Lesesaal. 19. August. Befragter hatte Lewinter mehrere Male im Lesesaal unter Aufsicht.

BODKIN: Wann sind Sie in den Ruhestand getreten?

MENDELINI: Vor einem Jahr im September. Dreißig Jahre im Dienst gewesen. Angesichts all dieser Langhaarigen und Perversen und Drogensüchtigen tut es mir wahrlich nicht leid, das endlich hinter mir zu haben. Meine Pflicht habe ich getan.

BODKIN: Hier ist das Tempo wohl ganz anders.

MENDELINI: Ja, die Zeit vergeht ein wenig langsam, aber die Menschen hier sind wenigstens Gentlemen. Mir ist hier schrecklich langweilig, aber die Pension kann ich mir doch ein wenig aufbessern.

BODKIN: Mir wird es wohl auch mal so gehen. Können Sie mir nun den Ablauf Ihrer Tätigkeit hier schildern?

MENDELINI: Aber gern, das ist ganz einfach. Wenn ein Mann eine Mappe aus den Regalen nimmt, dann kann er damit nur in den Lesesaal gehen. Chuck – das ist der Aufsichtsbeamte an der Tür – prüft dann sein Dienstabzeichen und seinen Personalausweis sowie die Bezeichnung auf der Mappe und meldet mir alles über die Gegensprechanlage, dieses Ding hier. Das, was er mir mitteilt, schreibe ich hier in dieses Tagesjournal, mit Eingangs- und Ausgangszeit, wie hier zum Beispiel; sehen Sie dies hier an. Dann sitze ich bloß da und beobachte durch dieses Fenster, was die Leute dort drinnen treiben. Auf der anderen Seite sieht das Fenster wie ein Spiegel aus. Früher hatten wir ein gewöhnliches Glasfenster, aber all diese Eierköpfe machte es nervös, daß sie beobachtet wurden, darum wurde dann der durchsichtige Spiegel installiert. Das Komische daran ist, daß das alle sehr wohl wissen – manche der langjährigen Mitarbeiter winken sogar in den Spiegel, wenn sie hereinkommen –, aber trotzdem sollten Sie mal sehen, was manche von ihnen treiben.

BODKIN: Was, zum Beispiel?

MENDELINI: Sie bohren in der Nase oder kratzen sich den Hintern. Ich warte bloß, daß eines Tages einer onaniert. Ich werde das dann ins Journal eintragen. Kam um soundsoviel Uhr, onanierte, ging um soundsoviel Uhr. Haha!

BODKIN: Hören Sie, erinnern Sie sich an einen Mann namens Lewinter, 39 Jahre, mittelgroß, schütteres Haar, Bauch?

MENDELINI: An sich erinnere ich mich nicht an die Namen der Leute. Das ist nicht meine Aufgabe. Aber er muß hier im Journal stehen. Lewinter, sagten Sie?

BODKIN: A. J. Lewinter.

MENDELINI: Sehen Sie, hier habe ich die Leute alphabetisch eingetragen und neben den Namen die Seiten, auf denen ihre Besuche vermerkt sind. Dieses System habe ich selber erfunden.

BODKIN: Darf ich die Eintragung über Lewinters letzten Besuch sehen?

MENDELINI: Das werden wir gleich haben. Seite 245. Hier, vierundvierzig, hier ist es, fünfundvierzig. Ach hier, Lewinter, sehen Sie? Er kommt um 15.35 Uhr herein, und zwar mit einer Mappe, die die Bezeichnung *Gefechtskopf-Flugbahnen* trägt; was das wohl heißen soll?

BODKIN: Was bedeutet *dgs*?

MENDELINI: Das ist meine Abkürzung für ›durchgesehen‹. Das bedeutet, er hat das Material bloß durchgeblättert; das Gegenteil ist *intens,* die Abkürzung für ›intensives Studium‹, und bedeutet, daß sich jemand wirklich in das Material vertiefte. Und hier, sehen Sie, um 15.42 Uhr, also sieben Minuten später, kam Marmsbury in den Saal und riß ihm die Mappe aus der Hand.

BODKIN: Marmsbury kam in den Saal und riß ihm die Mappe aus der Hand! Erinnern Sie sich an den Vorfall?

MENDELINI: Mein Gott, nein. Marmsbury stürzte immer herein und riß Mappen an sich. Er war sehr kurzsichtig, wissen Sie. Man sagte, er würde einem die Formeln für die Atombombe ausfolgen, auch wenn man ihm bloß den Ausweis einer Elternvereinigung unter die Nase hielt. Mich geht das ja nichts an, wissen Sie. Ich arbeite bloß hier. Aber es ist schon eine merkwürdige Art, Geheimdokumente zu beaufsichtigen.

BODKIN: Das ist es wahrhaftig.

12

Es war nicht gerade ein neues Leben, das Leo Diamond anfing; wie eine Lokomotive einen Waggon vom Abstellgeleise holt, so nahm er ein früheres Leben dort wieder auf, wo er ausgestiegen war. Und als erstes, so schien ihm, mußte er all den nutzlosen Ballast abwerfen, den er in der Zwischenzeit mit sich geschleppt hatte – die Gewohnheit, Dinge gewohnheitsmäßig zu tun, die Gleichgültigkeit, die er als Zuckerguß benützte, um seinen Alltag schmackhafter zu machen, vor allem aber die Uhr, die in seinem Bewußtsein tickte und ihn gelegentlich daran erinnerte, daß es um die Mitte des Lebens zu spät ist, frühere Nebengeleise wieder aufzusuchen.

Die Uhr tickte nicht mehr, als er und Sarah zwei Tage vor Beginn der UCA das Flugzeug nach New York bestiegen. In der kühlen Dämmerung des Washingtoner Zwielichts, während die ferne Stadt immer weiter hinter dem Flugzeug zurückblieb, schien es ihm durchaus vernünftig, dort weiterzumachen, wo er aufgehört hatte.

»...fühlt man sich als Mitglied einer unterdrückten Minderheit«, sagte Sarah eben. Das Lichtsignal zeigte an, daß geraucht werden durfte. Sarah stöberte in einem mit allem möglichen Zeug vollgestopften khakifarbenen Reisesack herum, holte eine Zigarette hervor und zündete sie an.

»Und welcher unterdrückten Minderheit gehörst du wohl an?« erkundigte sich Diamond fröhlich.

»Nun, der Minderheit der Linkshänder natürlich«, sagte Sarah. »Deine Sicherheitsbeamten haben dir wohl nicht verraten, daß ich Linkshänderin bin? Wir Linkshänder sind die diskriminierteste Gruppe der Welt. Alles ist für Rechtshänder gemacht – Gitarren, Dosenöffner, Gangschalter, Gewehrverschlüsse, Kameras, was du willst. Wir sind Ausgestoßene, Leo. Weißt du, daß man einen mit der linken Hand geleisteten Schwur nicht zu halten braucht? Und daß das Hexenauge das linke ist, hast du das gewußt? Wenn die Franzosen sagen, jemand sei *gauche*, dann meinen sie, er ist ungeschickt. Wenn die Italiener jemanden *mancino* nennen, dann meinen sie, daß er falsch ist. Sogar die Russen sind gegen uns – wenn sie etwas *na levo* tun, dann tun sie das heimlich.« Ihr Lachen, zärtlich und triumphierend zugleich, umhüllte die beiden wie ein Kokon und vermittelte Diamond das Gefühl von Intimität und Wärme, das Gefühl, zu den Auserwählten zu gehören.

Auf der anderen Seite des Mittelganges saß ein vernünftig und nüchtern wirkender Bürokrat mittleren Alters, der an einem Rechenschieber fingerte und aus den Augenwinkeln neidvoll auf den Kokon blickte, dessen Vorhandensein er spürte und über den er sich ärgerte, weil er von ihm ausgeschlossen war.

In New York war es ebenso. Sarah konnte ein Apartment auf der East Side benützen – ein Mannequin, das den Sommer in der Ägäis verbrachte, hatte ihr den Schlüssel überlassen –, und so war sie mit Diamond viel allein. Aber zum ersten Mal, seit ihr Verhältnis begonnen hatte, suchten sie die Gesellschaft anderer. Es war, als bringe man eine in der Dunkelheit herangewachsene Pflanze hinaus ans Sonnenlicht.

Die veränderte Umgebung vertiefte ihre Beziehung, denn das Gefühl, zu zweit gegen eine Welt zu stehen, wirkte wie ein Kitt, der sie immer fester aneinanderband.

»Hast du sie gehört?« meinte Sarah nach dem Presseempfang, der im Atelier des Fotografen für die Gruppe abgehalten wurde, zu der auch Sarah gehörte und die nach Rußland fahren sollte, um dort amerikanische Konfektionskleidung vorzuführen. »Sie ist die absolute Herrscherin bei ihrer Zeitschrift. Läßt Laufzettel herumgehen, mit Bemerkungen wie ›Gibt's was Schöneres als eine einzige, zarte Perle? Wahrlich nicht!‹ Das tut sie ständig – mit einer Frage enden, die sie gleich selber beantwortet.« Und Sarah imitierte sie täuschend echt: »Was halten Sie vom Älterwerden, meine Liebe? Es ist doch wirklich schrecklich, meinen Sie nicht auch? Ich schon. Ich tröste mich, indem ich mir sage, daß es unvermeidlich ist. Haben Sie eine Weltanschauung? Das ist jedenfalls meine. Wenn etwas unvermeidlich ist, nun, dann kann von einem wohl nicht erwartet werden, daß man es vermeidet, nicht wahr?«

Wieder fühlte sich Diamond, von Sarahs Lachen eingesponnen, wie in einem schützenden Kokon.

»Was diese Reise nach Rußland betrifft«, sagte Diamond, »mußt du wirklich mitfahren?« Er hatte selbstverständlich von dieser Reise gehört, aber irgendwie hatte ihn der Gedanke, daß Sarah eine Woche lang abwesend sein würde, bis zu diesem Zeitpunkt nicht gestört.

Er schnitt das Thema nach dem Presseempfang an. Sarah und Diamond saßen gemeinsam mit John und Joan Kruzman an einem kleinen Tisch in einem überfüllten, lauten und schäbigen Pub an der *East Side*, das von einer ungeheuer dicken Frau geführt wurde, die die Tür mit ihrem Leib blockierte, wenn im Lokal kein Platz mehr war. Am Nebentisch entstand ein Handgemenge – ein angeheiterter Homo, der sich uneingeladen in eine Abendgesellschaft drängen wollte, wurde vom Freund eines Mannes zur Tür gedrängt, den er belästigt hatte. Die Kruzmans – sie war Moderedakteurin, er Werbetexter in der Madison Avenue – waren ebenfalls bei der Party gewesen, die sie nun zerpflückten, weil ihnen nichts Besseres einfiel. Sie redeten aufs Geratewohl vor sich hin, halbe Sätze, die einander überschnitten, keiner von beiden hörte dem anderen wirklich zu, jeder versuchte die Unterbrechungen des anderen zu überspielen; er, indem er die Stimme hob, wenn sie sich einzumengen versuchte, sie, indem sie die Pausen zwischen den Worten verkürzte und weitersprudelte, wenn sie eigentlich innehalten sollte, um Atem zu holen oder einen Gedanken zu fassen. Während der ganzen Zeit ließen sie ihre Blicke durch das Lokal schweifen, als befänden sie sich auf Patrouille.

»... der mit dem großen Schnurrbart, er war nicht zu übersehen«, sagte John Kruzman eben. »Wir trafen ihn in Amagansett, in Lill's Scheune, erinnerst du dich? ...«

»... Lill's Scheune, wie du das nennst, ist eigentlich ...«

John übertönte Joan, indem er seine Stimme um eine halbe Oktave anhob. »Es ist eine verdammte Scheune ...«

»– nicht ganz ... sie ist renoviert ...«

»– jedenfalls ... nicht so wichtig ... der Schnurrbartkerl redet also irgendeinem naiven Mädchen ohne BH ein, daß er sich an Fitzgeralds Rat hält – ich meine F. Scott Fitzgerald – und seinen Roman so schreibt, als sollte er am Tage der Fertigstellung geköpft werden –«

»– das Mädchen war übrigens Beatrice Joiner – ihre Layouts sind das Tollste, was –«

»... gab mir die Idee für eine Kurzgeschichte –«

»– du hast ihren geschiedenen Mann kennengelernt –«

John steigerte sich noch um eine Vierteloktave und redete weiter: »Über einen Kerl in der Todeszelle, der ein Buch schreibt. Nämlich –«

»Was heißt ohne BH ... Trikotmieder –«

»– der Gouverneur erklärt sich bereit, die Hinrichtung aufzuschieben, bis er damit fertig ist ... begreifst du? Er schreibt den Roman so, als sollte er an dem Tag geköpft werden, an dem er damit fertig ist! Also macht er ihn nie fertig.« John Kruzman beging den Fehler, über sein eigenes Phantasieprodukt zu lachen, und seine Frau benützte die Unterbrechung, um ihrerseits loszulegen.

»– alle gleich, ihr Männer, seht Mädchen nicht einmal an, wenn ihr irgendwo durchsehen könnt, durch Knopflöcher, Armlöcher; Trikotmieder sind die größte Erfindung seit ...« Sie plapperte ohne Pause vor sich hin, während ihr Mann auf eine winzige Unterbrechung wartete, um sich wieder ins Gespräch einschalten zu können.

Eingeschlossen in den Kokon, der die hin und her schwirrende Konversation gleichsam aufsog, wiederholte Diamond seine Frage: »Was diese Rußlandreise betrifft, mußt du wirklich mitfahren?«

Sarahs Fingerspitzen ruhten sanft auf seinem Handrücken, ein zarter Ausdruck der Verbundenheit, der das Gefühl wie eine elektrische Ladung überspringen ließ. »Wenn du nicht willst, daß ich fahre, Leo, dann fahre ich nicht.«

»Ich möchte nicht, daß du fährst.«

»Also fahre ich nicht.«

Am Abend im Bett nahm Diamond das Thema wieder auf.

»Macht es dir wirklich nichts aus?«

»Ob mir was nichts ausmacht, Leo?«

»Die Reise nach Rußland«, sagte er. »Macht es dir wirklich nichts aus, die Reise aufzugeben?«

Sie sagte ihm nochmals, daß sie nicht fahren würde, wenn er es nicht wollte.

Die stets unterspielte, aber immer überwältigende Vertrautheit war nun stets gegenwärtig – der Druck ihrer Brust gegen seinen Arm, als sie sich im Zoo an ihn schmiegte, um ihm zu sagen: »Ich hasse Zoos«; das schwache Lächeln, wenn das Gespräch stockte, als reichten die Worte nicht aus, um alles auszudrücken.

Langsam und mühelos begann Diamond die Einzelheiten aus Sarahs Leben zusammenzutragen, die ihm halfen, die wichtigsten Ereignisse, die er bereits kannte, miteinander zu verbinden. So entdeckte er beispielsweise, daß sie einmal Schauspielerin werden wollte und es immerhin so weit gebracht hatte, zwei drückend heiße Monate lang bei einem Sommertheater in Cape Cod zu spielen. »Es war der Höhepunkt meiner Karriere«, sagte sie heiser, »als ich die Hauptrolle in *Tea and Sympathy* spielte.«

Diamond biß an: »Nicht übel, die Hauptrolle.«

Sarah zog den Fisch an Land: »Ich spielte den Tee – ich war die einzige im ganzen Ensemble, die wie ein kochender Teekessel pfeifen konnte, und so stand ich jeden Abend in den Kulissen und spielte aufs Stichwort den Tee.« Und dann führte sie es vor, begann mit einem tiefen Ton, steigerte sich zu einem hohen Pfeifton, den sie durchhielt, bis in ihren Lungen keine Luft mehr war und ihr die Augen hervortraten. Dann sank sie von Lachen geschüttelt zurück, und Tränen liefen ihr über die Wangen. Später erinnerte sich Diamond an diese Tränen und erkannte in ihnen den salzigen Rest einer einst bitteren Enttäuschung.

Bei einer anderen Gelegenheit erzählte Sarah, wie sie, mit einer Matrosenbluse und einem marineblauen Faltenrock ausgestattet, in ein Internat abgeschoben wurde, wo sie die Freizeit hauptsächlich damit verbrachte, verzweifelte Briefe an ihren Vater zu schreiben und ihn zu bitten, er möge sie doch nach Hause zurückkommen lassen. Nach acht Monaten gab er schließlich nach – aber die Patina von Einsamkeit, die sie in dieser Zeit angenommen hatte, haftete immer noch an ihr wie ein zarter Duft, der sich nicht abwaschen läßt.

»Was hast du im Internat getrieben?« fragte Diamond.

»Wenn ich nicht gerade Briefe voller Selbstmitleid nach Hause schrieb, saß ich auf einem Bett und sprach mit einem Haufen pickeliger Jungfrauen über Sex und Akne.«

»Worüber sprechen Mädchen, wenn sie über Sex sprechen?«

»Im Laufe der Zeit über alles – die Jungfernschaft, oralen Sex, die Kalorienmenge im Sperma, die Frage, ob man den Mann beim Geschlechtsverkehr führen oder ihm die Initiative überlassen soll. Soweit ich mich erinnere, war das mit der Initiative eine bedeutsame Frage.«

»Zu welchem Schluß bist du gekommen?«

Sarah lächelte unschuldig. »Weißt du das nicht?«

Die Intimitäten und die Einsichten, die Diamond gewann, ließen ihn Sarah allmählich in einem neuen Licht sehen. Was er für kindliche Unschuld gehalten hatte – wie er nun einsah, war dies eine einseitige, aus seiner eigenen Naivität geborene Theorie gewesen –, war weder kindlich noch unschuldig, sondern vielmehr eine entschlossene, fast zwanghafte Aufrichtigkeit. Nun begriff Diamond, daß es eben diese Eigenschaft gewesen war, die ihn angezogen hatte – ihre Weigerung, sich zu schützen, um ja nicht eine Erfahrung zu versäumen. »Ich konnte nie jemandem näherkommen, ohne vorher Mauern niederzureißen«, sagte er ihr in einem ruhigen, verträumten Augenblick. Sie befanden sich auf dem Weg vom Zoo zu ihrem Apartment, gingen in östlicher Richtung auf der Sechzigsten Straße, vorbei am Staub und Schutt einer U-Bahn-Baustelle, vorbei an den Reihen der Arbeiter, die mürrisch auf dem Gehsteig herumstanden, den Rücken gegen die Hauswand, und den Mädchen nachsahen. Die Menschen strömten an Sarah und Diamond vorbei oder standen in Gruppen herum und warteten auf das Umschalten der Verkehrsampeln oder auf bessere Zeiten. »Es ist fast…«

»Fast was?« drängte Sarah.

»Es ist fast, als hätte ich mein ganzes Leben mit Mauern zu tun gehabt, und du wärst der erste Mensch aus Fleisch und Blut, dem ich begegnet bin.«

Gerade bevor sie das Apartment erreichten, wurde Diamond wieder offenherzig. »Jedesmal, wenn ich meine Frau umarmte« – er mußte sich beherrschen, um nicht bei dem Wort *Frau* zusammenzuzucken –, »hatte ich das Gefühl, daß sie mir einen Gefallen tat. Bei dir habe ich das Gefühl, daß du dir selber einen Gefallen tust.«

Sarah dachte darüber nach. Dann meinte sie: »Mit anderen Worten heißt das, ich bin ein selbstsüchtiges Luder.«

»Aber nein, das meine ich keineswegs. Jeder ist selbstsüchtig, jeder ist mit sich selbst beschäftigt. Aber du, du bist einfach wild auf Erfahrungen.« Ein wenig später fügte Diamond hinzu: »Manchmal fürchte ich, daß ich für dich bloß eine weitere Erfahrung bedeute.« Er wünschte, daß sie ihm widerspräche und sagte, daß er ihr viel mehr als das bedeute. Aber sie nahm seine Worte und Wünsche lediglich zur Kenntnis und schwieg.

Sarah hatte noch eine andere Seite; Diamond stellte sie fest, als er sie von seiner Dienststelle aus anrief, um ihr mitzuteilen, daß er gerade den zweiten Schwung UCA-Protokolle erhalten habe und sie durchlesen wolle, ehe er ins Apartment und zu ihr zurückkehrte.

»Kannst du das nicht morgen erledigen, Leo – ich habe schreckliche Angst.« Ihre Stimme klang mürrisch und tonlos, nicht mehr fragend, sondern fast flehend.

»Ich möchte das lieber jetzt machen«, sagte Leo schnell, während sein Blick bereits über das oberste Blatt glitt. »Ich möchte nicht, daß sich das anhäuft.«

»Tut mir leid, Leo.« Es war eine Entschuldigung ohne Erklärung. »Vergiß das Ganze.« Plötzlich legte sie auf.

»Was ist in dich gefahren?« fragte Diamond, als er schließlich das Apartment betrat.

»Gelegentlich überkommt mich das«, sagte sie. Jetzt war es eine Erklärung ohne Entschuldigung. »Plötzlich kommt mir alles grau in grau vor – der Himmel, die Straße, die Zukunft, die Vergangenheit, mein Leben, du und ich, alles. Ich brauchte etwas, an dem ich mich einen Augenblick lang festhalten konnte – ich brauchte deinen Anblick. Jetzt ist das vorbei. Vergiß es.«

Aber Diamond konnte es nicht vergessen; es wurde ihm klar, daß da aus Sarah das Echo eines Tonfalls klang, der ihm wohlbekannt war – ein Unterton der Verzweiflung. Wie Don Quichotte seine Lanze gegen die Windmühlen richtete, so kämpfte sie gegen die sie überkommende Verzweiflung. Diamond erkannte jetzt, daß ihre fast manische Aufrichtigkeit der letzte Versuch war, sich vor Gleichgültigkeit zu schützen – und Gleichgültigkeit war die äußere Hülle der Verzweiflung. Selbst ihre Sammlungen von Dingen – ihre Wurzeln, wie sie sie nannte – paßten zu diesem Bild, denn sie bedeuteten ihr den heimatlichen Boden, von dem aus sie ihren Kampf führen und zu dem sie wiederum zurückkehren konnte, wenn sich das Glück gegen sie wandte. In einem jener Augenblicke eiskalter Distanziertheit, deren er fähig war, sah sich Diamond nicht als Liebhaber, sondern als eine Art Poller, an dem sie sich festgemacht hatte – für einen Tag, eine Woche oder einen Monat, so lange, bis sie die Verzweiflung überwältigte und zum Weiterziehen zwang.

»Mir tut das von vorhin leid, Leo« – jetzt kam sie, die formelle Entschuldigung –, »ich meine, daß ich einfach aufgelegt habe.« Plötzlich veränderte sich Sarahs Stimmung. Sie breitete ihre Arme weit aus, die Handflächen nach außen gekehrt – sie trug Blue Jeans, ihr Oberkörper war nackt –, lächelte kokett und fragte: »Du bist doch nicht böse?«

»Aber keineswegs«, meinte er und paßte sich ihrer guten Laune an.

»Hast du noch immer Lust, heute abend auszugehen?«

»Nicht, wenn du nicht willst.«

»Ich möchte es nicht«, sagte sie. »Es sind noch einige Eier im Kühlschrank – wie wär's mit einem Omelette zum Abendessen?«

»Ein Omelette ist mir sehr recht – während des Krieges aß ich sie in Frankreich die ganze Zeit hindurch – *aux fines herbes.* Ich hauste auf einem Hof außerhalb eines Städtchens namens Plascassier. Dort hatten sie viele Hühner und viele Eier, und wenn alles andere knapp war, aßen wir eben Omelettes.«

»Ich kann mir dich nicht im Krieg vorstellen«, sagte Sarah, lächelte, küßte ihn auf den Mund und ging hinaus, um die Eier vorzubereiten. Später, nach dem Abendessen, fragte sie ihn, wie er nur Ketchup auf ein Omelette tun könne. »Das bringt ja den Geschmack um«, sagte sie.

»Das ist auch der Sinn der Sache«, antwortete Diamond ernsthaft. »Seit Frankreich hasse ich Eier.«

»Warum, zum Teufel, hast du das nicht gesagt?«

»Das habe ich doch – irgendwie. Ich erzählte dir doch, daß ich dort die ganze Zeit Eier essen mußte.«

»Aber du hast nicht gesagt, daß du sie nicht magst.«

»Also, Herrgott noch mal, kannst du dir das nicht vorstellen?«

Eine Weile später merkte Sarah, daß Diamond durch das Fenster starrte, flußabwärts auf die Spitze von Manhattan zu. Die Sonne ging hinter den Türmen der Wall Street unter, ließ die charakteristische Architektur der Brücken, die die Insel mit Brooklyn verbanden, scharf hervortreten und den East River wie ein Spitzenmuster aus Quecksilber und Schatten erscheinen.

»Einen Penny?« sagte Sarah, und als er sie verständnislos anblickte, fügte sie hinzu, »für deine Gedanken.«

»Ach, ich dachte eben an Lewinter – du erinnerst dich, der Kerl, der zu den Russen übergelaufen ist.«

»Wie steht es mit der ACU?«

»UCA heißt das – Umfassende Charakteranalyse. Leider steht's damit genau so, wie ich mir das vorgestellt habe.«

»Er hat Geheimnisse mitgenommen, was?«

»Es sieht so aus. Genau werden wir das wohl nie erfahren, aber alles deutet darauf hin, daß er vielleicht der gefährlichste Überläufer ist, den dieses Land je hatte.« Und dann erwähnte Diamond jene Einzelheiten, die dem UCA-Team bekannt waren und die seine These zu bestätigen schienen. »Offenbar hatte Lewinter aus seinem eigenen Arbeitsgebiet nichts Wertvolles preiszugeben, aber er hatte Gelegenheit, einen Blick auf höchst geheimes Material aus einem anderen Gebiet zu werfen.«

»Bloß einen Blick, Leo – was kann ihm ein Blick darauf nützen? Hätte er das Material nicht kopieren, fotografieren oder auswendig lernen müssen?« Sarah spielte die Naive; wie auf der Bühne jemand dem Komiker Stichworte liefert, so warf sie dem Profi Diamond Fragen zu.

»Normalerweise ja – Zugang zu Geheimmaterial bedeutet nichts, wenn man nicht die Möglichkeit hat, etwas mitzunehmen. Aber wie es sich zeigt, war unser Freund Lewinter höchstwahrscheinlich mit einem fotografischen Gedächtnis ausgestattet.« Diamond erzählte ihr von dem Gedicht und dem Arzt, der es für möglich hielt, daß jemand sein fotografisches Gedächtnis verlieren und später wiedererlangen kann. »Also las er das Material einfach, und das genügte – er könnte wahrscheinlich jede einzelne Formel wiedergeben.«

»Da steckt doch mehr dahinter, Leo? Du wärst doch deiner Sache nicht so sicher!«

Diamond sah zu, wie die Schatten die Glanzlichter auf dem Fluß zum Verlöschen brachten. »Da steckt noch viel mehr dahinter – die Einzelheiten ergeben ein so genaues Bild, daß man sich kaum vorstellen kann, wie man sie sonst zusammenfügen könnte. Erstens, kurz nach Lewinters Absprung, ging jemand in seine Wohnung und nahm all seine Dokumente an sich. Wir prüften nach, ob es einer unserer Agenten gewesen ist. Das war aber nicht der Fall, was bedeutet, daß es einer von der anderen Seite war. Es ist offensichtlich, daß die anderen alle Anstrengungen machen, um herauszufinden, wen sie da haben – ein klarer Hinweis darauf, daß sie glauben, einen wichtigen Mann in Händen zu haben. Dann ist da noch die Sache mit dem Bibliothekar Marmsbury. Drei Tage nach Lewinters Absprung – bedenke, zu der Zeit mußten sie bereits das erste Verhör durchgeführt haben – wurde der Bibliothekar, der Lewinter den Zugang zu dem Geheimmaterial ermöglichte, von einem Lieferwagen der Fairfax-Molkerei niedergestoßen und getötet.«

»Zufall«, sagte Sarah nicht überzeugend.

»Die Polizei hat das überprüft – an der ganzen Ostküste der Vereinigten Staaten gibt es keine Fairfax-Molkerei.«

»Aber warum sollten sie den Bibliothekar töten?«

»Um die Tatsache zu verschleiern, daß Lewinter zu höchst geheimem Material Zugang hatte. Wenn wir nicht den Verdacht hätten, daß er einen solchen Zugang hatte, würden wir uns wegen seines Absprungs keine Sorgen machen – und wir würden die von ihm entwendeten Formeln nicht ändern.«

»Glaubst du wirklich, daß sie den Bibliothekar ermordet haben?« fragte Sarah mit leiser, angsterfüllter Stimme. Plötzlich kam ihr die ganze Angelegenheit sehr erschreckend vor.

»Sarah, in meinem Beruf gibt es so etwas wie Zufall nicht.«

»Was wirst du nun wegen Lewinter unternehmen?«

Diamond lachte, aber aus seiner Stimme klang Verbitterung. »So wie es jetzt aussieht, werde ich wohl überhaupt nichts unternehmen. Wenn ich einleuchtend begründen kann, warum ich die Sache weiterverfolgen soll, wird sie wahrscheinlich der Agency in den Schoß fallen.«

»Du würdest den Fall gern behalten, nicht wahr?«

»Ja, ich würde ihn gern behalten – eine Operation dieser Art ist eine, nun ja, eine echte Herausforderung. Fast wie eine Schachpartie. Man denkt sich einen Zug aus. Dann kalkuliert man, wie die andere Seite diesen Zug interpretieren und welchen Gegenzug sie machen wird. Und man versucht zu erahnen, ob die andere Seite glauben wird, man habe ihren nächsten Zug vorausgesehen. Dann denkt man sich einen anderen Zug aus. Es ist so ähnlich wie Schach, Sarah. Es gibt naheliegende, logische Züge, und manchmal macht man sie. Aber immer sucht man nach der genialen Neuerung, dem Geistesblitz oder der Intuition, die sich einmal in hundert Spielen einstellt. Du erinnerst dich, ich habe dir von der Cernú-Affäre erzählt – das war so etwas; es war ein großartiger Schachzug, und er hätte gelingen können... hätte gelingen können...« Diamond ließ den Gedanken in unausgesprochenem Bedauern ausklingen. Dann gab er sich einen Ruck und fragte: »Spielst du Schach?« Sie schüttelte den Kopf. »Frauen spielen kaum Schach. Es ist ein Spiel für Männer – im Grunde ist Schach ein heimtückisches Spiel, hinterlistig und heimtückisch. Es bedeutet Krieg und Aggression, Geschick und Wagemut, alles in einem. Weißt du, Sarah, ich habe häufig davon geträumt, mit lebenden Menschen Schach zu spielen. Jene, die man vom Brett nimmt, würden getötet werden –«

»Brächtest du das fertig?« Sarah unterbrach ihn mit leiser Stimme. »Brächtest du das wirklich fertig?«

»Ich weiß, daß ich das fertigbrächte. Ich könnte sogar jemanden opfern – einen Menschen aufgeben, um einen Vorteil zu gewinnen oder ein Gambit zu eröffnen. Ich weiß, daß ich den Mut dazu hätte.«

Das Gespräch stockte, während Sarah diese Erklärung verdaute. Plötzlich sagte sie: »Was würdest du in der Sache Lewinter tun, wenn sie in deinen Händen wäre? Ich wüßte, was ich tun würde.«

Diamond, in Gedanken noch bei seinem Schachspiel mit Menschen, war nicht besonders interessiert. »Was würdest du tun?«

»Nun, das ist ganz einfach. Ich würde die Formeln, die er gestohlen hat, einfach ändern. Das würde die Informationen, die er den anderen gab, wertlos machen.«

»Das würde zu viel Geld kosten – etwa sechzig bis siebzig Milliarden. Versuch was anderes.«

Die Sache war zu einem Spiel zwischen ihnen geworden, und Sarah war entschlossen, ihren Amateurstatus zu verteidigen. »Okay, ich würde die Russen verwirren, indem ich ihnen einen zweiten Überläufer mit einer anderen Version derselben Information in die Hände spielte. Warum sollte das nicht möglich sein?«

»Zu langsam; es dauert Jahre, einen guten Spion aufzubauen. Und wenn er nur einmal etwas falsch macht – sagen wir, der Name der High School, die er angeblich besucht hat, stimmt nicht –, dann hat man bloß die andere Seite davon überzeugt, daß der erste Überläufer ein höchst wichtiger Mann mit höchst wichtigen Informationen ist. Aber laß dich nicht entmutigen. Versuch's nochmals, der große Preis winkt. Denk mal, was für Schlagzeilen es geben würde, wenn du gewinnst: *Schönes Mannequin rettet MIRV.*«

»Was bedeuet MIRV?«

»Vergiß, daß ich das erwähnte – weiter, versuch es nochmals!«

»MIRV hängt irgendwie mit dem zusammen, das er gestohlen hat, nicht wahr? Also gut, ich versuche es mal damit.« Sarah blickte zur Decke empor und schloß die Augen, als müsse sie eine schwierige Kopfrechnung ausführen. »Jetzt habe ich es. Es ist wirklich ganz einfach. Es geht doch darum, Lewinter zu diskreditieren, stimmt's? Uns kann es völlig egal sein, daß die Russen ihn haben, solange sie ihm keinen Glauben schenken. Also mußt du sie bloß davon überzeugen, daß du versuchst, sie zu überzeugen, er sei ein echter Überläufer. Wenn sie merken, daß du versuchst, sie von seiner Echtheit zu überzeugen, dann werden sie natürlich daraus schließen, daß er ein Schwindler ist. Was ist daran falsch?« Sie war sicher, er würde daran etwas falsch finden.

»Sag mir das Ganze noch einmal, bitte.«

Sie tat es und schloß wieder mit: »Was ist daran falsch?«

Diamond blickte wieder hinaus zum Fluß, der nun tiefschwarz erschien. »Im Augenblick kann ich keinen Fehler entdecken. Laß mich ein bißchen darüber nachdenken.«

Der nächste Tag sollte ihr letzter in New York sein; um die Zeit zu nutzen, gingen sie früh ins Bett. Lange nachdem Sarah eingeschlafen war, lag Diamond mit weit geöffneten Augen wach, und seine Gedanken waren ein dunkler Abgrund, in den er hinunterstarrte. Um zwei Uhr ging er in die Küche und kochte Kaffee, den auszutrinken er aber zunächst vergaß. Als er aufschreckte, war der Kaffee bereits kalt geworden. Um Viertel vor sechs, als das erste Morgengrauen über dem Fenstersims schimmerte, rüttelte Diamond Sarah wach.

»Was ist?« fragte sie verschlafen.

Diamond lächelte auf sie hinunter, als machte ihm insgeheim etwas Spaß. »Möchtest du nicht doch Schach spielen lernen?« sagte er.

13

Es regnete fast den ganzen Nachmittag, die Wassertropfen fielen wie Schnüre auf die Blätter herab, die auf und ab tanzten, sammelten sich in den verfärbten Kupferdachrinnen und rauschten dann zu Boden. Als Pogodin und Lewinter nach Einbruch der Dunkelheit ankamen, hatte der Regen aufgehört, aber die etwa einhundert Meter vom Ende der gepflasterten Sackgasse bis zur Datscha waren ein Meer von Schlamm.

»Ich hatte eigentlich Bretter auflegen wollen, aber irgendwie gelingt es mir nie, den Gedanken in die Tat umzuwandeln«, meinte Saizew lachend, während er sie ins Haus winkte.

»Das ist eine auf Erden weit verbreitete Sünde... ich vergebe dir«, sagte Pogodin würdevoll und zeichnete mit dem Daumennagel ein Kreuzeszeichen auf Saizews Stirn.

»Nun, willkommen, Pope Pogodin!« donnerte Saizew und legte seinen Arm freundschaftlich um Pogodins Schulter. »Sag mir, wie sagt man eigentlich ›willkommen‹ auf englisch?« Nachdem Pogodin es ihm gesagt hatte, wandte sich Saizew höflich zu Lewinter, streckte ihm die Hand entgegen und sagte: »Wel-kam.« Saizews Atem roch stark nach Alkohol und ließ Lewinter zusammenzucken. Saizew wandte sich wieder Pogodin zu. »Dein Begleiter sieht aus wie ein überfressener Homo, aber zum Teufel damit, sag ihm, ich heiße ihn trotz seiner Charakterschwäche willkommen – in meinem Häuschen, in Rußland etc., etc., etc.«

Im Inneren der Datscha roch es nach nassem Holz, feuchter Wolle und bloßen Füßen. Schlammbedeckte Schuhe lagen verstreut beim Eingang, wo Saizews Gäste sie zum Trocknen stehengelassen hatten. Der Raum selber war doppelt so lang wie breit, im Stil der russischen Herrensitze des achtzehnten Jahrhunderts. Die reichgeschnitzten Fensterläden standen offen und ließen die feuchte

Nachtluft herein. In den Fenstern waren keine Scheiben, da Saizew das Haus nur im Sommer benützte; sobald das warme Wetter vorbei war, entfernte er sich ungern aus der mondänen Bequemlichkeit seiner zentralgeheizten Wohnung in Moskau.

Am anderen Ende des Raumes ragten die immer noch feuchten Zweige einer Platane durch ein offenes Fenster. Ein Spinnennetz, zart wie aus Licht gewobene Fäden, verband zwei Blätter miteinander. Etwa ein Dutzend Menschen, eine so gemischte Gesellschaft, wie sie nur ein russischer Intellektueller im August unter einem Dach versammeln kann, saß, stand oder lümmelte herum. Leere und halbleere Flaschen Glenfiddich Scotch, Remy Martin und polnischer Wodka – die Sorte, die keinen Korken hat und geleert werden muß, sobald sie geöffnet ist – häuften sich auf den Tischen. Untertassen quollen von Zigarettenstummeln, Asche, aschebeschmutzten Apfelresten und Kirschkernen über. Neben dem ehemaligen Kamin, der mit Türen ausgestattet und in einen Barschrank verwandelt worden war, saß eine sehr schöne und sehr angeheiterte Ballerina im Türkensitz auf dem Boden und schluchzte haltlos vor sich hin. Wenn jemand sie zu trösten versuchte, schluchzte sie noch bitterlicher, denn, wie sie zwischen Schluckauf erklärte, das einzige, was ihrem Aufstieg zur Primaballerina im Weg stand, war die Tatsache, daß ihr Mann – ebenfalls Tänzer – ein Homosexueller sei. Die Homosexuellen seien die Verstoßenen des russischen Balletts.

»Stellen wir vor!« donnerte Saizew und schlug mit einem Messer gegen eine Wodkaflasche, um die Aufmerksamkeit auf sich zu lenken. Seine Augen waren blutunterlaufen und rotgerändert, sein Gesicht vom Trinken und der Wärme gerötet; er war in Hochform.

»Übersetze für mich, Jewgenij!« befahl er Pogodin. »Mach dir wegen der Namen keine Sorgen, denn dein Amerikaner wird sie sich ohnedies niemals merken. Aber sei bitte genau bei meinen mündlichen Randbemerkungen. Sie werden, wie gewöhnlich, unschätzbar sein.« Das dumpfe Summen der lustlosen Konversation verstummte vor einem neuerlichen Monolog von Saizew; die Gesellschaft kam in Stimmung.

»Die Heulsuse ist Valentina Bereschkowa«, begann Saizew und wies auf die Ballerina auf dem Boden. »Wenn sie nicht flennt, hat sie das Gesicht einer Odette – und die Seele einer Odile.« Alle lachten, sogar die Ballerina lachte unter Tränen. Das Publikum begann warm zu werden.

»Und hier Alexander Timoschenko, ein mittelmäßiger Übersetzer und schlappschwänziger Redakteur, ein verblassendes Licht des Liberalismus in der Redaktion von *Nowi Mir*, der müdeste Krieger in den Hinterzimmern des Schriftstellerverbandes.« In Wirklichkeit war Timoschenko einer der einflußreichsten liberalen Literaten des Landes und wurde von Saizew sehr geschätzt. »Alex, begrüße Jewgenij Michailowitsch Pogodin, widersprüchlicher Intellektueller, widersprüchlicher Humanist, widersprüchlicher Marxist und widersprüchlicher Bürokrat. An der Oberfläche ist er ein echter Kommunist, aber wenn man an ihm kratzt, wird man weder Lenin noch Marx finden, sondern Taras Bulba. Auf diese Weise hat er sehr viel mit Rußland gemein. Widersprüchlichkeit, Alex, ist der Schlüssel zu unserer Seele. Der englische Schriftsteller Thomas Carlyle hat das in der Gestalt des Diogenes Teufelsdröckh festgehalten – wobei Diogenes für ›Gott-Geborener‹ und Teufelsdröckh für ›Teufelsdreck‹ steht. Also das Widersprüchliche schlechthin. Wißt ihr, daß man eine Genehmigung des Kultusministeriums benötigt, um Übersetzungen von Carlyle aus der Lenin-Bibliothek entleihen zu können? Schade. Er hatte echtes Verständnis für die Beziehungen zwischen materiellen und geistigen Dingen. So geht's eben. Und hier, Alex, begrüße einen der wenigen Menschen auf dieser Erde, die alles darangesetzt haben, um in Mütterchen Rußlands Arme zu kommen, den amerikanischen Überläufer Lewinter.«

Saizew verwendete das Wort Überläufer, als handelte es sich dabei um eine Berufsbezeichnung. Pogodin, der sich über Lewinters Schulter neigte, übersetzte nur einen Teil des Monologs – nur so viel, um das Gelächter zu erklären, aber nicht so viel, um ihn zu kränken.

Timoschenko, ein untersetzter, völlig kahlköpfiger Mann mit einem freundlichen Lächeln, schüttelte allen die Hand.

Wie ein Lehrer, der die Schüler aufruft, stellte Saizew alle Gäste der Reihe nach vor. Da war Solomon Kaganowitsch, der berühmte jiddische Schriftsteller, der vierzehn Jahre in einem sibirischen Lager zugebracht hatte und nun im Dom Modeli, dem zentralen Modestudio Moskaus, als Faktotum arbeitete. Einige Stunden vorher hatte Kaganowitsch in der einzigen Toilette des Hauses eine Überschwemmung verursacht, und daher stellte ihn Saizew zur allgemeinen Heiterkeit als ›den Meisterklempner‹ vor, was außerdem der Titel von Kaganowitschs berühmtem, unveröffentlichtem Buch über Stalin war. Da war ferner Sergej Jewdokimow, ein Komponist von Kinderliedern, der nebenbei schlüpfrige Balladen zur heimlichen Verbreitung produzierte. Saizew stellte ihn als ›Rußlands führenden Fachmann für Toilettengraffiti‹ vor. Saizews geschiedene Frau, eine verhuschte Person mit einem blinkenden Goldzahn und geradezu peinlich flacher Brust, war mit ihrem neuesten Ehemann gekommen, einem kaum bekannten Journalisten namens Bubnow. Als er sie vorstellte, sprach Saizew den Namen absichtlich falsch aus, und Bubnow fühlte sich von vornherein so gehemmt, daß er ihn nicht korrigierte. Saizews derzeitige Bettgefährtin, die Dicke Kuh – wie er sie insgeheim nannte –, kam als nächste dran. »Hier«, sagte Saizew und griff mit einer Hand auf ihre rechte Brust, »sehen Sie die Göttin des Heufiebers, die das gewöhnliche Niesen zu einer Arie gemacht hat. Meine Katrina.« Wie auf Kommando produzierte sie ein Niesen, und Saizew sagte: »Gott segne dich, meine Teure.«

In einer Ecke, beim Fenster, durch das die Platane ragte, saß Schliapnikow, ein ruhiger, stockbetrunkener Tischler aus einem nahen Dorf. Jewdokimow, der Graffitispezialist, hatte ihn in einem Kaffeehaus kennengelernt und mitgebracht, um zu zeigen, daß er keine Klassenunterschiede mache. Aber wie Saizew unterstrich, bewies dies lediglich, wie sehr er auf Klassenunterschiede achte. Gleich neben dem Tischler saß ein finster blickender Mann gegen Ende Dreißig, ein Biochemiker namens Andrej Antonow-Owsejenko. Sein Vater war Armeegeneral mit Aussicht auf eine große Karriere gewesen, bis ihn Stalin im Zuge der Säuberungen von 1936 hatte hinrichten lassen. Antonow-Owsejenko, der niemals gegen irgend etwas protestiert hatte, war vor kurzem dazu gebracht worden, ein Manifest zu unterzeichnen, in dem die Regierung aufgefordert wurde, den Fall eines gewissen A. Axelrod wiederaufzunehmen, eines freimütigen Dichters, der angeblich in einem für ungebärdige Liberale reservierten Irrenhaus schmachtete. Gerade an diesem Morgen hatte Antonow-Owsejenko erfahren, daß das Manifest in der *New York Times* erschienen war. »Unser Andrej ist Amateureisläufer«, stellte Saizew Antonow-Owsejenko vor. Verloren lächelnd grüßte dieser den Neuankömmling. »Im Augenblick«, fügte Saizew hinzu, »läuft er auf äußerst dünnem Eis.«

»Jetzt fängst du schon wieder an«, piepste eine Stimme aus einer Ecke.

Dies rief allgemeines Gelächter hervor.

»Was meinte er damit?« fragte Lewinter, nachdem Pogodin übersetzt hatte.

»Keine Ahnung«, sagte Pogodin mit verwunderter Miene.

Es gab noch einige andere Leute im Raum: einige Musiker vom Bolschoi, ein weiterer Mann, den niemand je zuvor gesehen hatte – Saizew stellte ihn als den ›unbekannten Gast‹ vor –, und ein junger Diplomat, dessen Familienname Krestinsky lautete und dessen Vorname unwiederbringlich in Verlust geraten war, sobald er die Türschwelle überschritten hatte – zumindest für den Gastgeber. Krestinsky, der eben von einer Dienstreise nach Kairo zurückgekehrt war, hatte eine Dose Haschisch mitgebracht, das einige Gäste vor dem Abendessen probiert hatten. Nach einem halben Dutzend Zügen kicherten sie nervös und kehrten wieder zu den harten Getränken zurück.

»Saizew, Liebling«, rief die Dicke Kuh, deren Stimme immer noch melodisch, wenn auch etwas näselnd klang, »wenn du mit dem Vorstellen fertig bist, spiel uns doch eine Platte vor.«

»Ich werde eine für den Amerikaner auflegen«, sagte Saizew. Vorsichtig senkte er die Diamantenspitze in die Rille. »Sag ihm, Jewgenij, sag ihm, sie soll heimatliche Gefühle in ihm wecken. Atmosphäre ist das Wichtigste. Angeblich handelt es sich um eine Art Klassiker.«

Die Platte, die Saizew auflegte, war ein acht Monate alter Rock-Hit, gespielt von einer amerikanischen Gruppe, genannt ›Sins of Omission‹.

Die im ganzen Raum verteilten Gäste Saizews lauschten hingerissen den Worten, die sie nicht verstanden. Lewinter hatte diese Platte noch nie gehört. Die ›Sins‹ sangen etwas von Asche, Scheiße und Jesus, mehr verstand er auch nicht, aber er nickte beifällig.

Die Party hatte nun einen Punkt erreicht, an dem sie entweder sehr ernst oder äußerst lustig werden konnte – oder beides zugleich.

Die Dicke Kuh stöberte geistesabwesend in einer riesigen Handtasche, die zu ihren Füßen lag, und brachte ein neues antibiotisches Halsspray aus Frankreich zum Vorschein, das sie einer kürzlich aus Paris zurückgekehrten Freundin um eine exorbitante Summe abgekauft hatte. Sie befestigte die Druckkapsel am Plastikverteiler, steckte das ganze Gerät in den Mund, dann drückte und saugte sie gleichzeitig. Das Spray, das wie ein Insektenvertilgungsmittel roch, wirkte sofort. Katrina schneuzte sich, erst ein Nasenloch, dann das andere, in eine Papierserviette. »Ah, jetzt geht es mir besser«, sagte sie. »Diese französischen Medikamente sind wirklich gut.«

»Sie haben soeben Katrinas Hobby kennengelernt«, erläuterte Saizew. »Manche Leute sammeln Gemälde oder Briefmarken oder Geld oder Liebhaber, unsere vom Heufieber geplagte Hypochonderin dagegen sammelt Medikamente, und zwar nicht irgendwelche Medikamente, sondern westliche Medikamente. Sie sollten mal die Truhe im Oberstock sehen – eine ganze Apotheke mit amerikanischen Pillen, englischen Salben und französischen Sprays.«

»Meine Glanzstücke sind westdeutsche Antibabypillen und ein schweizerisches Abführmittel, das herrlich nach Schokolade schmeckt«, piepste Katrina.

Pogodin, der wütend für Lewinter übersetzte, dachte an die Heufiebertabletten, die der Amerikaner mitgebracht hatte.

»Saizew, du alter Furzer«, sagte Timoschenko, der Redakteur von *Nowi Mir,* »bist du gegen das Sammeln von Medikamenten – oder gegen das Sammeln überhaupt? Dein Tonfall erweckt den Eindruck, daß du einen Rückwärtssalto vom Besonderen zum Allgemeinen machst.«

»Es gibt wohl keine Gedankensprünge, bei denen du nicht mitkommst, Alex«, sagte Saizew. Er riß Katrina das französische Halsspray aus der Hand und führte eine Pantomime vor, indem er sich scheinbar in den Hals, dann in die Nase, dann in die Ohren und schließlich in den Hintern sprühte. Alles wälzte sich vor Lachen.

»Ihr Freund«, flüsterte Lewinter Pogodin zu, »ist wirklich ein Clown.«

»Ich bin gegen Sammlungen jeglicher Art«, begann Saizew, offensichtlich am Anfang eines verhältnismäßig langen Vortrags. »Sie sind eine Antithese zum Marxismus-Leninismus, einer Mischung, die derzeit unter dem Namen Kommunismus im Umlauf ist.«

Das Publikum rief Oooh und Aaah und stachelte Saizew weiter an. »Etwas mehr Präzision, Saizew«, rief der jiddische Schriftsteller Kaganowitsch.

»Ganz recht – größere Präzision ist am Platze. Ich will meine Zunge schärfen. Das Sammeln von Dingen – ganz gleich welchen – ist eine perverse Form des Materialismus, ein Eingeständnis, daß es in diesem Land des Überflusses eines Tages an irgend etwas mangeln könnte.«

Saizew sprach ironisch, und jedermann verstand es so – außer Katrina.

»Aber Saizew, Liebling«, piepste sie, »es gibt doch Mangelwaren. Wann hast du zum letztenmal Hundert-Watt-Glühbirnen bekommen?«

»Wissen Sie, was die Bauern sagen?« fragte Kaganowitsch. »Die Mangelwaren werden unter den Bauern aufgeteilt.«

»Genau«, sagte Katrina völlig unlogisch. »Und was sagst du zu einem Menschen, der schöne Dinge sammelt, Kunstgegenstände und dergleichen? Das ist doch nicht das gleiche wie das Sammeln von Medikamenten, die man vielleicht eines Tages benötigen wird.«

»Meine Teure, es ist auf jeden Fall Hamsterei, egal ob es sich um Kunstgegenstände handelt oder um Achselspray«, antwortete Saizew. »Es ist genauso wie das Hamstern von schönen Dingen für eine Zeit, in der es nichts Schönes mehr auf der Welt geben wird. Hamstern bleibt Hamstern; es ist asozial und antisozialistisch.«

»Und du, Saizew, wenn du hamstern wolltest, wie du das nennst, was würdest du sammeln?« Diesmal sprach Timoschenko, der vorgebeugt am Rand eines alten Sofas hockte, die gefalteten Hände zwischen den gespreizten Knien.

Saizew nahm den Nasenrücken zwischen zwei Finger und dachte eine Minute lang nach. Sein Blick fiel auf die zarten Fäden, die zwei Platanenblätter miteinander verbanden. »Spinnennetze«, sagte er. »Ich würde Spinnennetze sammeln für den Tag, an dem die Spinnen ausgestorben sein werden.«

»Aber warum Spinnennetze?« fragte Pogodin.

»Ach, mein lieber Freund, weil sie die Unvollkommenheit

menschlicher Konstruktionen entlarven. Spannung und Druck sind genauestens kalkuliert. Das Design ist zweckentsprechend. Der Baustoff ist billig und leicht erhältlich. Und man wird ihres Anblicks niemals überdrüssig, im Gegensatz zu diesen post-neostalinistischen Monstrositäten, die man in Moskau hinstellt. Habt ihr von den neuen Bürogebäuden am Kutusowskij-Prospekt gehört? *Komsomol Prawda* brachte die Geschichte. Man konstruierte sie so, daß die Fenster nicht geöffnet werden konnten, und stattete sie dann mit einer zu schwachen Klimaanlage aus. Das metallurgische Kombinat zog im Juni ein. Einige Wochen lang wurde so viel geschwitzt, daß die Bürokraten, die solche Dinge vermerken, zur Überzeugung gelangten, daß die Metallurgieleute in phantastischem Tempo arbeiteten und allen Prämien ausbezahlten. Im Juli weigerten sich die Werktätigen, zur Arbeit zu kommen, sie pfiffen auf die Prämien, und das Kombinat mußte wieder in seine uralten Räumlichkeiten in der Gorkijstraße zurückziehen – diese sind so uralt, daß die Fenster dort sogar noch Angeln hatten.«

Saizew gab jene Art von bravouröser Vorstellung, die man stets von ihm erwarten konnte, wenn sich auf einer Party Ermüdungserscheinungen zeigten. Manche seiner geistreichen Bemerkungen würden noch wochenlang die Runde machen. Sein Publikum mußte bloß verständnisvoll zuhören – und ihn mit kurzen Fragen anspornen. Es war ein altes Gesellschaftsspiel.

»Versteht dein Freund überhaupt etwas von all dem, Jewgenij?« fragte Saizew. »Schließlich möchten wir doch, daß er einen guten Eindruck gewinnt von unserer Form der Gesellschaft.«

Das Wortspiel entging den Gästen keineswegs.

Lewinter, der Bruchstücke und Fetzen des Monologs von Pogodin übersetzt bekommen hatte, murmelte ihm etwas ins Ohr. »Er sagt«, sagte Pogodin, »daß Katrinas Probleme wahrscheinlich in ihrem Kopf und nicht in ihrer Nase liegen. Er sagt, ihr geradezu zwanghaftes Bedürfnis, Medikamente zu sammeln, läßt es wohl angebracht erscheinen, daß sie einen Psychoanalytiker aufsucht.«

Das war ein ausgezeichnetes Stichwort.

Saizew reagierte mit einem theatralischen Aufschrei. »Gott sei Dank«, meinte er und warf in gespielter Verzweiflung die Arme hoch, »daß Marx und Freud unvereinbar sind. Ansonsten würden diese wahnsinnigen Hyänen der Psychiatrie ihre Sofas in unserem Teil der Welt aufstellen. Nein, das ist nichts für mich. Es gibt einen grundlegenden Unterschied zwischen Ost und West, Mr. Lewinter. In Ihrer Welt ist nicht der Kapitalismus König, sondern die Psychiatrie. Wir hingegen leben in einer Welt, in der die Psychiatrie wie ein seines Amtes enthobener Landpfarrer ist. Sie kriegen einen Schnupfen, weil Sie Ihre Arbeit oder Ihre Frau oder Ihr Leben hassen; wir kriegen ihn schlicht und einfach durch Bakterien. Ihre Psychiater haben eine Atmosphäre geschaffen, in der die alltäglichen Gefühle wie Sorge, Angst, Verzweiflung, Langeweile, Liebe, Haß etc., etc., etc. ärztliche Behandlung notwendig machen. Wir hier trinken einfach noch ein Glas. Gott sei Dank, daß es so ist. Wenn Sie mich fragen, so machen die Psychoanalytiker einen Kardinalfehler: Sie glauben nämlich, es sei erstrebenswert, normal zu sein.«

»Aber ist es nicht so, Saizew, Liebling? Ich meine, ist Normal-Sein nicht etwas Gutes?«

»Normalität, meine liebe Katrina«, dozierte Saizew, »erstickt das Schöpferische. Welcher große Schachspieler war jemals normal? Habt ihr schon gehört, daß einige der Fabriken, die jetzt zum System des Neuen Wirtschaftsplans übergegangen sind, die Werksdirektoren auf westliche Weise aussuchen, das heißt indem sie sie psychologischen Tests unterwerfen? Du meine Güte, es hat doch keinen Sinn, Menschen darauf zu testen, ob sie gute Manager sind, außer man weiß, was einen guten Manager wirklich ausmacht!«

Schliapnikow, der betrunkene Tischler, hatte den größten Teil des Gesprächs nicht mitbekommen. Aber die Erwähnung ›psychologischer Tests‹ hatte ihn aufhorchen lassen, und nun legte er in seiner Ecke los: »Die meisten unserer Verrückten sind im Narrenhaus. Möge Gott es dabei belassen.« Er blickte um sich und suchte nach jemandem, der ihm zustimmte.

»Mein Freund, in solchen Anstalten sind viele Menschen, die keine Verrückten sind«, sagte Timoschenko leise und kühl.

»So wie Axelrod«, sagte Antonow-Owsejenko, glücklich, ein Anliegen zu haben.

»Du bist ein Dummkopf«, explodierte Saizew und starrte Antonow-Owsejenko wütend an, »ein gottverdammter Dummkopf. Axelrod ist mausetot. Und das schon seit längerer Zeit.«

Plötzlich war es totenstill im Raum; nur Timoschenko, der sich über solche Dinge auf dem laufenden hielt, hatte gewußt, daß Axelrod tot war.

»Was hat er eben gesagt?« erkundigte sich Lewinter bei Pogodin.

»Sie sprechen über einen gemeinsamen Freund«, antwortete Pogodin ausweichend.

»Wieso weißt du, daß er tot ist?« fragte Antonow-Owsejenko mit fast unhörbarer Stimme.

Timoschenko fiel ihm ins Wort: »Dieses Thema sollte lieber zu einer anderen Zeit und an einem anderen Ort besprochen werden!«

Saizew schenkte sich noch ein Glas Bourbon ein und leerte es in einem Zug. »Zu einer anderen Zeit und an einem anderen Ort«, wiederholte er. »Ein guter Titel für ein Buch.«

»Es ist merkwürdig«, sagte Lewinter zu Pogodin, »ich verstehe kein Wort, aber ich fühle, daß sich die Atmosphäre geändert hat.«

Aber Saizew war schon wieder bei einem anderen Thema.

»Habt ihr gewußt«, sagte er, »daß Xerxes kurzsichtig war? Dies ist nämlich der Grund, warum er auf dem Hügel oberhalb von Salamis saß und ruhig zusah, wie fünfzig griechische Schiffe seine fünfhundert persischen Schiffe schlugen, und seine Taktik doch nicht änderte. Er konnte das einfach nicht richtig wahrnehmen.«

»Haben ihm seine Generäle denn nicht gesagt, was geschah?« fragte der unbekannte Gast.

»Xerxes hatte noch ein Leiden, das vielen großen Männern gemeinsam ist«, sagte Saizew. »Er mißtraute den Menschen, die um ihn waren.«

»Viele große Männer haben an physischen Defekten gelitten«, sagte Pogodin. »Das würde ein interessantes Dissertationsthema abgeben.«

»Angeblich hat Breschnew Hämorrhoiden«, sagte Saizew. Seine Ex-Gattin und die Dicke Kuh lachten hysterisch. »Warum lachst du, liebe Katrina? Hast du auch dagegen ein Mittel?«

»Doch, ja.« Sie kicherte. »Italienische Zäpfchen.«

»Weil wir gerade von bedeutenden Persönlichkeiten reden. Ist Ihnen eigentlich je aufgefallen, Saizew, daß fast alle großen Schriftsteller Katzen liebten?« sagte Jewdokimow, der Graffitispezialist. »Turgenjew, Tolstoj, Puschkin – die Liste ist endlos. Sie haben doch auch eine in Moskau, nicht wahr?«

»Ja. Einen Kater. Er heißt Tschitschikow, so wie der Vagabund in Gogols *Tote Seelen*, der durch das Land zog und die Seelen der Leibeigenen aufkaufte, die so rücksichtslos gewesen waren, zu sterben und damit ihren Herren Eigentum zu rauben. Katzenfreunde sind ein ganz besonderer Menschenschlag. Jemandes Einstellung zu Hunden und Katzen verrät viel über sein Wesen. Napoleon und Hitler haßten Katzen, Hitler liebte Hunde. Autoritäre Menschen und Sadisten, wie es sie bei den Deutschen, Masochisten, wie es sie unter den Homosexuellen gibt, lieben Hunde. Sinnenfrohe, unabhängige, freiheitsliebende Menschen lieben Katzen.«

»Vergiß nicht Kublai Khan, Julius Cäsar und Richard Löwenherz – auch sie liebten Hunde, Saizew«, sagte Pogodin. »Diese Leute haben alle etwas Gemeinsames.«

»In Geschichte kennt sich Jewgenij wirklich gut aus«, sagte die Dicke Kuh.

»Es liegt in seiner Familie«, sagte Saizew. Mit einem Male fühlte er sich sehr müde und sehr gelangweilt; plötzlich hatte er Lust, sehr grausam zu sein – und seine Worte wurden bissig. »Er ist der Ur-Ur-Urenkel des Michail Petrowitsch Pogodin, der eine siebenbändige Geschichte Rußlands zusammenbastelte und in seiner Verteidigung Nikolaus' I. die tollsten Bocksprünge aufführte.«

Pogodin blieb vor Staunen der Mund offen; er kannte Saizew seit der Zeit, als sie gemeinsam auf der Universität gewesen waren, aber niemals hatte er mit ihm Familiengeschichten ausgetauscht.

»Wenn du damit andeuten willst, daß Michail Petrowitsch ein Apologet war, dann nehme ich das übel«, sagte Pogodin.

»Dann nimm es übel. Nikolaus war ein Tyrann, und jeder, der ihn zu verteidigen suchte, war ein ebenso großer Halunke wie Tschitschikow. Auch dein Ur-Ur-Urgroßvater. Am ersten Tag seiner Herrschaft vernichtete Nikolaus die Dezembristen. Seine restliche Dienstzeit, wenn ich das so nennen darf, verbrachte er damit, auf die Minderheiten zu scheißen, die Liberalen zu unterdrücken, die ihn zu kritisieren wagten, und die Geheimpolizei aufzubauen. Nikolaus war ein paternalistisches Geschwür im politischen Leben Rußlands.«

»Du findest keinerlei versöhnliche Züge an ihm?« fragte Pogodin.

Er war nahe daran, wütend zu werden; Saizew wollte ihn wohl in die Schranken weisen, sozusagen, um in Übung zu bleiben.

»Nur einen – er lieferte den historischen Hintergrund für das goldene Zeitalter der russischen Literatur; aus dem Rußland des Nikolaus kamen Puschkin, Lermontow und Gogol.«

»Ach, Saizew, Liebling, wohin du auch blickst, du findest doch immer etwas Erfreuliches«, sagte die Dicke Kuh.

»Das stimmt – sogar an dir.«

Es herrschte peinliches Schweigen. Katrina kamen Tränen in die Augen. Saizew war zu weit gegangen. Timoschenko, der Redakteur von *Nowi Mir,* kam zu Hilfe. »Was meinst du, Saizew, hat das cyrillische Alphabet Rußland geschadet oder genützt?«

»In politischer oder in literarischer Hinsicht?«

»In literarischer.«

»In diesem Falle lautet die Antwort, natürlich hat es uns geschadet, so wie uns die Änderung der Eisenbahnspurweite zwischen Rußland und dem Westen schadet; es hat den Transport intellektueller Fracht über die Grenze verlangsamt – und dadurch sind wir schlechter dran.«

»Ich stimme dem zu«, sagte Timoschenko, »aber ich glaube, dem Westen hat das noch viel mehr geschadet als Rußland. Man stelle sich eine Literatur vor, die Puschkin, Tolstoj, Dostojewski oder Gogol nie wirklich verarbeitet hat! Schon der Gedanke ist absurd.«

»Wir wollen einen Test machen«, sagte Kaganowitsch. Er wandte sich an Lewinter: »Haben Sie die großen russischen Dichter gelesen?« Pogodin übersetzte.

»Ich las Dostojewskis *Schuld und Sühne* im College, aber ich glaube, das ist so ziemlich alles«, antwortete Lewinter. Er hoffte, man würde nicht auf Einzelheiten eingehen. Er entsann sich, das Buch gelesen zu haben, aber er erinnerte sich an kaum mehr als den Titel.

»Saizew, Liebling, stelle ihm einige tiefschürfende Fragen über Amerika«, sagte die Dicke Kuh. Sie war wieder sie selbst; in der einen Hand hielt sie ein halbleeres Glas, in der anderen eine Zigarette.

»Ja, sagen Sie uns, Mr. Lewinter, ist es wahr, daß die Amerikaner die Farbigen hassen?« fragte Jewdokimow, der Graffitispezialist.

»Wie kann man es zulassen, daß dreißig Millionen Menschen

hungern müssen?« fragte Bubnow, der Journalist.

»Wie konnten Sie zulassen, daß Kennedy – zwei Kennedys – ermordet wurden?« fragte die Dicke Kuh und zeigte mit der Zigarette auf ihn. »Das ist es, was ich wissen möchte. Wieso?«

»Meine liebe, schöne, naive Katrina, unser Lewinter war ja dafür nicht persönlich verantwortlich, oder?« sagte Saizew. »Er könnte mit der gleichen Berechtigung fragen: Wieso konntest du es zulassen, daß Lenin von der Kugel eines Attentäters in den Kopf getroffen wurde. Also bitte, nur eine Frage – eine vernünftige Frage – auf einmal.«

Timoschenko begann mit der Befragung Lewinters. »Können Sie uns ein Bild vom Leben in Amerika geben? Da wir hier in einer völlig andersartigen Gesellschaftsordnung leben, haben wir vielleicht keine richtige Vorstellung davon.«

Pogodin übersetzte, und Lewinter versuchte das Leben in den Vereinigten Staaten zu schildern. Er sprach langsam, stockend, als suche er nach den rechten Worten. Eigentlich hatte er diese Frage erwartet und wußte sehr wohl, was er sagen wollte. »Wie soll ich ein Land zusammenfassend beschreiben, das dreitausend Meilen breit und zweihundert Millionen Menschen weit ist?« begann er. »Wenn ich zum Kern der Sache vorstoßen müßte, würde ich sagen, ›unpersönlich‹.«

Als Pogodin dies übersetzte, entspann sich eine kurze Debatte; Saizew fragte sich, ob Lewinter über den Begriff der ›Unperson‹ sprach, etwas, das er mehr oder weniger für ein sowjetisches Phänomen gehalten hatte. Das Mißverständnis wurde schnell geklärt.

Lewinter fuhr fort.

»Vor einigen Jahren wurde in einem Stadtteil New Yorks eine Frau überfallen und ermordet. Das geschah auf einer Straße, spät am Abend. Die Zeitungen fanden nachträglich heraus, daß dreißig oder vierzig Menschen ihre Hilferufe gehört oder den Überfall von ihren Schlafzimmerfenstern aus beobachtet hatten; doch niemand kam ihr zu Hilfe, niemand öffnete das Fenster und rief um Hilfe, nicht einmal die Polizei wurde geholt. Ich glaube, das ist das Wesen Amerikas: zweihundert Millionen private Welten, umgeben von zweihundert Millionen Gräbern der Angst und des Mißtrauens. Mit einem Wort, eine überwältigende Vereinsamung.«

Das war eine interessante Antwort, interessant deshalb, weil sie das bestätigte, was die hier Versammelten immer schon in der Zeitung gelesen hatten – und dem sie mißtraut hatten, weil sie es in der Zeitung gelesen hatten.

»Und was erwarten Sie hier zu finden, was Sie in Amerika nicht finden konnten?« fragte Timoschenko. Während Pogodin die Frage übersetzte, neigten sich einige der Anwesenden in Erwartung einer interessanten Antwort vor.

»Brücken«, antwortete Lewinter. Und dann noch leichthin: »Vielleicht ein Spinnennetz oder gar zwei.«

Lewinter war sich dessen bewußt, daß er einen sehr guten Eindruck gemacht hatte.

»Machen Sie sich auf eine Enttäuschung gefaßt, mein amerikanischer Freund«, sagte Saizew. »Einer Ihrer angelsächsischen Dichter sagte einmal: Jeder Mensch ist eine Insel. Letztlich gilt das hier ebenso wie überall.« Saizew zupfte sich am Ohr, dachte einen Moment nach und sagte beiläufig: »Unsere Spinnennetze sind allzuoft Spinnennetze der Angst.«

»Er ist überhaupt nicht so, wie du ihn beschrieben hast«, sagte Saizew. »Als ihr hereinkamt, kam er mir wie ein Homo vor, aber am Ende gefiel er mir.«

Die letzten Gäste waren gegangen; die Ballerina, die einen ihrer Schuhe nicht finden konnte, hatte den anderen auch weggeworfen und war auf Zehenspitzen barfuß durch den Schlamm gegangen. Saizew lag ausgestreckt auf einem Sofa, die Augen mit einem feuchten Geschirrtuch bedeckt. Pogodin hatte die Ärmel bis zu den Ellbogen hinaufgerollt, saß an einem Tisch und kaute ein Stück ausgetrocknetes Brot und Ziegenkäse. Lewinter und die Dicke Kuh waren im Obergeschoß und schliefen fest, Lewinter in einem Korbsessel, der auf seinem Körper Spuren eines Gittermusters hinterlassen würde, und Katrina lag zusammengerollt in einer Ecke der riesigen Matratze, die sie mit Saizew teilte.

Es war Zeit für die Nachlese.

»Eigentlich habe ich nicht erwartet, daß du wirklich kommen würdest«, sagte Saizew. Er tauchte das Geschirrtuch in eine neben ihm stehende Schüssel mit Wasser, wand es aus und legte es wieder über die Augen. »Als du anriefst und sagtest, du würdest diesen Lewinter mitbringen, war ich erstaunt. Wieso hat man das zugelassen? Ist das etwa eine neue Art der Untersuchungstechnik?«

Pogodin nahm einen Schluck bulgarischen Weißweins.

»Zu lange eingesperrt... nervös geworden... immer launenhafter... schlecht geschlafen.«

Pogodin kaute und sprach nun gleichzeitig.

»Eine gute Therapie. Es war eigentlich meine Idee. Ich hatte einige Schwierigkeiten, denen das klarzumachen, bis sie dann erfuhren, daß du der Gastgeber sein würdest...«

»Und als sie hörten, daß ich es sei?« half Saizew nach.

»Da sagten sie: Völlig ausgeschlossen!« Die beiden Männer brachen in schallendes Gelächter aus – ein Gelächter, das sie einander noch näherbrachte.

»Aber du konntest einfach nicht widerstehen, nicht wahr?«

»Wenn es um dich geht, niemals«, sagte Pogodin. »Du wirkst wie ein Katalysator... übrigens, ich bin neugierig – wie habe ich ihn denn beschrieben?«

»Wen beschrieben?« fragte Saizew.

»Unseren Mr. A. J. Lewinter.«

»Ach ja, Lewinter. Du hast mir den Eindruck vermittelt, er gehöre zu jener oberflächlichen Art des Homo sapiens, der in Klischees spricht und sich intellektuell gibt. Was er sagte, war aber sehr überzeugend. Natürlich muß man ihm seine Naivität hinsichtlich Rußlands verzeihen; auch er hat seine Portion Propaganda verabreicht bekommen.«

Die beiden Männer schwiegen eine Weile. Saizew, entspannt und nicht mehr verpflichtet, jemanden unterhalten zu müssen, konzentrierte sich darauf, das Licht, das ihn den ganzen Abend geblendet hatte, zu verscheuchen. Pogodin lehnte sich im Sessel zurück und genoß seine Müdigkeit. Draußen hatte es wieder zu regnen begonnen, und die ersten Tropfen klatschten auf die Platanenblätter.

Saizew unterbrach das Schweigen: »Ich kann einfach nicht begreifen, wie man zum Überläufer wird. Ich begreife die Entfremdung, die die Voraussetzung dazu ist. Wer hat sie in seinem Leben nicht empfunden? Aber ein völlig neues Leben zu beginnen... all die kleinen Dinge aufzugeben... er weiß wahrscheinlich nicht einmal, wie man auf einem unserer Telefone wählt, abgesehen davon, daß er niemanden kennt, den er anrufen könnte. Warte bloß, bis er merkt, daß es so etwas wie ein Telefonbuch in Moskau nicht gibt!«

»Saizew, ehe du unter deinem Geschirrtuch einschläfst, sage mir, wer Axelrod ist – oder vielmehr war?«

Saizew blieb einen Augenblick regungslos. »Würdest du mir glauben, Jewgenij, wenn ich dir sagte, daß ich darüber lieber nicht sprechen möchte?« Saizew setzte sich plötzlich auf und wischte sich das Gesicht mit dem Geschirrtuch ab. »Vielleicht wäre es besser für dich, leichter, von solchen Dingen nichts zu wissen.«

»Vielleicht. Wer weiß.« Pogodin war sehr betroffen. Er wollte wissen – und auch wieder nicht wissen.

Ehe er weiterbohren konnte, wechselte Saizew das Thema. »Hat dir die Party Spaß gemacht? Was hältst du von Timoschenko?«

»Ich war überrascht, ihn hier zu treffen. Ich wußte nicht, daß ihr beide befreundet seid. Hat er dir erzählt, daß ich ihn vor zwei Jahren kennenlernte, als er auf Urlaub nach Japan kam? Der Botschafter gab eine Cocktailparty für ihn. Er ist ein echter Außenseiter, nicht wahr?«

»Hast du je gehört, auf welche Weise er Solschenizyn entdeckte?« fragte Saizew. »Eines späten Abends sah er in seiner Wohnung Manuskripte für *Nowi Mir* durch, als ihm eines mit dem Titel *Ein Tag im Leben des Iwan Denisowitsch* in die Hand fiel. Er erzählte mir selber die Geschichte. Er las ein Dutzend Seiten, dann stand er auf und legte seinen Smoking an. Er entzündete eine Kerze, öffnete eine Flasche Sekt, setzte sich in seinen Fauteuil und verbrachte die restliche Nacht damit, dieses Werk zu lesen. Wie er sagte, wußte er, daß er ein russisches Genie las – und daß er Zeuge der Wiedergeburt der russischen Literatur war. Mit der Veröffentlichung dieses Buches riskierte er seinen Kopf. Er hatte sehr viel Mut.«

»Wie lange seid ihr schon befreundet?«

»Wir sind nur einige Monate lang gute Freunde gewesen. Wir... nun, die ganze Geschichte werde ich dir später einmal erzählen. Jetzt ist es schon zu spät. Aber erzähle mir, Jewgenij, wie ist die Sache in Obninsk verlaufen?«

»Ich wußte, du würdest noch darauf zurückkommen. Du bist neugierig, was? Machen wir ein Geschäft, erzähle mir von Axelrod, und ich werde dir von Lewinter und Obninsk erzählen.«

»Mein Gott, du bist seit – seit weniger als drei Wochen wieder daheim in Rußland und bist bereits wieder am Ball.« Saizew mußte lachen – aber dieses Lachen hatte einen bitteren Unterton, bitter wegen der Geschichte, die folgen sollte. »Axelrod. Ja, Axelrod. Willst du das wirklich wissen? Es ist nichts Kompliziertes. Um diese Zeit vor einem Jahr erhob sich Axelrod vor dem Parteikongreß und hielt eine Rede. Er sagte, die Zensoren hätten sich geweigert, sein neuestes Manuskript zur Veröffentlichung freizugeben, sie hätten Streichungen verlangt – stelle dir diese Bauerntölpel vor, die einem Axelrod vorschreiben wollen, welche Worte er verwenden darf und welche nicht! Er sagte, er sei von der Polizei belästigt worden. Er sagte, ein Manuskript, an dem er arbeitete, sei beschlagnahmt und nicht zurückgegeben worden. Er sagte, man habe ihm ein Visum für eine Auslandsreise verweigert. Er verurteilte die Zensur, er verurteilte den Schriftstellerverband wegen Duldung der Zensur, er verurteilte das System, das ungebildeten kommunistischen Parteihandlangern erlaubt, die Arbeiten der großen Schriftsteller unseres Landes zu redigieren – stelle dir das vor, zu redigieren! Und all die Leute, *die sich auf die eine oder die andere Weise einer Bearbeitung unterwerfen, alle jene, die ihre Arbeiten selber zensieren, ehe die Redakteure ihre Manuskripte in die Hand kriegen,* sie alle saßen einfach da und hörten zu, ohne das geringste Zeichen von Zustimmung zu geben. Axelrod wußte natürlich, was ihm bevorstand. Sie steckten ihn in ein Irrenhaus außerhalb von Leningrad – eines, das angeblich vollgestopft ist mit Leningrader Schriftstellern und Dichtern. Vor drei Monaten hörte ich das Gerücht, daß sich Axelrod erhängt habe. Man sagt, er habe Latrinendienst gehabt, er habe den Mop zerlegt, sich aus den Strähnen eine Schlinge gemacht und sich an der Vorhangstange einer Duschkabine erhängt. Hast du einmal seinen Roman *Ein Schritt zurück* gelesen? Nein, das konntest du wohl nicht, er wurde nie veröffentlicht. Eine seiner Figuren, ich glaube, es war ein Schwachkopf namens Dimitri, bringt sich auf die gleiche Weise um.«

Nun war bloß das Rauschen des Regens vor dem Fenster zu hören. »Angeblich will man verlautbaren, er sei an Krebs oder was Ähnlichem gestorben – man wartet damit bis nach dem Schriftstellerkongreß, damit es kein Aufsehen gibt. Als könnte es dort Aufsehen geben.«

Der Regen rauschte jetzt lauter als zuvor. Saizew sprach wieder: »Aber was weiß ich, vielleicht war er wirklich wahnsinnig!«

Saizew schenkte sich einen Schuß Bourbon ein und betrachtete sein Spiegelbild im Glas. »Und nun, mein Freund, bist du an der Reihe, auszupacken – sag, wie verlief die Sache in Obninsk?«

»Es ist dir doch klar, Saizew, daß dies kein Stoff für eine Cocktailplauderei ist. Ich bin ein Narr, daß ich dir davon erzählt habe.«

»Ah, Jewgenij, würde ich Staatsgeheimnisse ausplaudern? Halte mich doch nicht für einen Idioten! Also rede schon!«

»Nun, die Befragung verlief durchaus glatt. Unser Freund Lewinter war in jeder Hinsicht einwandfrei. Er wurde ausgefragt, ins Kreuzverhör genommen, überprüft und wieder ausgefragt. Mein Gott, war das Ganze langweilig!«

»Und hat man ihm geglaubt?«

»Ja, ich würde sagen, man hat ihm Glauben geschenkt. Das einzig Störende war, daß sich die ganze Sache so phantastisch anhörte. Er behauptete, er habe eine Matrize mit den Flugbahnformeln im Hektographierraum gefunden. Stelle dir das vor, er hob sie einfach vom Fußboden des Hektographierraumes auf. Er memorierte sie, so sagt er, ging dann hinunter in das Archiv der Abteilung und holte sich die Originale, um nachzusehen, ob er wirklich das hatte, was er zu haben glaubte. Er hatte die Originale lange genug in Händen, um sich zu überzeugen, daß er tatsächlich die MIRV-Flugbahnformeln hatte. Dann, sagte er, habe der Bibliothekar entdeckt, daß der Name Lewinter nicht auf der Liste der Zugangsberechtigten aufschien, und habe ihm die Originale weggenommen.«

»Also wissen die Amerikaner, daß er zu den Formeln Zugang hatte?«

»Nicht unbedingt. Lewinter meint, daß der Bibliothekar die ganze Sache vertuscht haben könnte. Man würde ihn entlassen haben, wenn er zugegeben hätte, daß er einem Unbefugten, der nicht auf der Liste stand, Geheimmaterial aushändigte.«

»Also gab es an der Geschichte überhaupt keinen Haken?«

»Einen Haken gab es – aber wir wissen nicht, was wir davon halten sollen. Eine von den sechzehn Formeln, die er uns mitteilte, ergibt keinen Sinn, das heißt, es ist überhaupt keine Flugbahnformel. Entweder erinnert sich Lewinter falsch...«

»Aber er kontrollierte sie doch an Hand der Originale?«

»Nein, er hatte die Originale bloß wenige Minuten in der Hand und konnte sie nicht bis zum letzten überprüfen.«

»Aha.«

»Somit handelte es sich entweder um einen gewöhnlichen Erinnerungsfehler – er memorierte sie von Anfang an falsch, oder er memorierte sie richtig und vergaß dann einen Teil. Oder er lügt. Oder die Amerikaner haben einen Gefechtskopf auf einem ihrer MIRV-Geschosse, der kerzengerade aufsteigt, aber nicht mehr herunterkommt... was äußerst unwahrscheinlich, aber in unserer Welt keineswegs unmöglich ist.«

»Mir scheint«, sagte Saizew, »daß gerade die Tatsache, daß eine Formel keinen Sinn ergibt, ein Zeugnis für Lewinters Echtheit darstellt. Schließlich würden die Amerikaner doch nicht so dummm sein, uns einen Strohmann mit fünfzehn richtigen und einer unbrauchbaren Formel zu schicken.«

»Und ich habe dich für einen raffinierten Menschen gehalten«, meinte Pogodin lachend. Die Spionage war sein Spiel, und er spielte es gut. »Wenn man die andere Seite mit einem Scheinüberläufer hineinlegen will, was könnte man Besseres tun, als einen wirklich unsinnigen Fehler in das Material einzubauen. Nein, im Grunde beweist uns die Tatsache, daß eine der sechzehn Formeln nicht stimmt, überhaupt nichts.«

»Wie geht es nun weiter?« fragte Saizew. »Das Spiel wird spannend.«

»Wenn ich das bloß wüßte.« Pogodins überzeugend zur Schau getragenes Selbstvertrauen schien sich plötzlich zu verflüchtigen. Er stürzte auf das Fenster zu, durch das die Äste der Platane hereinragten, und schob sie ungeduldig hinaus, wobei er das Spinnennetz zerstörte. »Das Zeug hat mich den ganzen Abend geärgert«, sagte er.

Das Gespräch hatte so abrupt einen anderen Ton und ein anderes Tempo angenommen, daß sich Saizew auf seinem Stuhl herumdrehte und seinen Freund erstaunt anblickte. Er erinnerte sich, daß Pogodin schon einmal wie ein gefangener Löwe im Zimmer auf und ab gelaufen war; in jener Nacht nämlich, als seine Frau im Kindbett starb und Pogodin unfähig gewesen war, Herr der Lage zu sein oder etwas zu tun, ja nicht einmal imstande war, wirklich zu begreifen, was geschah. Damals war Pogodin beinahe seelisch zerbrochen. Nun hatte ihn eine ähnliche Stimmung erfaßt.

»Was ist los, Jewgenij Michailowitsch?« fragte Saizew. Nun war nicht die geringste Spur von Scherz, Ironie oder Alkohol in seiner Stimme.

»Tatsache ist, daß ich schlicht und einfach nicht weiß, was ich tun soll. Du weißt ebenso gut wie ich, wie sich solche Dinge entwickeln, Saizew. Ein Fehler genügt, bloß ein Fehler, und die Arbeit all dieser Jahre wird vergebens gewesen sein. Wenn ich hier etwas falsch mache... ich habe wirklich Angst. Mein Ehrgeiz erfüllt mich mit Angst. Aber die Gefahr, meinen Ehrgeiz nicht befriedigen zu können, ängstigt mich noch mehr. Früher war ich immer so sicher... aber wer kann sagen, wie man's richtig macht? Wer ist dieser Lewinter? Ich meine, wer ist er wirklich? Was sollen wir mit den Informationen anfangen, die wir von ihm erhalten haben? Mein Gott, manchmal wünsche ich mir inständig, ich hätte ihn niemals zu Gesicht gekriegt. Ich bin noch nie in politische Dinge verwickelt gewesen... ich kenne einfach die Spielregeln nicht.«

Saizew fiel nichts anderes ein als: »Vielleicht wächst Gras über die ganze Sache.« Also sagte er es.

»Nein, die Sache wird nicht einfach untergehen. Da bahnt sich ein wilder Kampf an. Sämtliche Bürokraten in Moskau sind wegen dieser Sache aus dem Häuschen. Die Armee, die Marine, die Raketenleute, die Leute vom Neuen Wirtschaftsplan, vermutlich auch deine schwitzenden Metallurgiker. Wenn wir Lewinters Informationen akzeptieren und entsprechend handeln, werden wir ein von Grund auf neues Raketenabwehrsystem aufbauen müssen. Und das wird für die Programme aller anderen Gruppen einschneidende Folgen haben. Aber falls wir das Geheimnis der amerikanischen MIRV-Raketen haben, dann wären wir Dummköpfe, wenn wir die Informationen nicht nützten.«

»Du weißt, ich bin bloß ein Laie, Jewgenij, aber mir scheint, daß Leute deiner Branche stets den gleichen Fehler machen. Sie nehmen einfach an, die beste Vorgangsweise sei es, erhaltene Informationen auszunützen. Warum beschafft man sie sich schließlich? Dies aber muß nicht unbedingt die vernünftigste Vorgangsweise sein. Ich kann mir Fälle vorstellen, in denen es am besten ist, die Information entgegenzunehmen – und dann zu vergessen.«

»Genau diesen Standpunkt hat Awksentiew eingenommen.«

»Sage bloß nicht, Awksentiew ist auch in die Sache verwickelt.«

»Genau das. Genosse Minister Awksentiew befürchtet, daß seine geliebten Wirtschaftsreformen, die an sich schon recht langsam vor sich gehen, durch ein derartiges militärisches Sofortprogramm zunichte gemacht werden könnten. Es ist nämlich Awksentiew, der im Politbüro die Attacke gegen Lewinter anführt. Im übrigen muß ich ihn morgen früh aufsuchen.« Pogodin zögerte, dann fügte er hinzu: »Ich steck' ganz schön in der Patsche.«

»Mach dir nicht allzuviel draus«, gab Saizew zurück. »Du befindest dich in einer Umgebung, wo das zu den Lebensbedingungen des Menschen gehört.«

14

Vierspurige Autobahnen sind ein verhältnismäßig neues Phänomen in der Sowjetunion. Als solche verfügen sie meist über alle modernen Einrichtungen – zum Beispiel Verkehrszeichen. Jede Bodenerhebung, Kurve oder Kreuzung wird etwa sechshundert Meter vorher angezeigt, um darauf aufmerksam zu machen, daß eine Bodenerhebung, Kurve oder Kreuzung unmittelbar folgt. Ein zweites Schild markiert dann die betreffende Stelle. Jedoch an der Stelle, wo die einspurige, gut gepflasterte Straße in die Autobahn Moskau–Smolensk einmündete, gab es keinerlei Hinweis – für jeden, der hier abbog, war das ein deutlicher Wink, daß er sehr wohl wissen müsse, wohin er da fuhr, andernfalls er dort nichts verloren habe.

Kurz vor zehn Uhr morgens bog eine schwarze Zil-Limousine mit eingedrückter Stoßstange und rostigen Chrombeschlägen in diese Seitenstraße ein. »Dort vorne werden sie die Identitätskarten prüfen, Genosse«, meldete der Fahrer dem Fahrgast im Fond. Pogodin nahm seinen Ausweis aus der Brieftasche und blickte auf das Foto. Es zeigte ihn in der Uniform eines Oberstleutnants des KGB. Er versuchte in den Augen zu lesen, was er gedacht hatte, als die

Aufnahme gemacht wurde, aber er sah nichts als die ausdruckslose Miene, die für alle Fotografien auf Ausweisen charakteristisch ist.

Pogodin fingerte an seiner Identitätskarte herum und starrte aus dem Fenster. Er bedauerte nun, daß er die Nacht in Saizews Datscha verbracht hatte. Die Party und die Nachlese waren kaum geeignet gewesen, ihn auf die Begegnung mit Awksentiew vorzubereiten; ein guter Schlaf wäre vernünftiger gewesen. Pogodin war einfach müde, daran war kein Zweifel. Er hatte unter enormem Druck gestanden, seit er vor neunzehn Tagen mit einem, wie er meinte, großen Fang in die Sowjetunion zurückgekehrt war – dem vielleicht größten Fang, den der Geheimdienst seit Kriegsende gemacht hatte. Irgendwann im Verlauf der Ereignisse hatte sich Pogodins Karriere untrennbar mit dem Schicksal Lewinters verbunden. Pogodin hatte Lewinter entdeckt – wenn auch durch puren Zufall – und ihn in die Sowjetunion gebracht, also war er für ihn verantwortlich.

Diese Verantwortung hatte während der Verhöre in Obninsk schwer auf Pogodin gelastet. Er war bei den nächtlichen Konferenzen anwesend gewesen und hatte aufmerksam zugehört, als die Experten Lewinters Geschichte genauestens analysierten. Alles war glatt verlaufen, bis die Anfragen aus Moskau gekommen waren. Da war Lewinter auf einmal nicht mehr bloß eine stolze Trophäe der Geheimdienstler, sondern zu einem politischen Faktor geworden. Dies war der Zeitpunkt, an dem Awksentiew auf der Bildfläche erschienen war.

Und Awksentiew war jemand, mit dem man rechnen mußte. Pogodin kannte Awksentiew, zumindest hatte er ihn gekannt. Awksentiew war einige Jahre zuvor sein Abteilungschef in Prag gewesen. Seit damals waren ihm größere und wichtigere Aufgaben zugeteilt worden, wie alle es vorausgesehen hatten. Pogodin fragte sich, ob Awksentiew seit Prag ein anderer geworden war. Damals war er ein Mann gewesen, der präzis plante, gründliche Arbeit leistete und an Probleme so heranging, daß er sich stets nur auf eine Sache konzentrierte. Vor allem bei der Behandlung besonders heikler Fragen war er hervorragend; er sprach gerne in Metaphern, trat nie jemandem auf die Zehen und setzte sich im allgemeinen immer durch. Pogodin würde auf die Metaphern achten müssen.

Sie bogen in eine Seitenstraße, und nach der ersten Kurve, von der

Autobahn gut abgeschirmt, hielt der Zil vor einer Bahnschranke. Eine alte Frau saß auf einem Stuhl vor einer kleinen Hütte. Ein gerahmtes Leninfoto hing über der Tür. Die Frau mußte alle jene zur Umkehr zwingen, die die Straße zufällig oder aus Neugierde befahren hatten. Aber das war noch nie vorgekommen.

Der erste von zwei militärischen Kontrollposten kam etwa dreihundert Meter danach. Sechs Kilometer weiter, am Rande einer flachen, fruchtbaren Ebene, die sich bis zum Horizont erstreckte, stand Awksentiews Gutshaus. Das Hauptgebäude, ein grauer, quadratischer Steinbau, war im siebzehnten Jahrhundert von einem russischen Grafen errichtet worden, der sich für einen Förderer des Theaters gehalten hatte. In der Mitte der großen Halle befand sich ein kleines Podium, auf dem die Leibeigenen des Grafen Stücke aufgeführt hatten – der Graf, der sich für ein Genie hielt, hatte einige selber geschrieben. Der Stall, ein langgestrecktes, niedriges Gebäude, das hinter einer kleinen Anhöhe lag, war in eine Unterkunft für die ständig auf dem Gut stationierte Militäreinheit umgebaut worden. Direkt hinter dem Hauptgebäude stand die Ruine einer kleinen Kapelle; an einigen Mauern waren noch Reste von Fresken zu sehen. Die Kapelle war nach der bolschewistischen Revolution von ortsansässigen Bauern im Überschwang des antireligiösen Eifers in die Luft gesprengt worden.

Um die Mitte des neunzehnten Jahrhunderts war dem Gut ein Ziergarten beigefügt worden, von einem Nachfahren des Grafen, der einmal ein Gemälde von Versailles gesehen hatte. Genau in der Mitte des Gartens erhob sich das über einen Meter dicke Stahlbetondach eines Luftschutzbunkers, ein Überrest aus dem Großen Vaterländischen Krieg, wie ihn die Russen nannten. Dieser Bunker hatte seine Geschichte.

Im Jahre 1941, während ihres Vormarsches auf Moskau, hatten die Deutschen das Gut als Divisionshauptquartier benützt. Am Höhepunkt der Offensive hatte der deutsche Generalstab sämtlichen Divisionskommandeuren befohlen, massive Bunker zu errichten, für den Fall, daß sich Hitler zu einem Besuch der Front entschließen sollte. Was er allerdings nie tat. Später, während des Kalten Krieges, wurde der Bunker mit einer modernen Klimaanlage und Fernmeldeeinrichtungen ausgestattet, für den Fall, daß Stalin sich zu einem

Besuch des Gutes entschließen sollte. Auch dieser Besuch fand niemals statt. Awksentiew hatte den Bunker erst kürzlich in einen Wein- und Kartoffelkeller umgewandelt.

Pogodins Wagen fuhr an dem Bunker vorbei und hielt auf der mit Kies bestreuten Auffahrt vor dem Eingang. Ein sehr alter Mann, den Pogodin für einen Diener hielt, stand auf der Treppe. Der Mann war sehr groß und hager. Er trug weite Hosen und ein grobes, kragenloses Bauernhemd, das bis zum Hals zugeknöpft war. Die Gläser seiner Brille waren dick wie Vergrößerungsgläser. Mit leicht schlurfendem Gang, das Rückgrat wie ein Bogen gekrümmt, führte ihn der alte Mann ins Haus. Er hielt den Blick zu Boden gesenkt und folgte – so schien es Pogodin – einem unsichtbaren Pfad auf den Fliesen.

Der Weg führte durch den Proszeniumssaal, der mit goldgerahmten Ölgemälden und Marmorstatuen geschmückt war. In dem Saal standen sechs gewaltige Säulen, die wie rötlichbrauner Porphyr wirkten, aber in Wirklichkeit aus Balsaholz gefertigt waren, damit man sie für verschiedene Theaterstücke verwenden und leicht verschieben konnte. In einer entlegenen Ecke, bei einer großen Holzvorrichtung, die zur Erzeugung von Wind- und Donnergeräuschen im gräflichen Theater gedient hatte, saßen zwei kleine Mädchen im Türkensitz auf dem Boden und spielten Domino. Beide sahen zu Pogodin auf, lächelten und wandten sich wieder ihrem Spiel zu. Der alte Mann öffnete eine niedrige Tür – sie war so niedrig, daß sich Pogodin ducken mußte – und bedeutete Pogodin einzutreten. Die Tür schloß sich hinter Pogodin, und er fand sich allein am oberen Ende einer eisernen Wendeltreppe, die in das Dunkel hinabführte. Die Luft war von einem leichten Schwefelgeruch erfüllt. Auf der untersten Stufe hielt Pogodin inne, wie man das beim Betreten eines Kinos tut, um die Augen an die Dunkelheit zu gewöhnen. Die einzige Lichtquelle waren ein halbes Dutzend ganz schmale Fenster hoch oben an den Wänden. Allmählich nahmen die Schwarz- und Grautöne Konturen an, und Pogodin begann die Umgebung wahrzunehmen. Der Raum befand sich direkt unterhalb der großen Halle und war ungefähr gleich groß. Am anderen Ende sah er Streifen gelben Lichts; es sickerte unter einem Vorhang, der in einen Nebenraum führte, hervor. Allerlei Versatzstücke – Bäume, ein Ruderboot mit Sätteln, ein großer geflochtener Korb voll Ritterrüstungen, ein

Brunnen – waren an der Wand unterhalb der schmalen Fenster aufgereiht. Von der Decke hingen an verschieden langen Schnüren Dutzende von kleinen Gebilden aus Papier, Stroh und bunter Wolle. Manche sahen aus wie fliegende Vögel, manche wie Häuser oder Burgen, manche wie Blumen, andere wiederum erinnerten Pogodin an nichts, was er je gesehen hatte.

»Man nennt das *Padschaki*, die polnischen Bauern schmücken damit ihre Heime. Haben Sie schon den Boden gesehen?« Die Stimme, die ein präzises, fast klassisches Russisch sprach, ertönte aus dem Raum hinter dem Vorhang. Es war unverwechselbar die Stimme Awksentiews.

»Es ist zu dunkel, um etwas auszumachen, Genosse Minister.«

»Ach so, natürlich. Dann versuchen Sie einmal, mit den Schuhen über den Boden zu fahren.«

Pogodin schob seinen rechten Fuß vor und zurück, er hörte und spürte Sand unter seinem Schuh. Er hockte sich nieder und sah genauer hin; der Boden war mit einer Sandzeichnung bedeckt, einem sorgfältig ausgeführten Muster von Kreisen, Quadraten und Dreiecken, die sich von der Mitte des Raumes spiralenförmig, gleichsam wie Wellen auf einem Teich, ausbreiteten.

Wieder ertönte die Stimme Awksentiews: »Es ist wirklich etwas Einmaliges, sagt man mir. Es gibt heute wohl nicht einmal ein Dutzend Menschen, die so etwas noch machen können. Kommen Sie, kommen Sie herein zu mir, Jewgenij Michailowitsch.«

Als Pogodin sich nicht vom Fleck rührte, fügte Awksentiew hinzu: »Machen Sie sich keine Sorgen wegen des Bodens. Kommen Sie nur. Der erste Schritt ist der schwerste.« Awksentiew lachte gutmütig über die psychische Hemmung, die noch alle seine Besucher gehindert hatte weiterzugehen.

»Es ist, als ginge man auf einem großen Gemälde, Genosse Minister«, sagte Pogodin, und dann ging er auf Zehenspitzen quer durch den Raum auf die Lichtstreifen zu, wobei er sich krampfhaft bemühte, das Muster nicht zu zerstören und die Fersen über dem Boden zu halten.

Das grelle Licht einer nackten Glühbirne blendete Pogodin, als er den Vorhang zur Seite schob. Der Schwefelgeruch war jetzt überwältigend. Pogodin stand unsicher blinzelnd in dem Raum und wartete darauf, daß sich seine Augen an die Beleuchtung gewöhnten.

»Sie haben sich überhaupt nicht verändert, Jewgenij, nicht ein bißchen«, sagte Awksentiew. »Sie sehen immer noch so amerikanisch aus, daß es mich nervös macht, mit Ihnen zu sprechen. Ich habe Sie nicht gesehen, seit... wo war das doch?«

»In der Tschechoslowakei.«

»Ganz recht, daran hätte ich mich erinnern sollen. In der Tschechoslowakei.«

Nun konnte Pogodin Awksentiew wahrnehmen. Er saß splitternackt auf einer Holzbank und war vom Kopf bis zu den Zehenspitzen mit einer dünnen Schicht eingetrockneten Schlamms bedeckt.

»Wollen Sie sich mir anschließen, Jewgenij? Ich lasse mir das eigens vom Schwarzen Meer herfliegen. Der Schlamm ist besonders reich an Schwefel. Ausgezeichnet gegen Arthritis. Aber vermutlich haben Sie keine Arthritis, nicht wahr? Machen Sie trotzdem mit. Wahrscheinlich sind noch andere Ingredienzien drin, die Ihnen guttun werden.«

»Besten Dank, Genosse Minister, aber ich habe immer geglaubt, daß man Schlamm abwäscht, statt sich drin zu wälzen.«

»Sie hatten immer schon eine konservative Denkweise. Nun, Jewgenij, es ist schön, Sie nach all den Jahren wiederzusehen. Sie sehen gut aus, vielleicht etwas müde, aber gut. Setzen Sie sich, nehmen Sie einen Drink. Ich wasche bloß den Schlamm ab, und dann werden wir uns unterhalten.« Awksentiew begab sich in eine ausgekachelte Ecke und drehte einen Hahn der Brause voll auf. Im eingetrockneten Schlamm bildeten sich kleine Rinnsale, die in den Abfluß liefen.

Boris Awksentiew war einer der aufsteigenden Sterne in der sowjetischen kommunistischen Parteihierarchie. Im Alter von einundfünfzig Jahren war er bereits kandidierendes Mitglied des Politbüros, stellvertretender Minister für die allgemeine Durchführung von Wirtschaftsreformen und Sekretär des supergeheimen Komitees, das die staatlichen Sicherheitsorgane im Ausland überwachte. Als Angehöriger des Komsomols war er Ringerchampion gewesen. Gelegentlich war sogar die Rede davon gewesen, ihn zur Olympiade zu entsenden, aber man hatte den Gedanken wieder fallengelassen, als Awksentiew Interesse an einer Arbeit beim Geheimdienst zeigte – wo er dann eine Zeitlang tatsächlich tätig war. Die Leute, die sich mit solchen Dingen beschäftigten, wollten nicht, daß er allzufrüh auffalle. Während Awksentiew duschte, konnte Pogodin den ehemaligen Ringer an ihm sehen: feste Schultern, die sich zu einer schmalen Taille und muskulösen Hüften verjüngten. Wenn Awksentiews Körper einen Fehler aufwies, dann waren es seine Beine, die im Vergleich zu seinem Leib zu kurz waren. Menschen, die Awksentiew sitzen sahen, hatten stets den Eindruck, daß er größer sein mußte, als er tatsächlich war.

Awksentiew wickelte sich in ein weißes Frottiertuch, wischte sich den Körper trocken und nahm Pogodin gegenüber Platz. »Wie gefällt Ihnen das Haus? Es ist wirklich eine Rarität, ich meine das Theater. Haben Sie den hölzernen Apparat oben gesehen? Wenn man an der Kurbel dreht, produziert er Sturmgeräusche.«

»Ich habe mich schon gefragt, was das sein könnte«, sagte Pogodin. Es war ihm klar, daß zunächst belanglos geplaudert werden sollte, um das Eis zu brechen.

»In diesem Geschoß befindet sich die Requisitenkammer, einige der Originalkulissen sind noch erhalten. Dort hinten ist eine Falltür zur Bühne. Es ist wirklich reizvoll – ein echtes Stück russischer Geschichte.«

»Ich dachte, Sie wohnten in Moskau – ich war überrascht, als der Wagen aus der Stadt hinausfuhr«, sagte Pogodin. Er drehte seinen Stuhl so herum, daß er Awksentiew anblicken konnte. Die Stuhlbeine quietschten auf dem Boden, daß es ihm kalt über den Rücken lief.

»Ich habe eine Wohnung in Moskau, aber wenn ich mich freimachen kann, komme ich lieber hierher. Ich bin sehr ›kommun‹, doch weiß ich nicht recht, womit und mit wem.« Pogodin lächelte höflich, aber nervös.

»Wer zeichnet eigentlich das Sandmuster? Es ist wirklich ein Meisterwerk.«

»Ach, das ist eine lange Geschichte. Aber ich werde sie Ihnen erzählen. Ist Ihnen der alte Mann aufgefallen, der Sie an der Tür empfing? Er macht das. Er macht auch die *Padschaki.* Er lernte diese Kunst in Polen; er ist mütterlicherseits ein polnischer Bauer, und er wuchs in Polen auf, bis seine Familie 1907 nach Odessa übersiedelte. Er war damals siebzehn, glaube ich.«

Awksentiew schenkte sich geistesabwesend ein Glas Mineralwasser ein. »Früh am Morgen, noch lange bevor sonst jemand aufsteht, fegt der alte Mann den Sand vom Boden in einen Eimer. Dann rollt er ein Zeitungsblatt zu einer Tüte zusammen, reißt die Spitze ab und füllt die Tüte mit Sand. Dann beginnt er, tief vorgebeugt, ein neues Muster zu zeichnen. Er beginnt seine Arbeit stets in der Mitte und führt sie in immer größer werdenden Kreisen weiter, bis er schließlich am Fuß der Wendeltreppe landet. Jeden Tag, dreihundertfünfundsechzig Tage im Jahr, ist ein anderes Muster auf dem Boden; niemals macht er zweimal dasselbe. Er wird dabei langsam blind, aber er macht immer weiter.«

»Vielleicht führt ihn das in seine Jugendzeit zurück«, vermutete Pogodin. Aber Awksentiew fuhr fort, als habe er nichts gesagt: »Es wird Sie vielleicht überraschen zu erfahren, daß der alte Mann mein Vater ist. Ah, ich sehe, Sie sind überrascht. Er hat eine interessante Lebensgeschichte, mein Vater. Er wuchs in Odessa auf. Einer seiner Jugendfreunde war ein Seminarist namens Josef Wissarionowitsch Dschugaschwili, den wir natürlich als Stalin kennen. Als Stalin in die Kommunistische Partei eintrat, schloß sich ihm mein Vater an. Lange vor der Revolution raubten sie gemeinsam Banken in Odessa aus. Während des Bürgerkrieges blieb Stalin in Moskau, aber mein Vater übernahm eine Arbeit, die kein anderer tun wollte: die Hinrichtung von Deserteuren. Er reiste von einer Front zur anderen, hielt seine Pistole gegen die Köpfe zitternder Männer und drückte auf den Abzug. Er hatte irgendwo gelesen, daß zum Tode Verurteilte einen Wunsch frei hätten, daher trug er stets zwei Pistolen bei sich – einen großen Revolver mit glattem Lauf und eine kleinkalibrige Pistole – und ließ die Delinquenten wählen, welche er verwenden sollte. Als Stalin in den späten zwanziger Jahren seine Macht festigte, beschloß er, seinen alten Kameraden zu belohnen. Eines schönen Tages rief er meinen Vater an und schenkte ihm dieses Landgut. In den dreißiger Jahren, während der Säuberungen, opferte Stalin alle seine Gefährten, alle seine Freunde aus Bankräuberzeiten, die Parteileute aus Odessa, alle – alle, nur meinen Vater nicht. Mein Vater pflegte auf dieser Bühne zu sitzen, die Beine herabbaumeln zu lassen und darauf zu warten, daß man ihn holen käme. Ich erinnere mich noch, daß er mich jeden Abend umarmte und ›Leb wohl‹ anstatt ›Gute Nacht‹ sagte. Nach einiger Zeit begann er sich an Dinge aus seiner Jugend zu klammern, an Dinge, die ihn an die Jahre in Polen erinnerten, als er nicht unter der ständigen Drohung eines sinnlosen Todes leben mußte. Damals begann er die *Padschakis* und die Sandmuster zu machen. Er spricht heute kaum noch. Er ist nicht wirklich verrückt, er lebt bloß in einer anderen, einfacheren Welt.«

Pogodin hörte schweigend zu, hin- und hergerissen zwischen Verlegenheit und Neugierde. Schließlich siegte die Neugierde.

»Haben Sie jemals erfahren, warum Ihr Vater verschont wurde?«

»Nein. Vor einigen Jahren stellte ich diskrete Nachforschungen an, aber niemand wußte etwas. Vielleicht wurde sein Name einfach übersehen. Vielleicht erinnerte sich Stalin an eine Gefälligkeit, die ihm mein Vater erwiesen hatte, und verschonte ihn deshalb. Vielleicht fuhren sie los, um ihn zu verhaften, und konnten die Straße nicht finden. Wer kann das wissen?«

Pogodin hatte schon viele Geschichten aus der Zeit des stalinistischen Terrors gehört, eine von seinem eigenen Vater, der vom Dienst im Ausland zurückberufen wurde, um, wie er meinte, ins Gefängnis geworfen oder hingerichtet zu werden, und dann feststellen mußte, daß man ihn befördert hatte. Aber die Geschichte von Awksentiews Vater war besonders erschütternd. »Es hat etwas Trauriges an sich, Kunstwerke aus Sand zu schaffen. Es ist so, nun ja, vergänglich. Es wird niemanden mehr geben, der diese Tradition fortführt, wenn Ihr Vater einmal nicht mehr ist.«

»O doch, es wird jemanden geben«, sagte Awksentiew. »Ich habe diese Kunst übernommen. Das Aufstreuen von Sand ist eigentlich nicht so schwierig, es ist so wie Zuckerguß auf eine Torte tun. Das Schwierige ist vielmehr die Erfindung eigener Muster und die Beibehaltung der konzentrischen Symmetrie. Ich kann bereits ein ziemlich einfaches Muster aus ineinandergeschlungenen Kreisen machen, und nun versuche ich kompliziertere zu entwickeln.«

»Wirklich faszinierend«, sagte Pogodin. »Ich beneide Sie darum, wie sehr Sie sich der Tradition verpflichtet fühlen.«

»Ich fühle mich, Jewgenij Michailowitsch, dem Status quo verpflichtet, wie dieser Status quo auch aussehen mag.« Awksentiew sprach die Worte kühl und nüchtern, wie ein Instruktor, der schließlich beim Lehrsatz angelangt ist. Und Pogodin begriff nun, daß die Geschichte mit dem Sandmuster keineswegs belangloses Geplauder, sondern eine Metapher gewesen war.

»Ich muß mich bei Ihnen entschuldigen, Genosse Minister«, sagte Pogodin. »Ich habe nicht bemerkt, daß wir in ein ernsthaftes Gespräch vertieft waren.«

»Wenn Sie noch auf Draht sind wie früher, Jewgenij, dann werden Sie die Pointe nicht übersehen haben.«

»Das heißt also, die Antwort ist nein.«

»Genau. Obwohl uns eigentlich jeder für dumm halten wird, wenn wir aufgrund der Informationen, die uns der amerikanische Überläufer geliefert hat, nicht entsprechend handeln. Sie müssen jedoch begreifen, daß wir, ich und meine Kollegen, dem Status quo verpflichtet sind – sei es aus Instinkt, aus Gewohnheit oder aus Neigung. An sich spielt es keine Rolle, um welchen Status quo es sich handelt. Unser Land hat Jahrzehnte des Aufruhrs und des Terrors hinter sich. Nun befinden wir uns endlich in einer Periode des Friedens, der Stabilität und der Konsolidierung. Wenn wir den Schwerpunkt verlagern, wie wir das jetzt durch wirtschaftliche Reformen in einigen Industriebetrieben tun, dann gehen wir langsam, vorsichtig und zögernd vor – und auch das erst nach langen und gründlichen Untersuchungen. Wenn wir die Informationen des Überläufers für bare Münze nehmen, dann müssen wir den Schwerpunkt sehr schnell verlagern. Das würde so viel in Bewegung setzen – Geld, Fragen der Priorität und des Prestiges, neue Einflußnahmen innerhalb der Regierung und, was noch wichtiger ist, innerhalb der Partei. Sie verstehen doch sicher, daß dies keine leichte Sache wäre.«

Jetzt hatte Pogodin begriffen, warum er zu einer privaten Unterredung mit Awksentiew beordert worden war. Man ließ ihn wissen, daß er die Finger von der Sache lassen solle. Awksentiew und jene Mitglieder der herrschenden Kreise, für die er sprach, fühlten sich wohler, wenn sie nichts unternahmen.

»Jewgenij, Sie haben sich als einfallsreicher und taktvoller Geheimdienstoffizier bewährt. Nun scheint es aber, daß Sie Ihre Unparteilichkeit gefährdet haben. Sie haben Partei ergriffen – und sich damit auf einen gefährlichen Boden begeben. Sie haben eine große Zukunft vor sich. Haben Sie bloß Geduld mit uns. Manche von uns trauen diesem amerikanischen Überläufer wirklich nicht. Unsere Befürchtungen hinsichtlich einer Aufgabe des Status quo werden verstärkt durch unsere instinktiven Zweifel hinsichtlich eines Mannes, der ungeladen von der Straße hereinspaziert kommt und uns eines der bestgehüteten Geheimnisse Amerikas anbietet. Wir neigen dazu, ihm zu mißtrauen. Wir warten jetzt ab. Vielleicht werden uns die Amerikaner in irgendeine Richtung treiben. Wissen Sie, wer bei den Amerikanern die Sache in der Hand hat?«

»Ich bin über diesen Aspekt der Operation nicht informiert worden, Genosse Minister.«

»Ein alter Bekannter von uns, nämlich jener, der die Cernú-Operation in der Tschechoslowakei durchführte, als wir dort waren – Leo Diamond. Merkwürdig, nicht wahr?«

»Glauben Sie aus diesem Grund, daß es sich bei Lewinter um eine geplante Operation handelt?«

»Zum Teil. Diamond ist ein geschickter Taktiker, es sieht ihm ähnlich, daß er sich so etwas ausdenkt.«

»Also schreiben wir Lewinter ab. Das ist Ihre Folgerung.«

»Nein, nicht ganz. Wir wollen noch ein wenig Propaganda mit ihm machen. Immerhin haben wir da einen Mann in der Hand, der aus Amerika geflohen ist, weil er das Leben dort nicht mehr erträgt. Zumindest müssen wir ihn zu diesem Thema öffentlich sprechen lassen. Was das andere betrifft, so werden wir abwarten.«

15

»Aber bitte, wenn das zu große Umstände machen sollte...«, sagte Lewinter und ließ den Rest des Satzes unausgesprochen in der Luft hängen. Es war ein peinlicher Augenblick. Die matronenhafte Kellnerin, die sich über Lewinter beugte wie ein Vogel, der im Begriff ist, auf einen Wurm herabzustoßen, wartete, daß ihr jemand sagen würde, was sie tun solle. Boris Miliutin, der Abteilungsleiter aus dem Propagandaministerium, der zur Abwicklung der Pressekonferenz zugezogen worden war, stockte der Atem, während er Messer und Gabel unbewegt über der 250-Gramm-Portion Beefsteak auf dem Teller hielt.

»Ich verstehe nicht«, sagte Awksentiew, als Pogodin übersetzte. »Wenn was zu große Umstände machen sollte?«

»Es geht um das Fleisch, Genosse Minister«, erläuterte Pogodin schnell. »Ich glaube, es ist ihm zu blutig. Er möchte, daß man es nochmals aufs Feuer tut.«

Awksentiew schnippte mit den Fingern, zeigte auf Lewinters Teller und sagte einige Worte auf russisch. Die Kellnerin beugte sich über Lewinters Schulter und nahm den Teller schnell weg. Miliutin, ein hagerer, phlegmatischer Funktionär mit Hakennase, auf der die heruntergerutschte Brille saß, schob Messer und Gabel unter den Tellerrand und zündete sich eine Zigarette an. Er hielt sie zwischen Daumen und Zeigefinger, mit dem brennenden Ende nach oben, und mußte daher das Handgelenk ganz herumdrehen, um solcherart rauchen zu können.

»Sie wollten uns Ihre Eindrücke von Moskau schildern?« sagte Awksentiew.

Aus Höflichkeit ließen Awksentiew, Pogodin und Miliutin das vor ihnen stehende Essen unberührt. Lewinter kam es nicht in den Sinn, sie zum Essen aufzufordern.

»Nun, Mr. Aw-sen-tew, ich hoffe, ich trete niemandem auf die Zehen, wenn ich sage, daß mein erster Eindruck von Moskau der einer besonders trostlosen Stadt ist.«

»Was bedeutet ›auf die Zehen treten‹?« fragte Awksentiew, als Pogodin Wort für Wort übersetzte.

Miliutin, der niemals außerhalb der Sowjetunion gewesen war, aber Schulenglisch sprach, erläuterte: »Entschuldigen Sie, Genosse Minister, es handelt sich um eine Redensart im Sinne von ›verärgern‹. Ich trete jemandem auf die Zehen, damit verärgere ich ihn, das ist der Gedankengang.«

Angesichts dieser Konkurrenz verengten sich Pogodins hellbraune Augen, er fuhr mit den Fingern durch sein welliges Haar. »Er verwendet den Ausdruck im Sinne von ›beleidigen‹. Verärgern ist auch richtig, aber beleidigen ist präziser.«

»Ich kann Übersetzungen nie verstehen«, sagte Lewinter. »Jedesmal, wenn ich etwas sage, gibt es eine Debatte. He, übersetzen Sie das nicht, ich beklage mich ja nicht, es ist bloß interessant.«

»Was sagt er?« fragte Awksentiew.

»Er sagt, jedesmal, wenn er ein Wort sagt, haben wir eine Debatte«, sagte Pogodin.

»Dann soll er Russisch lernen«, fauchte Awksentiew. Er hatte Hunger, und das Essen vor ihm wurde kalt.

»Was hat er gesagt?« fragte Lewinter.

»Genosse Minister Awksentiew fragt, wie es mit Ihrem Russisch stünde«, sagte Pogodin. »Wir müssen bald einen Lehrer für Sie auftreiben.«

»Ja, unbedingt. Ich würde es gern versuchen. Wenn ich hier leben soll, muß ich es wohl. Wenn man in Rom...«

»Aha, mir scheint, er vergleicht Moskau mit Rom«, sagte Awksentiew, der ein einziges Wort verstanden hatte. »Sagen Sie ihm, ich war auch schon in Rom, sogar zweimal, und es hat mir auch gefallen.«

Pogodin hatte Schwierigkeiten, die zwei verschiedenen Konversationen in Einklang zu bringen. Er wollte es eben auf eine neue Weise versuchen, als die Kellnerin mit Lewinters Teller zurückkehrte. Lewinter schnitt das Fleisch zur Probe durch und gab bekannt, daß es nun in Ordnung war. Plötzlich bemerkte er, daß die drei anderen Männer auf ihn gewartet hatten. Er errötete, war verwirrt und peinlich berührt. »Bitte, Jewgenij, warten Sie nicht auf mich, essen Sie doch.«

Eine Weile aßen die vier Männer schweigend. Lewinter arrangierte sorgfältig jeden Bissen, so daß er Fleisch, grüne Bohnen und Pommes frites zu gleichen Teilen auf der Gabel hatte, während die drei anderen im erkalteten, glitschigen Essen mehr oder weniger herumstocherten oder am bulgarischen Wein nippten.

»Fragen Sie ihn, Jewgenij, ob er sich schon überlegt hat, wo er sich niederlassen möchte und was er gerne tun würde.«

»Ich bin froh, daß er dieses Thema anschneidet«, sagte Lewinter. Er hatte sich schon gefragt, wann es jemand erwähnen würde. »Ich bin auf den Lenin-Bergen, wo ich jetzt wohne, ganz zufrieden. Selbstverständlich benötige ich kein ganzes Haus, eine Wohnung mit vier oder fünf Zimmern würde mir völlig reichen. Was die Arbeit betrifft, so würde ich sehr gerne etwas auf dem Gebiet der Umweltverschmutzung tun oder, genauer gesagt, mich mit dem Problem der Festmüllverwertung beschäftigen. Ich glaube, ich kann auf diesem Gebiet einige bedeutsame Beiträge leisten.«

Awksentiew hörte sich das an. »Nun, Jewgenij, wessen Haus sollen wir ihm geben? Das von Podgorny oder das von Kossygin? Die Lenin-Berge! Ich würde auch gern dort oben wohnen. Er muß noch eine Menge lernen, unser amerikanischer Freund. Erklären Sie ihm, bitte, daß die Lenin-Berge für führende Regierungsmitglieder und wichtige Gäste wie ihn reserviert sind. Sagen Sie ihm, wir werden ihm irgendwo in der Stadt eine nette Wohnung samt Auto und ein angemessenes Gehalt zur Verfügung stellen. Das übliche Arrangement. Und was Arbeit anbelangt, so werden wir sehen, wo er am besten zur Entwicklung unserer sozialistischen Gesellschaft beitragen kann, ja?«

Es herrschte Schweigen, als die Kellnerin Pudding und Kaffee brachte. »Könnten Sie mal wegen der Heufiebertabletten fragen, Jewgenij?«

»Was sagt er jetzt?«

»Genosse Minister, Mr. Lewinter leidet an schwerem Heufieber. Er brachte irgendwelche amerikanischen Pillen mit, aber wir haben sie ihm natürlich abgenommen, um sie zu analysieren. Nun scheinen sie verschwunden zu sein.«

»Ja, sicher, äußerst interessant. Vielleicht sollte Miliutin nun beginnen, unseren amerikanischen Freund auf die Pressekonferenz vorzubereiten. Es ist ziemlich wichtig, daß sie gut verläuft.«

»Was sagt er wegen der Tabletten?« fragte Lewinter. »Es ist mir unangenehm, ihn damit zu belästigen...«

»Mr. Lewinter«, sagte Miliutin auf englisch, »wenn ich Ihre Aufmerksamkeit für kurze Zeit in Anspruch nehmen dürfte.« Er zündete eine neue Zigarette am Stummel der alten an und öffnete ein kleines Notizbuch auf dem Tisch. »Sie werden hier im Kreml den Vertretern der Presse, auch einigen Vertretern der kapitalistischen Presse, vorgestellt werden, und zwar in einem Konferenzraum neben dem großen Spiegelsaal. Von hier sind es nur wenige Schritte. Ich selbst werde bei Ihnen sein, um Ihnen zu helfen, Sie anzuleiten und eventuelle Mißverständnisse aufzuklären.«

»Ich möchte Sie bloß darauf aufmerksam machen«, sagte Lewinter, »daß ich angesichts größerer Menschenansammlungen nervös werde.«

»Es wird keinen Grund zur Nervosität geben, Mr. Lewinter. In den meisten Fällen wird es sich um freundliche Fragen handeln. Ich kann Ihnen sogar mit einiger Zuverlässigkeit Hinweise auf die Fragen geben – und vielleicht können Sie uns der Reihe nach eine Vorstellung von Ihren Antworten vermitteln.«

Damit begann nun die Generalprobe für die Pressekonferenz.

»Die erste Frage wird höchstwahrscheinlich eine ganz allgemeine sein und sich auf die Verhältnisse in den Vereinigten Staaten beziehen, auf die Verhältnisse, die Sie vermutlich dazu bewogen haben, bei uns um Asyl anzusuchen. Was werden Sie darauf antworten, Mr. Lewinter?«

Im Geist konnte Lewinter die auf seine Antwort wartenden Journalisten sehen, und diese Vorstellung machte ihn nervös. »Ich, nun ja, ich meine, ich würde damit beginnen« – er räusperte sich und begann Miliutin das zu sagen, was Miliutin seiner Meinung nach hören wollte.

»...bevorstehenden Zusammenbruch des Kapitalismus. Er darf einfach nicht weiterhin Volk und Gesellschaft auseinanderreißen und dennoch fortbestehen. Ich würde von der Unterdrückung sprechen, von den Konzentrationslagern für Dissidenten, vom wirtschaftlichen und kulturellen Chaos. Ich würde von der ungeheuren Unzufriedenheit des Mittelstandes in Amerika berichten, von all den Menschen, die entdeckt haben, daß Autos, Fernsehgeräte und Waschmaschinen auf Raten noch kein Paradies schaffen. Ich würde sagen, der Mittelstand ist das Rückgrat der sich in Amerika anbahnenden Revolution.«

Lewinter war überzeugt, eine sehr gute Antwort gegeben zu haben.

Miliutin tat wieder einen Zug an seiner Zigarette und blickte kühl über den Tisch. Er beherrschte sein Metier. Eine Weile sprach er kein Wort. Dann: »Mr. Lewinter, ich muß drei Einwände gegen Ihre Antwort vorbringen, zwei kleinere und einen größeren. Ich hoffe, Sie werden sie sich zu Herzen nehmen. Zunächst die zwei kleineren: Sie haben den Rassismus und die moralische Verkommenheit der Jugend nicht erwähnt. Unser russisches Volk ist über diese Probleme aufgeklärt und würde es für außergewöhnlich halten, wenn Sie das vergäßen. Weiters sprachen Sie davon, daß der

Mittelstand eine Revolution hervorrufen würde. Dies ist etwas, das unserem Volk nicht vertraut ist. In den Schriften Lenins spielt der Mittelstand beim Sturz des Kapitalismus keine Rolle; es ist vielmehr die Aufspaltung des Mittelstandes in Proletarier und Ausbeuter und der darauffolgende Kampf zwischen beiden, der den Kapitalismus stürzen wird. In Ihrer Antwort sollten Sie das berücksichtigen – selbstverständlich nicht mit diesen Worten.«

»Sie nehmen einen sehr orthodoxen Standpunkt ein, Genosse«, sagte Pogodin.

Er spielte mit einem Kaffeelöffel und rührte in dem Kaffee, der auf seine Untertasse rann.

»Ich weiß nicht ganz genau, in welchem Sinn Sie den Ausdruck orthodox gebrauchen«, sagte Miliutin unnachgiebig. Er neigte den Kopf vor und blickte Pogodin über die Brille an.

»Orthodox in dem Sinn, daß Sie Dinge, die vor fünfzig Jahren geschrieben wurden, als Dogma betrachten. In den Vereinigten Staaten gibt es in der Tat einen zahlenmäßig sehr starken Mittelstand, und, wie Mr. Lewinter feststellt, ist es tatsächlich meistens er, der die Unzufriedenheit im Lande schürt. Weder Lenin noch Marx haben die Rolle des Mittelstandes in einer fortgeschrittenen kapitalistischen Gesellschaft korrekt eingeschätzt. Wenn wir die Existenz des Mittelstandes ignorieren, wird er deshalb noch lange nicht verschwinden, nicht wahr? Wir können sicherlich etwas Besseres finden.«

»Jetzt haben wir jedenfalls etwas Besseres zu tun, Genosse Pogodin, als die kurze uns zur Verfügung stehende Zeit mit einer technischen Debatte über die Rolle des Mittelstandes in einer kapitalistischen Gesellschaft zu vergeuden.«

Die Debatte wurde auf englisch geführt, und Awksentiew blickte von einem zum anderen, als beobachtete er ein Tischtennismatch, und verstand kein Wort.

»Aber es gibt noch eine wichtigere Sache, Genosse Miliutin.«

»Welche wichtigere Sache?« meinte Miliutin kühl.

»Jawohl, eine wichtigere Sache. Es ist, meiner Meinung nach, wesentlich, daß Mr. Lewinter glaubhaft wirkt. Um dies zu erreichen, muß er die Fragen offen beantworten und nicht wie eine vom Propagandaministerium aufgelegte Platte. Ich würde es sogar für ratsam halten, wenn er Amerika rühmte – oder zumindest einen Unterschied zwischen dem amerikanischen Volk, das immerhin ein großes und freiheitsliebendes Proletariat darstellt, und den herrschenden Kreisen machte.«

Miliutin neigte sich vor und betrachtete Pogodin durch seine Brille. Er war äußerst kurzsichtig, und die Gläser ließen seine Augen wie zwei kleine Nieten erscheinen. Jetzt sprach Miliutin russisch. »Sie haben soeben Ihren Zuständigkeitsbereich überschritten, Genosse Pogodin; damit sind Sie auf gefährlichen Boden geraten.«

Es war das zweite Mal an diesem Tag, daß jemand diesen Ausdruck gebrauchte.

Awksentiew griff in das Gespräch ein. »Ich habe den Eindruck, es bestehen Meinungsverschiedenheiten zwischen Ihnen.«

Schnell und leise sprechend erklärte Pogodin ihm den Sachverhalt. Lewinter, der im Augenblick ignoriert wurde, lehnte sich gelangweilt in seinem Sessel zurück. Seit seiner Ankunft in Moskau war er im Mittelpunkt der Aufmerksamkeit gestanden. Nun erkannte er, daß er bloß eine Randfigur war – und auch bleiben würde.

Awksentiew hörte Pogodin an und fällte dann, ohne einen Augenblick zu zögern, sein Urteil. »Sie haben natürlich recht, Jewgenij, was den Mittelstand betrifft. Ich hege keinen Zweifel, daß unser Genosse Miliutin unter anderen Umständen der erste wäre, der dies einsähe. Aber jetzt muß sein Standpunkt vorherrschen. Sehen Sie, Sie begreifen nicht, an welches Publikum wir uns wenden. Wir sprechen nicht zu den Menschen in kapitalistischen Ländern. Dort wird man zweifellos annehmen, daß Lewinter geisteskrank ist, oder man wird die Geschichten glauben, mit denen die Amerikaner sicherlich ihre Zeitungen füllen werden – etwa in dem Sinn, daß Lewinter ein Schuldenmacher, Gattenmißhandler und Päderast ist. Nein, wir sprechen zu unserem eigenen Volk, und das ist etwas, das Genosse Miliutin versteht, da dies sein Metier ist. Wir präsentieren Lewinter nicht, um Kapitalisten zu konvertieren, sondern um das zu untermauern, was wir unserer eigenen Bevölkerung immer schon gesagt haben: daß die Verhältnisse hier besser sind als im Westen. Um es mit Worten unseres erfreulichen Gesprächs von heute morgen auszudrücken: Hier haben wir einen Fall, in dem Offenheit den Status quo unterminieren könnte. Unser Genosse Miliutin ist ein treuer

Verfechter des Status quo; wir wollen Mr. Lewinter in seinen geschickten Händen belassen.«

Miliutin schob die Brille mit dem Zeigefinger hoch und wandte sich wiederum an Lewinter: »Und nun, Mr. Lewinter, darf ich mich der wahrscheinlich zweiten Frage zuwenden...«

»Darf ich nun um die zweite Frage bitten?« Miliutins langer, knochiger Zeigefinger wies über den Tisch hinweg auf einen Mann in der zweiten Reihe. »Herr Vlasek, Vertreter der *Rude Pravo.*«

Die Beine übereinandergeschlagen, mit dem Bleistift auf seinen liniierten Schreibblock klopfend, stellte der tschechische Korrespondent von *Rude Pravo* seine Frage. Ob Mr. Lewinter bestätigen könne, daß die meisten amerikanischen Universitätsprofessoren vom Establishment veranlaßt worden seien, verschiedene militärische und geheimdienstliche Aufträge, sowohl innerhalb als auch außerhalb der Universitäten, durchzuführen?

Jawohl, sagte Lewinter, das sei zutreffend. Er selber sei mehr oder weniger gezwungen worden, an einem militärischen Projekt mitzuarbeiten, um seinen Lehrauftrag am Massachusetts Institute of Technology zu erhalten. Nun ja, es handle sich um eine unterschwellige Methode.

Niemand hätte offen gesagt, arbeiten Sie an diesem oder jenem Projekt, sonst bekommen Sie keine Anstellung. Aber es wurde einem von Anfang an klargemacht, daß der Lehrauftrag sowie die späteren Beförderungen und Gehaltserhöhungen von der Mitarbeit an Regierungsprojekten abhingen, die ihrerseits der Universität riesige Summen einbrachten. Früher hieß es an den amerikanischen Universitäten: Publizieren oder du gehst unter, nun heißt es: Erfinde oder du gehst unter. Beantwortet dies Ihre Frage? erkundigte sich Lewinter.

Die Antworten kamen nun flüssig, sogar Miliutin beruhigte sich allmählich. Es hatte einen schrecklichen Moment gegeben, als Lewinter an der Schwelle des Konferenzsaals plötzlich der dreißig oder vierzig Journalisten, der Scheinwerferbatterien und Kameras ansichtig geworden war. Er hatte tatsächlich einen Schritt zurück getan, während sein Gehirn fieberhaft nach einer glaubwürdigen Ausrede suchte, warum er diesen Raum nicht betreten und sich der

Presse stellen könne. Aber es gab keinen Weg zurück. Von dem Augenblick an, da er in die Sowjetbotschaft in Tokio gegangen war, hatte es keinen Weg zurück gegeben. Und so hatte er, ermutigt von Miliutins Hand auf seiner Schulter, die Schwelle überschritten, seinen Platz an einem Tisch eingenommen und zugehört, wie Miliutin ihn der Welt vorstellte. »Hier sehen Sie einen Mann«, sagte Miliutin, »der vor der kapitalistischen Unterdrückung geflohen ist und in der Union der Sozialistischen Sowjetrepubliken Asyl erhalten hat.«

Dann kam die erste Frage – jene über die Verhältnisse in den Vereinigten Staaten –, und Lewinter trat ins Scheinwerferlicht. Unter Husten und Räuspern, das verbergen sollte, daß ihm mitten in jedem Satz der Atem ausging, sprach er über den bevorstehenden Zusammenbruch des Kapitalismus, die Unterdrückung und die Konzentrationslager, das wirtschaftliche und kulturelle Chaos in Amerika. Er erwähnte auch den Rassismus und die moralische Verkommenheit der Jugend. Und er schilderte, wie der amerikanische Mittelstand in Besitzende und Habenichtse gespalten war. Je mehr er sprach, desto größer wurde sein Selbstvertrauen.

Miliutins Finger beschrieb einen Bogen und zeigte auf die Reporterin einer bulgarischen Tageszeitung, *Narodna Mladege.* »Welche Eindrücke hat Mr. Lewinter vom Leben im sozialistischen Lager gewonnen?« fragte sie.

»Ich bin ja erst seit kurzer Zeit hier«, sagte Lewinter. Er hatte noch nie etwas Derartiges erlebt, und nun beobachtete er mit wachsendem Vergnügen, wie die Journalisten alles, was er sagte, niederschrieben, als sei jedes seiner Worte kostbar. »Aber ich will Ihnen gern meine Eindrücke schildern. Ich glaube vor allem, daß die normalen gesellschaftlichen Beziehungen zwischen den Menschen weniger kompliziert, dafür aber ehrlicher sind. Das heißt, es ist nicht jeder darauf aus, etwas umsonst zu bekommen...« Lewinters Stimme fuhr eintönig fort und füllte den Raum mit Beobachtungen aus zweiter Hand.

Miliutin blinzelte ins Scheinwerferlicht und wählte den nächsten Fragesteller aus, einen Franzosen, der einen kleinen Nachrichtendienst in englischer Sprache für kommunistische Zeitungen leitete.

»Wie hat man Sie behandelt, Sir«, erkundigte er sich. »Haben Sie irgendwelche Klagen?«

»Ich bin mit vollendeter Höflichkeit behandelt worden«, sagte Lewinter. »Meine einzige Klage ist, daß ich anscheinend meine aus den Staaten mitgebrachten Heufiebertabletten verlegt habe, aber meine Gastgeber haben sicherlich auch wirksame Mittel gegen Heufieber.« Diese Bemerkung rief Heiterkeit hervor.

Ein sowjetischer Journalist fragte Lewinter, ob es in den Vereinigten Staaten noch andere wie ihn gäbe, die mit den Verhältnissen so unzufrieden seien, daß sie auch flüchten würden.

»Sehr viele, glaube ich«, sagte Lewinter. »Der Exodus hat begonnen.«

Miliutin zeigte auf einen dicken ostdeutschen Journalisten, der seit fast zwanzig Jahren in Moskau lebte. Aber ehe dieser seine Frage stellen konnte, sprang ein vorwitziger junger Vertreter von Reuter auf, der neben ihm saß. Er befand sich bereits in großen Schwierigkeiten, weil er Verbindungen zu literarischen Dissidenten hatte. Miliutin vermutete, daß eben dieser Engländer den ersten veröffentlichten Bericht über Axelrods häretische Rede vor dem Parteikongreß hinausgeschmuggelt hatte.

»Vielleicht können wir uns einmal mit einigen nicht einstudierten Fakten befassen, Mr. Lewinter«, sagte der Engländer. »Genosse Miliutin hat Sie als Wissenschaftler vorgestellt. Was für eine Art Wissenschaftler sind Sie? Haben Sie irgendwelche Informationen mitgenommen?«

Im Saal herrschte Totenstille, sogar die sowjetischen und ostdeutschen Journalisten waren neugierig, was Lewinter darauf antworten würde.

Miliutin lächelte dem Engländer verschmitzt zu und nickte. Es war eine Frage, die er vorausgesehen hatte.

»Nun, was für eine Art Wissenschaftler bin ich? Ein guter, hoffe ich.« Gelächter. »Ich bin eigentlich, das heißt aufgrund meiner Ausbildung, um nicht zu sagen aus Neigung, Keramikfachmann, einer, der weiß, wie man Geschirr macht. Ich sagte Ihnen schon zuvor, daß ich vom militärisch-industriellen Komplex genötigt wurde. Man veranlaßte mich, an ballistischen Geschoßköpfen zu arbeiten. Das ist an sich nichts besonders Geheimes. Aber im Lauf meiner Tätigkeit kam ich zur Überzeugung, daß das amerikanische militärische Establishment, unterstützt und gefördert von den ungeheuer mächtigen wirtschaftlichen Interessengruppen des Landes, eine Raketenstreitmacht für den ersten Schlag entwickelte, welche dafür eingesetzt werden könnte – und, so meine ich, auch unvermeidlich eingesetzt werden würde, sobald sie existierte –, um einen Präventivkrieg gegen die Sowjetunion zu führen. Damit wollte ich nichts zu tun haben, und deshalb kam ich hierher. Selbstverständlich fühle ich mich verpflichtet, mein geringes Wissen über ballistische Raketenköpfe mit meinen sowjetischen Kollegen zu teilen. Aber wie ich schon sagte, meine Arbeit enthielt an sich nichts besonders Geheimes; meine diesbezüglichen Mitteilungen sind mehr als Geste zu werten.«

Einige Sowjetjournalisten applaudierten Lewinters offenherziger Erklärung. Miliutin schob seine Brille mit dem Zeigefinger hoch. Sein Gesicht war ausdruckslos; jene im Saal, die häufig mit ihm zu tun hatten und ihn gut kannten, konnten sein Gefühl der Befriedigung nur erahnen.

»Die nächste Frage, bitte«, sagte Miliutin, und sein Zeigefinger fuhr durch die Luft.

Moskau, 22. August (Reuter). Die Sowjetunion gab heute bekannt, daß sie einem amerikanischen Raketenfachmann politisches Asyl gewährt habe.

19.45 Uhr Moskauer Zeit

Moskau, 22. August (Reuter). Moskau gewährte heute einem amerikanischen Wissenschaftler politisches Asyl, der am Bau von Gefechtsköpfen für Atomraketen mitgearbeitet hat. In einer der seltenen Pressekonferenzen im Kreml stellten die Sowjets den neununddreißigjährigen Überläufer A. J. Lewinter den sowjetischen und westlichen Journalisten vor. »Das amerikanische Militärestablishment entwickelt eine Raketenstreitmacht für einen ersten Schlag, um einen Präventivkrieg gegen die Sowjetunion zu beginnen«, erklärte Lewinter. »Damit wollte ich nichts zu tun haben – und deshalb kam ich hierher. Selbstverständlich werde ich mein geringes Wissen über ballistische Raketenköpfe mit meinen Gastgebern teilen.«

19.49 Uhr Moskauer Zeit

Das Gambit

16

Wenn es um Probleme des Geheimdienstes ging, war das (aus praktischen Gründen) der Ort, an dem letztlich Entscheidungen gefällt wurden – ein auffällig unauffälliger Allerwelts-Sitzungsraum im dritten Stockwerk des Präsidialamtsgebäudes, nahe dem Weißen Haus. Die einzige Kennzeichnung an der Tür waren die Zimmernummer und eine fehlerhaft getippte Aufschrift auf einer Karteikarte, die schon so lange dort hing, daß der Klebestreifen ausgetrocknet war und abblätterte. Die Aufschrift lautete:

AUsnahmslos Kein ZUtritt
ohnE
Schriftliche GEnehmigung

Wenn der Ausschuß 303 (der seine Bezeichnung von der Zimmernummer hatte) nicht tagte, dann war die Tür doppelt versperrt, und der ganze Bereich wurde zweimal täglich von Sicherheitstechnikern nach versteckten elektronischen Abhöranlagen abgesucht. Wenn der Ausschuß zusammentrat, im allgemeinen am Donnerstagabend, sollte ein bewaffneter Posten an der Tür Wache halten. In Wirklichkeit borgte sich der Ausschuß irgend jemanden, der gerade zur Hand war, aus, um zufällige Eindringlinge abzuhalten. Aber es kamen nie welche. Niemals.

An jenem Donnerstag, an dem Ausschuß 303 den Fall Lewinter behandelte, hatte man eine Stenotypistin, die Abendschicht machte, angefordert. Sie war in ein Buch vertieft *(Spiele der Erwachsenen)* und blickte nicht auf, als Buzz Martin den Kopf zur Tür hereinsteckte. »Entschuldigen Sie die Unterbrechung«, sagte er leicht ironisch. »Schätzchen, unten wartet ein Herr – groß, um die Vierzig, er heißt Diamond –, würden Sie ihn bitten, heraufzukommen?«

»Na sicher«, sagte sie und machte sich auf den Weg in die Vorhalle.

Der Ausschuß 303 diente im wesentlichen als zentrales Diskussionsforum der verschiedenen US-Geheimdienstorganisationen. Er entstand 1961, als Präsident Kennedy, der immer noch unter dem Schweinebuchtfiasko litt, sich nach Mitteln und Wegen umsah, um die amerikanischen Geheimdienste besser in den Griff zu bekommen. Danach mußten alle besonders heiklen Operationen des Geheimdienstes – vor allem jene des CIA – dem Ausschuß 303 zur Genehmigung vorgelegt werden.

Trotz seiner entscheidenden Rolle – oder vielleicht gerade deshalb – wurde der Ausschuß 303 geheimgehalten; in ganz Washington gab es bloß einige hundert Menschen, die von seiner Existenz wußten. Buzz Martins Frau gehörte nicht dazu. Ihr Mann zählte zu jenen Menschen, die im Privatleben größten Wert auf Anstand und in dienstlichen Angelegenheiten größten Wert auf Geheimhaltung legten. Dieser Hang zur Verschwiegenheit war einige Jahre zuvor dem Präsidenten aufgefallen, als er nach einem geeigneten Sonderberater für nationale Sicherheitsangelegenheiten Ausschau hielt. Nun war Buzz Martin der Vertreter des Präsidenten im Ausschuß 303; man nannte ihn die ›Kreissäge‹ wegen seines scharfen Verstandes und seiner Fähigkeit, entschlossen durchzugreifen. Ein Mann in den besten Jahren, verbrachte er die meiste Zeit damit, Möglichkeiten abzuwägen, und er schien nur eine einzige Leidenschaft zu haben – die Macht, das Prestige und die Person des Präsidenten der Vereinigten Staaten zu schützen, komme, was da wolle.

Martin demonstrierte dies einmal mehr am Beginn der Sitzung, als Harry Dukess, der ständige, nicht stimmberechtigte Vertreter der Central Intelligence Agency im Ausschuß 303, über das ›Getue‹ in Bangkok berichtete. »Wir verteilten etwas Geld unter die Leute und brachten damit die Sache in Ordnung«, hatte Dukess erklärt und damit versucht, den Zwischenfall zu beschönigen.

»Das befriedigt uns keineswegs«, hatte Martin gesagt und dabei seine dickliche Wange auf die Hand gestützt. Er stufte jedermann im Staatsdienst nach dessen Fähigkeit ein, dem Präsidenten zu schaden – und die Leute vom CIA standen auf seiner Liste sehr weit oben. »Ich kenne niemanden, der so viel Zeit darauf verwendet, gefährliche Spiele zu treiben und das Schicksal herauszufordern.«

»Das ist nicht ganz fair«, hatte Dukess zu protestieren begonnen. »Wenn Sie wiederum die indonesische Angelegenheit aufs Tapet bringen wollen –«

Aber Martin unterbrach ihn mit einer Handbewegung: »Eines Tages werden Sie uns wieder einen ausgewachsenen U-2-Zwischenfall servieren. Nun, wenn die Sache in Bangkok noch unangenehme Folgen zeitigen sollte, dann hat der Präsident Vorrang, und das bedeutet, daß wir möglicherweise einen oder zwei Ihrer Leute den Wölfen zum Fraß vorwerfen müssen.«

»Es wird ihm ziemlich egal sein, daß jemand den Wölfen vorgeworfen wird, solange nicht er es ist, der geworfen wird«, kicherte der Senator von North Carolina, ebenfalls ein ständiges Mitglied des Ausschusses 303. William Jennings Bryan Talmidge wirkte wie ein Gentleman aus dem Wilden Westen, höflich und stattlich, wenn es seiner Laune entsprach, aber aufbrausend, wenn er sich ärgerte. Und im Alter von zweiundsiebzig Jahren ärgerte sich Talmidge immer noch sehr leicht, vor allem über den CIA. »Verdammt, mein Unterausschuß weiß nicht einmal, wieviel Geld diese Leute ausgeben, und auch nicht wofür«, klagte er häufig. »Höchste Zeit, daß sie jemand ein wenig zurechtstutzt.«

Talmidge wirkte wie einer, der das auch sehr wohl fertigbrächte. Im Kongreß war er der Mann, der die Macht schlechthin verkörperte. Nicht so sehr deshalb, weil er wußte, wo etwas faul war – obwohl er, wie er zugab, »mehr als eine Ahnung« hatte. Die Grundlage seiner Macht waren die Militärs und seine Beziehungen zu ihnen. Mit dem leidenschaftlichen Argument, daß ausreichende Verteidigungsbereitschaft kein Ersatz sei für absolute, in Zahlen meßbare Überlegenheit, zwang er die Militärs, Anlagen aller Größen, Formen und Arten zu bauen. Es überraschte keineswegs, daß die meisten in North Carolina errichtet wurden.

»Wenn er hier noch ein Ding mehr errichten läßt«, klagte einer von Talmidges republikanischen Opponenten im privaten Kreis, »dann wird North Carolina in den Boden versinken.«

Auf dem Papier waren Talmidge und die anderen Mitglieder des Ausschusses 303 gleichgestellt, aber Buzz Martin als Vertreter des Präsidenten und Senator Talmidge als sein eigener Vertreter waren sozusagen gleicher als gleich. Mit diesem Zustand hatten sich die anderen Mitglieder und die von ihnen vertretenen Organisationen mehr oder weniger abgefunden. Der einzige potentielle Opponent, Oberstleutnant Pruchnik, Vertreter der Vereinigten Stabschefs, in dem sich die Energie der zweiten amerikanischen Generation mit der Geduld der dritten verband, wartete gelassen auf den rechten Augenblick. Die anderen Ausschußmitglieder – der stellvertretende Unterstaatssekretär im Außenministerium, Kenneth Foss, der republikanische Kongreßabgeordnete Howard Snell, der stellvertretende Verteidigungsminister Richard Kunen – hielten mit ihren Ansichten zurück, bis die großen zwei eine Einigung erzielt hatten, und schlossen sich dann an.

Nach Erledigung der Bangkok-Sache hatte Dukess eine andere Angelegenheit aufs Tapet gebracht. Die Agency wollte die endgültige Erlaubnis für die ›Operation 85 Bravo‹, die der Ausschuß 303 im Prinzip bereits im Vormonat genehmigt hatte. Die ›Operation 85 Bravo‹ umfaßte den Abwurf von Waffen, Munition, falschen Papieren und Falschgeld für nicht existierende Spionageteams in Kuba. Der Zweck des Ganzen bestand darin, die kubanischen Behörden im Lauf der Zeit erkennen zu lassen, daß die Amerikaner Scheinabwürfe durchführten – ein bekannter Schachzug, der sich in Nordvietnam bewährt hatte –, damit, wenn Washington einmal echte Spionageteams einsetzen sollte, diese viel leichter versorgt werden konnten, weil dann die Kubaner vermutlich nicht mehr so wachsam sein würden.

»Also ich für meine Person würde es für eine großartige Idee halten, diese Sache doch ein klein wenig zurückzustellen«, hatte Senator Talmidge bemerkt, und Buzz Martin hatte hinzugefügt: »Was das Weiße Haus betrifft, so müssen wir die Möglichkeit ins Auge fassen, daß eines der Flugzeuge verlorengeht. Was dann?«

»Ich dachte, wir hätten das alles schon erledigt«, hatte Dukess gesagt. »Die Maschinen werden von Exilkubanern geflogen, nicht von Amerikanern, und sie werden von Flugbasen außerhalb der Vereinigten Staaten starten. Die Angeworbenen wissen, daß sie im Fall eines Abschusses auf sich selbst gestellt sein werden.«

»Das wissen sie jetzt«, hatte Martin gesagt. »Aber wenn sie einmal in einem kubanischen Gefängnis sind, dann können Sie darauf wetten, daß die Leute alles ausspucken – wer sie bezahlte, wo sie ausgebildet wurden und für wen sie arbeiteten. Da wir in nächster Zukunft nicht die Absicht haben, echte Teams abzusetzen, würde ich vorschlagen, diese Sache einstweilen auf Sparflamme zu stellen.« Alle hatten zustimmend genickt.

»Also, nachdem das aus dem Weg geräumt ist, sollten wir uns mit diesem Fall Lewinter beschäftigen«, sagte Senator Talmidge. »Wie wär's, Buzz, würden Sie diesen Diamond heraufkommen lassen?«

»Gentlemen«, sagte Diamond, als er in den Raum marschierte. Seine Blicke glitten über die Ausschußmitglieder und hefteten sich dann – es war, als schnappe ein Schloß zu – auf Dukess. »Harry, ich wußte nicht, daß Sie auch damit zu tun haben«, sagte er gleichmütig, ohne mit irgendeinem Zeichen zu verraten, daß er zu einem Mann sprach, den er haßte.

»Ich vertrete die Agency«, sagte Dukess trocken.

»Ich habe nie etwas anderes vermutet«, antwortete Diamond. Er hob seinen Aktenkoffer auf den Tisch und öffnete den Verschluß. »Augustus Jerome Lewinter, Gentlemen«, sagte er und stellte eine dicke Akte vor, als sei sie der fragliche Mann.

»Aha, der Tatsache, daß Sie bei uns sind, kann ich wohl entnehmen, daß es einige Schwierigkeiten gibt, mein Sohn?« Talmidge blickte mit zusammengekniffenen Augen über den Tisch hinweg auf Diamond, als wäre er von einem Licht geblendet – oder bereite sich vor, zuzupacken.

»Sie erfassen das durchaus richtig, Senator«, sagte Diamond. Dann fuhr er fort, dem Ausschuß 303 eine genaue Schilderung des Absprungs von A. J. Lewinter zu geben.

Diamond hatte die Mappe vor sich auf dem Tisch liegen, machte sich aber keine Mühe, hineinzusehen. »Das wär's«, schloß er. »Die Russen haben den Mann öffentlich vorgestellt – Sie alle haben die Berichte gesehen, nehme ich an – und ihn zum Zweck der Inlandspropaganda ausgequetscht.«

»Wie hat unsere Schutzversion eingeschlagen – ich meine, hat sie irgend jemand geglaubt?« Der Sprecher war Kunen, ein übereifriger alter Staatswissenschaftler.

»Es wurde ziemlich geschickt gemacht«, sagte Diamond. »Wir wußten, was kommen würde, also sorgten wir dafür, daß die Polizei von Boston einen Steckbrief gegen Lewinter erließ – wegen Exhibitionismus vor mehreren minderjährigen Mädchen. Drei Zeugen sind vorhanden. Und die Gerichte in Boston sind auch hinter ihm her – wegen ausständiger Alimente –, diese Sache stimmt übrigens. Da der Steckbrief vor der Pressekonferenz der Sowjets erlassen wurde, haben die Presseleute die Geschichte mehr oder weniger geschluckt und als Tatsache berichtet.«

»Das bringt uns zu dem, was die Leute bei uns zu Hause den Kern der Sache, des Pudels Kern, nennen, nicht wahr?« fragte Talmidge.

»Sie meinen, was Lewinter mitgenommen hat?« sagte Diamond.

»Genau, mein Junge – was hat dieser Kerl von einem Lewinter wohl in seinen Ranzen gestopft, als er beschloß, sich Weidegründen zuzuwenden, die grüner sind, oder sollte ich sagen röter?« Talmidge verschränkte die Hände hinter dem Kopf und lehnte sich zurück.

»Es geht nicht darum, was er in seiner Flugtasche hatte, Senator, sondern darum, was er in seinem Kopf hatte. Und wir haben gute Gründe für die Annahme…«

Die Arme auf den Tisch gestützt und vorgebeugt, als wollte er die Anwesenden ins Vertrauen ziehen, entwickelte Diamond seine Theorie vom ›schlimmsten Fall‹: Er erwähnte die Hinweise, daß Lewinter das im Kindesalter verlorene fotografische Gedächtnis wiedererlangt habe, die Beweise, wonach er in eine Mappe mit höchst geheimen MIRV-Flugbahnberechnungen lange genug Einblick nahm, um sich die wichtigsten in sein fotografisches Gedächtnis einzuprägen.

»Wie steht es mit dem Motiv?« fragte Martin. Während Diamond sprach, machte sich Martin auf einem gelben Schreibblock Notizen. Er tat dies aus Gewohnheit; vor Verlassen des Raumes würde er sie in den Behälter werfen, in dem man Papier verbrannte, und würde dem Präsidenten aus dem Gedächtnis jene Dinge berichten, die der Präsident seiner Meinung nach wissen sollte. Martin notierte Motiv, setzte einen Doppelpunkt dahinter und wartete, daß Diamond fortfahre.

»Sie können es sich aussuchen«, sagte Diamond. »Der Psychiater im UCA-Team gelangte schließlich zur Ansicht, daß Lewinter Status gewinnen wollte. Ein Überläufer, sagte uns der Psychiater, vor allem einer, der wertvolle Informationen mitbringt, überragt seine

Mitmenschen. Und Lewinter wollte seine Mitmenschen überragen. Aber ich neige mehr dazu, das Motiv in Lewinters linksgerichteten – oder vielleicht sollte man besser sagen radikalen – Aktivitäten zu suchen. Die Vereinigten Staaten haben ihn anscheinend sehr enttäuscht. Jedenfalls fanden wir so viele Beweggründe, daß sie für drei Überläufer reichen würden.«

»Okay, kehren wir zu dieser MIRV-Mappe zurück, die er, wie Sie sagen, eingesehen hat. Was befand sich darin?« Martin schrieb MIRV und einen Doppelpunkt und wartete auf Diamonds Antwort.

»Die Vereinigten Staaten, Gentlemen, haben rund eintausendeinhundertundsiebzig Raketen in ihren Arsenalen – die überwiegende Mehrzahl davon sind entweder Minutemen-Raketen in unterirdischen Silos oder Polaris-Raketen in den Atomunterseebooten. Sie kennen die Zahlen wahrscheinlich besser als ich, aber soweit ich weiß, werden fast alle dieser Raketen bis zum Ende dieses Monats mit MIRV-Gefechtsköpfen ausgestattet sein. Diese Mehrfachsprengköpfe bestehen meines Wissens im Grunde aus einer Kapsel an der Raketenspitze, die drei anstatt bloß einen Sprengsatz enthält, wodurch sowohl unsere Feuerkraft als auch die Wahrscheinlichkeit der Überwindung des feindlichen Raketenabwehrsystems vervielfacht werden. In einer bestimmten Entfernung vom Ziel öffnet sich diese Kapsel und entläßt die Gefechtsköpfe, die sich nunmehr auf die vorbestimmten Ziele zubewegen. Die Vereinigten Staaten verfügen über sechzehn Typen von MIRV-Ladungen; einige davon sind echte Atombomben, andere Scheinköpfe, die das Aussehen und das Flugverhalten von Atomgeschossen haben, wieder andere sind Anti-Radargeräte, die das gegnerische Raketenabwehrsystem stören sollen. So weit, so gut. Jede dieser sechzehn MIRV-Typen hat eine charakteristische Flugbahn – je nachdem, um welche Type es sich handelt und welche Aufgabe sie zu erfüllen hat, folgt sie nach Verlassen der Kapsel einer vorgegebenen Flugbahn. Es ist also offensichtlich, daß jeder, der diese Flugbahnen kennt, einen Computer so programmieren könnte, daß er aufgrund der einlangenden Bahndaten des Suchradars in Sekundenschnelle unterscheiden könnte, welche der herannahenden Flugkörper echte Sprengköpfe, welche Scheinköpfe und welche Störköpfe wären.«

Diamonds Gaumen war völlig ausgetrocknet. Er hielt inne, um etwas Speichel zu sammeln.

»Und das ist es, was Lewinter mitgenommen hat«, fuhr Diamond fort. »Oder zumindest müssen wir – so scheint es mir, Gentlemen – annehmen, daß Lewinter das mitgenommen hat.«

»Mit anderen Worten«, sagte Martin grimmig, »er hat der anderen Seite den Schlüssel zu unserem Raketensystem ausgeliefert.« Es war schlimmer, als Martin erwartet hatte; er überlegte bereits die möglichen Konsequenzen für den Präsidenten – und die möglichen Entscheidungen.

»Es ist geradezu so, als habe er uns entwaffnet«, sagte Senator Talmidge. Sein Mienenspiel, halb Lächeln, halb Stirnrunzeln, war nicht zu entziffern.

Von der anderen Seite des Tisches ließ Kunen einen langgezogenen, tiefen Pfeifton vernehmen.

Nur Dukess, der die ganze Zeit gewußt hatte, was kommen würde, nahm Diamonds Vortrag ruhig auf. »Ich glaube...«, begann er vorsichtig, und als er sah, daß sich die Köpfe ihm zuwandten, begann er nochmals, diesmal mit mehr Nachdruck: »Ich glaube, daß die Interpretation der vorliegenden Fakten durch den geschäftsführenden stellvertretenden Unterstaatssekretär für Sicherheitsfragen« – Dukess zog Diamonds Titel so in die Länge, daß er ein wenig lächerlich klang – »unnötig grimmig ausgefallen ist.«

Dukess hatte gezögert, ehe er sich ins Gespräch mischte. Talmidge und Buzz Martin, die links und rechts von ihm saßen, wirkten wie Glaubensfanatiker, die bereit waren, jeden Ungläubigen zwischen sich zu zerquetschen. Aber während er noch zögerte, hatte er Diamonds Miene erblickt – diese unpersönlichen Augen, die gleichermaßen glänzend und schwarz wirkten wie Tintenfässer, den überheblichen Mund, auf dem sich der Anflug eines Lächelns zeigte. Und so stürzte sich Dukess, überwältigt von seinen Erinnerungen an die Vergangenheit, in den Kampf mit der sehr realen Gegenwart.

»Der geschäftsführende stellvertretende Unterstaatssekretär« – diesmal legte Dukess die Betonung auf das Wort geschäftsführender – »hat uns den Fall in den düstersten Farben geschildert, was wohl vor allem auf seine alte Neigung zurückzuführen ist, in jedem Fall das Schlimmste anzunehmen.« Dukess wandte sich an Diamond und sprach ihn direkt an: »Gibt es auch nur die Spur eines zusätzlichen Beweises, den Sie zur Untermauerung Ihrer Theorie vom ›schlimmsten Fall‹ anführen können?«

Diamond wandte sich ab und sah zum Fenster hinaus, um sich die Fakten zurechtzulegen. »Sie wünschen eine Erhärtung, das ist durchaus verständlich. Sagen Sie mir, Harry, was würden Sie tun, wenn ein Russe in der Amerikanischen Botschaft in Tokio auftauchte und um politisches Asyl ansuchte? Wenn es sich nicht um einen großen Fisch handelte, wie Swetlana, dann würden Sie vorsichtig vorgehen, nicht wahr? Sie würden alle Möglichkeiten ins Auge fassen – Sie würden an Scheinagenten und Doppelagenten denken und an einen inszenierten Absprung, mit dem Sie kräftig hineingelegt werden sollen. Ehe Sie sich überhaupt auf irgend etwas einließen, müßte er Ihnen beweisen, daß er es wert ist, wenn man seinetwegen allerhand riskiert. Wenn er den Beweis erbrächte, würden Sie ihm Asyl gewähren. Okay, und nun spielen Sie dieses Szenarium umgekehrt durch – die Russen hatten Lewinter erst wenige Stunden in der Hand, als sie ihn unter Bewachung schleunigst nach Moskau brachten. Sie nahmen ihn auf. Es ist somit offensichtlich, daß zumindest sie von seinem Wert überzeugt waren.« Diamond wandte sich an die anderen Mitglieder des Ausschusses 303, so wie sich ein Anwalt den Geschworenen zuwendet. »Es scheint mir also, meine Herren, daß alle unsere Bemühungen, die Bedeutung von Lewinters Absprung zu erfassen, von dieser einfachen Tatsache ausgehen müssen« – Diamond senkte die Stimme und flüsterte nochmals das Wort müssen –, »daß die Russen ihn aufnahmen. Es gibt noch andere Mosaiksteinchen, die die Theorie des ›schlimmsten Falles‹ erhärten. Denken Sie daran, daß die Russen im Zuge ihrer eigenen Nachforschungen Lewinters Privatpapiere stahlen – was sie sonst nur bei sehr wichtigen Überläufern tun. Denken Sie auch daran, daß sie wahrscheinlich den Bibliothekar ermordeten, um ihre Spuren zu verwischen. Auch ist es keineswegs uninteressant, daß Awksentiew persönlich in diese Sache verwickelt zu sein scheint.«

»Woher wissen Sie das?« fragte Dukess scharf.

»Unser Militärattaché in Moskau lieferte diesen Hinweis«, sagte Dick Kunen. »Es scheint, daß Lewinter vor der Pressekonferenz an einem Essen mit Awksentiew teilnahm. Wir erhielten die Meldung heute mit der Diplomatenpost – Sie werden sie wahrscheinlich in Ihren Amtsberichten finden, sobald Sie in die Agency zurückkehren.«

Dukess warf einen Blick auf Diamonds unbewegtes Gesicht – und nahm den Angriff wieder auf. »Das Ganze hat noch einen anderen Aspekt. Wir wollen einen Augenblick annehmen, Freund Diamonds Theorie vom ›schlimmsten Fall‹ sei zutreffend. Wenn ich recht verstehe, haben unsere Experten geschätzt, daß zweihundert Atomtreffer die Sowjetunion verwüsten könnten – im offiziellen Jargon heißt das, sie würden Sachwerte und menschliches Leben in einem Ausmaß vernichten, das eine rational denkende sowjetische Führung nicht verantworten könnte. Die Experten sagen ferner, daß die Sowjets beim gegenwärtigen Stand ihres Raketenabwehrsystems, selbst wenn sie wüßten, welche der dreitausendsechshundert anfliegenden Geschosse Atomsprengköpfe seien, nicht die geringste Chance hätten, weniger als achthundert Treffer zu erleiden. Mit anderen Worten, der ›schlimmste Fall‹ ist, selbst wenn wir es tatsächlich mit ihm zu tun haben, ein Fall ohne Bedeutung. Schließlich könnten wir die sowjetischen Raketenabwehrstellungen immer noch mit MIRV-Raketen so zudecken, daß auch unser zweiter Schlag einen ausreichenden Abschreckungseffekt erzielt, trotz Lewinter.«

Kunen kippte seinen Stuhl so weit zurück, daß er nur auf den Hinterbeinen balancierte. »Das mag beim heutigen Stand der Technik zutreffen«, sagte er. »Wenn die Sowjets beschließen, mehr Zeit und Geld in die Raketenabwehrforschung und -entwicklung zu stecken, dann könnten sie vielleicht eine für sie günstigere Trefferquote erreichen. Dies, zusammen mit der Fähigkeit, die anfliegenden Atomsprengköpfe an ihren charakteristischen Flugbahnen auszumachen, könnte dazu führen, daß die Zahl der Einschläge bei ihnen unter zweihundert sinkt. Was dann?«

»Die Sowjets haben bisher keine Neigung gezeigt, alles in die Entwicklung von Antiraketensystemen zu stecken«, entgegnete Dukess. »Bisher hatten die Sowjets auch nicht unsere Flugbahnformeln«, gab Kunen zurück.

»Es gibt keinen Beweis, daß sie sie jetzt haben«, sagte Dukess ärgerlich.

»Meine Herren«, mischte sich Buzz Martin ein.

Kunen schaukelte mit dem Stuhl, verlor fast das Gleichgewicht, fand es aber wieder. »Ich würde Diamond gern eine Frage stellen«, sagte er. »Da Sie mit dieser Angelegenheit so vertraut sind, haben Sie sicher eine Vorstellung davon, wie wir Lewinters Absprung neutralisieren könnten.« Kunen stellte die Frage in ruhigem und beiläufigem Ton, ohne den geringsten Hinweis, daß das Ganze bereits abgesprochen gewesen war, noch ehe Diamond den Raum betreten hatte.

»Einen Augenblick«, sagte Dukess, ehe Diamond antworten konnte. »Der geschäftsführende stellvertretende Unterstaatssekretär ist gebeten worden hierher zu kommen, um über den Absprung Rechenschaft zu geben, für den sein Department zuständig ist, und nicht, um uns zu sagen, was in der Sache zu tun sei.«

Mit seinem weichen Südstaatenakzent goß Talmidge Öl auf die Wogen der Debatte: »Also, bitte, es kann doch sicher niemand was dagegen haben, wenn ein Mann wie Diamond, der mit dem Fall so vertraut ist, uns seine Ideen zu diesem Thema unterbreitet – vorausgesetzt natürlich, daß er Ideen zum Thema hat.«

»Senator, ich habe in der Tat einige Ideen zu diesem Thema«, sagte Diamond. Dann berichtete er den Mitgliedern des Ausschusses 303, wie er den Absprung von A. J. Lewinter neutralisieren würde.

Als er geendet hatte, herrschte völlige Stille im Raum. »Ich glaube, wir preschen da vor«, sagte Dukess dann. »Wir müssen bedachtsamer handeln, wir müssen Ihre Signale genau abwägen. Was aber das Attentat betrifft, so kommt es nicht in Frage; unsere Leute würden drei bis sechs Monate für die Durchführung einer derartigen Operation benötigen, und dann wäre sie zwecklos.«

»Ich kann das in zehn Tagen erledigen«, sagte Diamond.

»Das würde Ihnen niemals gelingen«, meinte Dukess höhnisch.

»Das ist ja das Schöne an meinem Plan«, antwortete Diamond. »Er braucht mir nicht zu gelingen – ein glaubwürdiger Versuch genügt.«

Kunen kippte wiederum mit dem Stuhl nach hinten. »Diamond, soweit es das Verteidigungsministerium betrifft«, sagte er, »sind wir bereit, mit Unterstützung der Defense Intelligence Agency eine solche Operation durchführen zu lassen, wenn der Ausschuß diese Vorgangsweise für angebracht hält.«

Mit einemmal sah Dukess deutlicher, wie hier die Fronten verliefen.

»Ich bin bloß neugierig, auf welche Weise Sie innerhalb von zehn Tagen ein Attentat auf Lewinter in die Wege leiten wollen«, sagte Dukess.

Es war eine Ironie des Schicksals, daß Diamond jetzt vor der Entscheidung stand. Er fühlte, wie ihn die Wärme, die ihm Sarah in den wenigen gemeinsam verbrachten Tagen gegeben hatte, verließ und an ihrer Stelle eine Kaltblütigkeit von ihm Besitz ergriff, die zum Schach und zu Cernú gehörte. Ohne Zögern schilderte er Dukess die Einzelheiten.

»Klingt ganz schön raffiniert«, sagte Talmidge.

»Ich werde das dem Präsidenten vortragen«, sagte Buzz Martin. »In der Zwischenzeit sollten wir, um keine Zeit zu verlieren, die Sache dem Planspielzentrum vorlegen und sehen, was dabei herauskommt, nicht wahr? Schließlich bleiben uns noch immer alle Möglichkeiten offen.«

Vor dem Konferenzsaal war Dukess einen Augenblick allein mit Diamond.

»Damit kommen Sie nicht durch«, knurrte Dukess giftig. »Jedenfalls nicht, wenn ich etwas zu sagen habe.«

»Ich bin überzeugt, sobald Sie die Sache nochmals durchdacht haben, werden Sie einsehen, daß es der einzig mögliche Weg ist«, sagte Diamond gleichmütig im Tonfall übertriebener bürokratischer Verbindlichkeit.

»Wenn Sie wieder eine Operation leiten, Leo, dann sorgen Sie dafür, daß Sie diesmal eine schriftliche Bewilligung bekommen.«

»Was anderes würde mir nicht in den Sinn kommen, Harry.«

17

Der als Boris Awksentiew gekennzeichnete Mann brach das Eis.

»Offen gesagt«, meinte er und zog die Muskeln um die Augenpartie zusammen, als koste ihn die Ehrlichkeit große Mühe, »ich bin ziemlich zwiespältig veranlagt.« Er sprach Englisch mit einem schwachen, wahrscheinlich slawischen Akzent, den jedoch niemand, der ihn hörte, je wirklich identifizieren konnte.

»Wieso zwiespältig veranlagt?« fragte die einzige Person im Raum, auf deren Tisch keine Namenstafel stand.

»Nun, ich bin zwar ehrgeizig – aber auch ein halbherziger Opportunist.«

»Was meinen Sie mit halbherzig?«

»Nun, das will besagen, daß ich nicht so weit gehen würde, meinen armen Vater, den polnischen Bauern, umzubringen, um weiterzukommen – allerdings würde ich auch nicht so weit gehen, ihn zu retten, wenn mich seine Rettung am Weiterkommen hindern würde.« Gelächter.

»Wir wissen Ihre Offenheit zu schätzen«, sagte der Moderator. »Fahren Sie fort.«

»Wo war ich stehengeblieben?«

»Sie erläuterten Ihre Zwiespältigkeit.«

»Ach ja, meine Zwiespältigkeit. Sie wissen, daß ich mich für Wirtschaftsreformen engagierte, weil mir das als ein verhältnismäßig risikofreier Weg erschien, um möglichst rasch in die höchsten Parteikreise aufzusteigen. Anfangs ging ich vorsichtig vor, aber da sich mein Reformprogramm als erfolgreich erwies – erhöhter Produktionsausstoß, größere Gewinne, geringere Rohmaterialverschwendung et cetera –, ließ ich es zu, daß mein Name auch in der Öffentlichkeit mit den Reformen in Verbindung gebracht wurde. Heute werde ich von westlichen Sowjetologen allgemein als einer der gemäßigt fortschrittlichen Pragmatiker innerhalb der Sowjetführung angesehen und gelte als möglicher Nachfolger des Ministerpräsidenten, sobald der gegenwärtige Amtsinhaber amtsmüde wird – wenn er je amtsmüde wird.« Erneutes Gelächter.

»Sie haben Ihre Zwiespältigkeit immer noch nicht erklärt.«

»Ich komme eben dazu.« Wiederum spannte der Sprecher die Gesichtsmuskeln. »Als Sekretär jenes Politbüroausschusses, der für die Leitung der auswärtigen Sicherheitsorgane meines Landes verantwortlich ist, bin ich, was man nicht betonen muß, in den Fall Lewinter verwickelt. Nun gehöre ich zu den Vertretern einer – wie soll ich sagen – orthodoxen Auffassung des Marxismus-Leninismus. Ich glaube ehrlich, daß der Gang der Geschichte vorherbestimmt ist; These, Antithese, Synthese, These, Antithese, Synthese, ad infinitum. Als ich die Parteihochschule in Moskau besuchte, schrieb ich eine Monographie über die Wurzeln der Hegelschen Dialektik, aber das tut jetzt nichts zur Sache. Es geht darum, daß das Individuum, wie wir aus den Schriften von Marx und Engels wissen, den Gang der Geschichte nicht ändern, aber beschleunigen kann, indem es günstige Gelegenheiten nützt. Und Lewinter ist ganz offensichtlich eine solche günstige Gelegenheit. Dies ist also der Grund meiner Zwiespältigkeit: Ich bin einerseits wirtschaftlichen Reformen verpflichtet und nicht willens, das Wirtschaftsgefüge durch Umdisposition von Materialien und Finanzmitteln für die Raketenabwehr zu stören, andererseits aber fasziniert mich der Gedanke, daß uns Lewinter die Mittel liefern kann, mit denen wir die Oberhand über die Kapitalisten gewinnen würden.«

»Ich verstehe«, sagte der Moderator. »Und wie, glauben Sie, werden Sie sich letzten Endes entscheiden?«

»Ich glaube, ich wäre geneigt, die erforderliche Umdisposition von Material für die Raketenabwehr zu befürworten, wenn, wie ich vermute, die Militärs dieselbe Richtung verfolgen. Es ist mir klar, daß meine Kollegen, die Militärs, gegenwärtig sehr großen Einfluß ausüben. Wenn ich Lewinter unterstützte, dann könnte mir dies letzten Endes einen schnelleren und sichereren Weg zur Spitzenposition eröffnen als die Wirtschaftsreformen, die von den Militärs ohnedies nur ungern unterstützt werden. Daß Sie mich recht verstehen: Ich würde nicht weiß Gott was in Bewegung setzen, aber schon eine ganz kleine Ermunterung würde mich zu einer maßvollen Begeisterung für Lewinter veranlassen.«

»Ich verstehe«, sagte der Moderator und notierte etwas auf ein Blatt, das wie ein Bewertungsbogen aussah. Dann wandte er sich an den Mann, dessen Namensschild auf dem Tisch die Aufschrift General Alexander Suchanow trug.

»Meine Ansichten sind vorhersehbar«, sagte der General. »Mein Standpunkt ist, daß es kriminell wäre, derartige Informationen in der Hand zu haben und sie nicht für militärische Zwecke zu nützen. Ich behaupte nachdrücklich und aus voller Überzeugung, daß die Amerikaner, trotz ihren Beteuerungen, niemals als erste einen Präventivschlag zu führen, dennoch ein Raketenarsenal für einen ersten Schlag aufbauen. Lewinters Informationen, würde ich meinen Kollegen sagen, könnten uns die Möglichkeit verschaffen, einen solchen ersten Schlag zu überleben.«

»Würden Sie etwas genauer definieren, was Sie mit ›überleben‹ meinen?«

»Ja, selbstverständlich. Überleben bedeutet, die Amerikaner daran zu hindern, mehr als einhundertfünfzig Treffer von je einer Megatonne in urbanen Gebieten zu landen. Vermutlich würde ich schließlich sagen, daß es sich bei dem, was wir diskutieren, nicht nur um das Überleben der Sowjetunion handelt, sondern um das Überleben des sozialistischen Experiments, das Lenin in unserem Heimatland begonnen hat. Ich würde andeuten, daß ich und meine Militärkollegen es als gleichbedeutend mit Verrat ansehen würden, wenn für unsere politischen Führer andere Grundsätze maßgeblich wären als die Gewährleistung der physischen Sicherheit unseres Heimatlandes.«

Nikolai Chintschuk, der als Sprecher der sowjetischen Budgetplaner auftrat, sprach als nächster.

»Ich werde den Standpunkt vertreten, daß unter normalen Verhältnissen ein Raketenabwehrsystem um vieles kostspieliger ist als ein Raketenoffensivsystem, da wir nach übereinstimmender Auffassung für jeden einfliegenden Gefechtskopf drei Raketenabwehrraketen haben müssen, um den Gefechtskopf mit neunzigprozentiger Wahrscheinlichkeit zu zerstören. Angenommen, meine Kollegen im Geheimdienst schätzen Lewinter richtig ein, dann ändert sich dieses Bild grundsätzlich. Wenn ich recht verstehe, können wir mit Hilfe der charakteristischen Flugbahnen feststellen, welche der einfliegenden Geschosse echte Gefechtsköpfe sind, und uns auf diese konzentrieren. Die Anforderungen an unser Raketenabwehrsystem würden sich dadurch um 66,33 Prozent vermindern, ja sie würden sich so weit vermindern, daß die Errichtung eines Raketenabwehrsystems, bedenkt man die Kosten eines Raketenoffensivsystems, wirtschaftlich tragbar wird.«

»Sie würden also dazu neigen, aufgrund von Lewinters Informationen zu handeln?«

»Vom wirtschaftlichen Standpunkt aus ja, ganz gewiß.«

»Ich verstehe.« Neuerliche Eintragung auf der Wertungskarte. »Pogodin.«

Der Mann, auf dessen Namensschild Jewgenij Pogodin stand, begann zu sprechen: »Ich habe Lewinter gefunden. Meine Vorgesetzten in Moskau haben ihn hauptsächlich aufgrund meiner Befürwortung kommen lassen. Meine Karriere ist nun eindeutig mit ihm verknüpft. Wie immer es weitergehen mag, ich halte zu ihm.«

Der Moderator wandte sich wieder an Awksentiew: »Welchen Einfluß werden Pogodins Ansichten auf Sie haben?«

»Wahrscheinlich nicht den geringsten. Mir ist klar, daß er glaubt, seine Karriere sei mit Lewinter verknüpft – obwohl das in Wirklichkeit nicht der Fall ist –, und deshalb betrachte ich sein Eintreten für Lewinter mit aller gebotenen Vorsicht.«

Der Moderator rief Michail Rodsianko auf.

»Vom Standpunkt der Wissenschaftler, die ich vertrete, werde ich argumentieren, daß das Problem keineswegs so einfach ist, wie es die Wirtschaftsleute darstellen. Es geht nicht bloß um die Kosten eines Raketenabwehrsystems. Wenn die Amerikaner feststellen, daß wir ein Raketenabwehrsystem aufbauen, werden sie zweifellos das gleiche tun, was wiederum bedeutet, daß wir unser Raketenarsenal verstärken müssen, um die Verstärkung des amerikanischen Raketenabwehrsystems aufzufangen. Daher sollten wir die Kosten schon jetzt so ansetzen, daß sie den Ausbau des vorgeschlagenen Raketenabwehrsystems plus eine Verstärkung unserer Raketenoffensivsysteme decken.«

»Welche Haltung werden Sie hinsichtlich Lewinters Informationen einnehmen?«

»Ich werde zugeben, daß, technisch gesehen, die Raketenabwehr dadurch zum ersten Mal reale Formen annimmt.«

Eine weitere Eintragung auf der Wertungskarte.

»Also bleiben nur noch Sie, Miliantowitsch, und der Vorsitzende!«

Der als Wjatscheslaw Miliantowitsch bezeichnete Mann ergriff das Wort. »Ich vertrete selbstverständlich das USA-Institut der Akademie der Wissenschaften – mit anderen Worten, die sowjetischen Amerikaexperten. Mein wichtigster Beitrag zur Diskussion wird sich mit den langfristigen außenpolitischen Folgen des Falles Lewinter beschäftigen. Ich werde einwenden, daß die Sowjetunion ihre besten außenpolitischen Erfolge stets dann erzielte, wenn wir aus einer Position der Stärke sprechen konnten, wie beispielsweise in den Jahren nach dem Ende des Großen Vaterländischen Krieges, als die Amerikaner glaubten, wir seien stark genug, Westeuropa zu überrennen. Abschließend werde ich sagen, daß unsere außenpolitische Position gegenüber den Kapitalisten sehr großen Auftrieb erhalten wird, wenn unser Arsenal durch ein Antiraketensystem verstärkt wird.«

»Müssen die Amerikaner dann notwendigerweise erfahren, daß wir ein Raketenabwehrsystem errichtet haben, damit dieser Vorteil fühlbar wird?«

»Keineswegs. Sie werden einfach merken, daß wir in internationalen Verhandlungen mit größerer Sicherheit auftreten – sozusagen beschwingter.«

»Also würden Sie die Auswertung von Lewinters Informationen befürworten?«

»Vom Standpunkt des internationalen Wettbewerbs mit den Kapitalisten – und vom Standpunkt der Auswirkungen, die dieser auf die Amerikaner haben wird, ja.«

»Damit liegt die Entscheidung jetzt bei Ihnen, Herr Vorsitzender.«

Der Mann, auf dessen Namensschild das Wort Vorsitzender stand, zögerte. »Ich bin für ein behutsameres Vorgehen«, sagte er schließlich. »Ich würde lieber abwarten, wie sich die Dinge entwikkeln. Wenn schon Fehler gemacht werden, dann möchte ich, daß sich die Verantwortung dafür auf die größtmögliche Anzahl von Menschen verteilt. Ich werde in dieser Sache, so glaube ich, eine Weile auf der Stelle treten. Aber sobald ich merke, daß sich Awksentiew auf die Seite der Militärs schlägt, werde ich versucht sein, mich in die gleiche Richtung zu bewegen – das heißt natürlich, mich an ihre Spitze zu stellen. Schließlich bin ich ihr Führer.«

»Und was ist mit Rodsiankos Bedenken?«

»Was das betrifft: Rodsiankos Bruder ließ sich kürzlich nach zwölfjähriger Ehe von der Schwester meiner Frau scheiden...« Der Vorsitzende zuckte mit den Achseln. »Ich glaube, ich werde mich von den Bedenken der Wissenschaftler nicht beeinflussen lassen.«

Die kleine Gruppe von Beobachtern im hinteren Teil des Auditoriums hörte aufmerksam zu – ein Doktorand des Brooking-Institute, der Material für eine Dissertation über das Planspielzentrum sammelte, zwei junge Rußlandexperten vom Außenministerium, die ein paar geplante diplomatische Schachzüge ›durchspielen‹ wollten, ein jugoslawischer Überläufer, der am Planspielzentrum angestellt war, um die Rolle Titos zu spielen, und Leo Diamond.

Diamond stimmte als einziger nicht in das allgemeine Gelächter ein, das den nüchternen Dialog gelegentlich unterbrach. Die ›Spieler‹ hatten viel Spaß – er aber nicht. Allzuviel hing von den scheinbar leichthin in den Raum gestellten Behauptungen ab.

In Wirklichkeit wurden diese Behauptungen alles andere als leichthin in den Raum gestellt; die einzelnen Spieler waren vielmehr genaue Kenner der Russen, für die zu sprechen sie vorgaben. Der als Vorsitzender bezeichnete Mann hatte sich zwölf Jahre lang mit allen Einzelheiten des privaten und öffentlichen Lebens seines ›Vorbilds‹ beschäftigt. Die Information, wonach der Vorsitzende über die Scheidung seiner Schwägerin verärgert war, hatte man aus Cocktailgesprächen zusammengebaut, die westliche Geheimagenten in Moskau sammelten.

Das Planspielzentrum war eine seltsame, kafkaeske Einrichtung. Es beschäftigte an die 350 haupt- und nebenberufliche Mitarbeiter. Um ein ›fester‹ Mitarbeiter des Zentrums zu werden, mußte man ein ziemlich prominentes ›Pferd‹ – so nannte man das ›Vorbild‹ im Jargon des Planspielzentrums – haben, und Akteure mit einem guten Pferd durften einer lukrativen Karriere sicher sein. Der Mann etwa, der sich Awksentiew gewählt hatte, konnte einer gesicherten Zukunft entgegensehen, wenn sein Pferd, wie es schien, in der internen Sowjethierarchie eine prominente Stellung erreichte. Andere Spieler hatten nicht so viel Glück gehabt; ein junger Psychologe aus der

Schule der Behavioristen hatte drei Jahre dem Studium eines Außenseiters gewidmet, der schließlich nach Taschkent verbannt worden war, wo er ein Wasserwerk leitete. (Der Psychologe kehrte dann zu seiner Privatpraxis zurück.) Außerdem mußte man stets mit Schicksalsschlägen rechnen. Im Planspielzentrum war es zur Tradition geworden, beim Ableben eines Politbüromitglieds dem Akteur, der nun ohne Pferd – und ohne Anstellung – war, Blumen zu senden.

An diesem Morgen hatten sich die Akteure bisher mit dem befaßt, was der Moderator als ›einleitendes Thema‹ bezeichnet hatte, nämlich mit der Frage, ob die jeweiligen Vorbilder dazu neigen würden, an Lewinters Echtheit zu glauben und von seinen Informationen, die er offenbar mitgebracht hatte, Gebrauch zu machen. Nachdem das erledigt war, wandte man sich dem zweiten Thema zu. Der Moderator, der in Oxford unterrichtet hatte, bis er im Zuge des Exodus der Wissenschaftler nach Washington gelockt worden war, erläuterte die Problemstellung. »Meine Herren, die Signale, die wir nun behandelt haben, können jetzt als bekannt vorausgesetzt werden – die Sache mit diesem Chapin, die Säuberung in Boston, die MIRV-Konferenz et cetera. Die Frage, die sich nun erhebt, ist folgende: Werden die Sowjets die Signale als solche erkennen, und wenn ja, wie werden sie darauf reagieren? Wer den Anfang machen will, hat das Wort. Genosse Awksentiew.«

Mit klopfendem Herzen neigte sich Diamond vor, um alles genau zu hören.

»Das scheint mir verhältnismäßig leicht zu beantworten.« Der als Awksentiew angesprochene Mann, der gerade seine Pfeife gestopft hatte, sagte: »Entschuldigen Sie« und zündete die Pfeife an. Er tat drei oder vier Züge und blickte dann auf. »Sie fragen wegen der Signale, Moderator. Als erstes muß gesagt werden, daß wir diese Dinge sofort erfahren werden. Wir werden Chapin und die Leute in Boston routinemäßig beobachten. Ich nehme an, daß möglicherweise der erste Hinweis, den wir erhalten, für echt gehalten wird; das heißt, es wird so aussehen, als reagierten die Amerikaner auf einen echten Absprung, was unseren Eindruck verstärken wird, daß Lewinter ein echter Überläufer ist. Aber sobald wir einen zweiten und dritten Hinweis erhalten – spätestens sobald wir erfahren, daß MIRV-Spezialisten nach Washington einberufen worden sind –, werden wir Verdacht schöpfen und die ganze Angelegenheit neu durchdenken. Sobald wir dann von dem Attentatsversuch erfahren, werden wir zur Überzeugung gelangen, daß wir Signale erhalten.«

»Und wie werden Sie diese Signale interpretieren?«

»Wir werden zu dem Schluß kommen, daß die amerikanischen Geheimdienste keineswegs auf einen echten Übertritt reagieren, sondern es vielmehr darauf angelegt haben, uns zur Überzeugung zu verleiten, es handle sich um einen echten Übertritt, woraus wir schließen werden, daß es sich um einen Schwindel handelt.«

»Aha.«

Der Moderator sah aus, als wollte er noch eine Frage stellen. Offenbar besann er sich eines Besseren und wandte sich an General Suchanow.

»Ich und die meisten meiner ranghöheren Militärkollegen«, sagte der General, »werden weiterhin an dem Gedanken festhalten, daß Lewinter echt ist, aber einige unserer jüngeren Draufgänger werden, dem Stichwort des Ministers Awksentiew folgend, zu dem Schluß kommen, daß uns die Amerikaner seine Echtheit signalisieren wollen, und er daher falsch sein muß.«

»Welchen Einfluß werden die Zweifel der Draufgänger auf Sie haben?«

»Sie werden bewirken, daß wir nicht mehr fest entschlossen sind, Sofortmaßnahmen aufgrund von Lewinters Informationen zu fordern. Ich werde mich, natürlich insgeheim, zu fragen beginnen, ob nicht die anderen vielleicht recht haben.«

»Nikolai Chintschuk«, sagte der Moderator und nickte dem nächsten Akteur zu.

»Sobald der Samen ausgestreut ist –«

»Entschuldigen Sie, aber von welchem Samen sprechen Sie?«

»Vom Samen des Zweifels, Moderator. Sobald der Samen des Zweifels hinsichtlich Lewinters Glaubwürdigkeit ausgestreut ist, werde ich im Namen des Budgetbüros den Standpunkt einnehmen, daß es lächerlich wäre, unseren laufenden Fünfjahresplan umzustoßen. Alles hängt davon ab, ob Lewinters Informationen echt sind. Wenn es darüber auch nur den geringsten Zweifel gibt, werde ich zur Vorsicht raten. Ich werde vorbringen, daß es töricht wäre, die Errichtung eines Raketenabwehrsystems in Angriff zu nehmen, das, wie ich schon erwähnte, von den Kosten her wesentlich teurer ist als ein Offensivsystem.«

»Das heißt, wenn ich Sie recht verstehe, Sie untermauern Ihre ursprünglich geäußerten Bedenken.«

»Genau.«

»Aha«, sagte der Moderator. Pogodin war der nächste.

»Ich setze meine Karte immer noch auf Lewinter. Ich werde bei meinen Vorgesetzten den Standpunkt vertreten, daß uns die Amerikaner meiner Auffassung nach keine Signale geben. Im Gegenteil, wie ich aus meiner Kenntnis des Landes schließe, reagieren sie auf einen echten Absprung. Sie haben dafür eine Redensart – die Stalltür schließen, nachdem das Pferd davongelaufen ist.«

Wiederum fragte der Moderator, welchen Einfluß Pogodins Meinung auf Awksentiew haben würde.

»Einen größeren als das letztemal«, sagte Awksentiew. Er hielt inne, um sich zu sammeln. »Pogodin ist im Grunde genommen ein erstklassiger Geheimdienstmann. Wenn es ihm bloß um die Karriere ginge, hätte er Lewinter fallengelassen, sobald sich die Stimmung gegen ihn wandte. Aber die Tatsache, daß er bei seiner Ansicht bleibt, wird mich beeindrucken – vor allem, weil ich weiß, daß er in den Vereinigten Staaten aufgewachsen ist, dort seine Schulbildung erhalten und daher für dieses Land ein Gespür hat, das vielen unserer sogenannten Experten abgeht. Ich werde daher, alles in allem, wohl bei meiner ursprünglichen Meinung bleiben, doch Pogodins Zweifel würden mich beunruhigen. Ja, sie würden mich ganz gewiß beunruhigen.«

Der sowjetische Amerikaexperte Wjatscheslaw Miliantowitsch sagte, ohne eine Aufforderung abzuwarten:

»Ich würde Ihre Besorgnis verstärken, Genosse Awksentiew. Ich würde Ihnen beipflichten, daß uns die Amerikaner wahrscheinlich Signale zukommen lassen – aber zu welchem Zweck? Alles hängt letzten Endes davon ab, was uns die Amerikaner glauben machen wollen. Wenn sie uns glauben machen wollen, er sei echt, dann muß er falsch sein. Wenn Sie uns glauben machen wollen, er sei falsch, dann muß er echt sein. Hier wird die Sache nämlich kompliziert. Ich werde zu überlegen geben, daß uns die Amerikaner möglicherweise signalisieren, Lewinter sei echt, *weil sie erwarten, wir würden ent-*

decken, daß sie uns signalisieren, er sei echt, und weil wir daher zu dem Schluß kommen würden, er sei falsch. Ergo wollen sie uns glauben machen, er sei ein Schwindler. Ergo muß er echt sein. Können Sie mir folgen?«

»Aha, die Angelegenheit wird verwickelt«, sagte Awksentiew.

»Und was haben Sie dazu zu sagen?« fragte ihn der Moderator.

»Ich meine, es ist typisch für unsere professionellen Amerikaexperten, daß sie nach einem doppelten Boden suchen, wo es nur einen einfachen gibt. Ich persönlich traue den Amerikanern so viel Subtilität nicht zu. Ich glaube, es gibt zwei Möglichkeiten – Pogodins These, wonach die Amerikaner genauso reagieren, wie sie es nur im Falle eines echten Absprungs tun, und meine These, wonach uns die Amerikaner mit Signalen glauben machen wollen, der Absprung sei echt, und er daher falsch sein muß. Von diesen beiden Möglichkeiten gebe ich der meinen immer noch den Vorzug.«

»Rodsianko, wir vermissen noch Ihre Stellungnahme.«

»Meine Kollegen, die den Standpunkt der Wissenschaft vertreten, werden eifrig die These des Genossen Awksentiew unterstützen, wonach die Amerikaner uns glauben machen wollen, der Absprung sei echt, und deshalb müsse er falsch sein. Wir sind gegen den Beginn einer neuen Runde im Rüstungswettlauf und werden daher jedes Argument unterstützen, das uns hilft, ihn zu verhindern.«

»Aha. Das heißt also, die letzte Entscheidung liegt wie immer beim Vorsitzenden.«

»Mir ist unbehaglich zumute«, sagte der Vorsitzende. »Es schweben zu viele widersprüchliche Ansichten im Raum. Wie ich mich auch entscheide, es wird immer Vertreter einer anderen Meinung geben, die nur darauf warten, über mich herzufallen.«

»Und in welche Richtung tendieren Sie?«

»Ich neige zur Auffassung Awksentiews und der Geheimdienstleute – das heißt, ich neige zur Annahme, daß uns die Amerikaner signalisieren, Lewinter sei echt, und er somit falsch sein muß.«

Der Moderator überlegte einen Augenblick. »Würde Ihnen, meine Herren, die Entscheidung leichter fallen, wenn zwei oder drei zusätzliche Signale ins Spiel gebracht würden?«

»Aber ganz gewiß!« sagte Awksentiew. »Nach zwei oder drei zusätzlichen Hinweisen könnte kein Zweifel mehr bestehen, daß uns die Amerikaner die Echtheit Lewinters signalisieren wollen. Aus ihnen ließe sich ohne Zögern schließen, daß er ein Schwindler ist.«

»Die Vertreter der Wissenschaft« – Rodsianko sah das Kopfnikken des neben ihm Sitzenden – »und die Budgetleute würden ebenfalls diese Ansicht vertreten.«

»Beim Auftauchen zusätzlicher Signale würde auch ich zu einer Meinungsänderung neigen«, sagte Pogodin.

»Selbst ich würde an der Echtheit Lewinters zu zweifeln beginnen«, gab General Suchanow zu. »Schließlich will keiner den Zug versäumen.«

»Ich bin froh, daß sich das Schwergewicht der Meinungen auf eine Seite verlegt«, sagte der Vorsitzende. »Ich bin froh über diesen Konsensus, der mit meinen eigenen Ansichten übereinstimmt. Ich würde in diesem Fall eine Entscheidung fällen – Lewinter ist ein Schwindler und muß als solcher behandelt werden.«

»Das wär's, meine Herren«, sagte der Moderator, und Diamond atmete erleichtert auf.

Die Sitzung war fast zu Ende. Der Moderator stapelte seine Aufzeichnungen säuberlich und sagte dann: »Es gehört zwar nicht zu unseren Aufgaben, aber da wir schon dabei sind, warum überlegen wir nicht, ob wir zwei oder drei zusätzliche Signale finden können?« Er sah die Versammelten einen nach dem anderen an. »Irgendwelche Vorschläge?«

Miliantowitsch, der Amerikaexperte, hob die Hand. »Wie Sie sicherlich wissen, halten meine Kollegen und ich die amerikanische Presse genau im Auge. Wenn nun, beispielsweise in der Kurznachrichtenspalte von *Newsweek*, eine Meldung erschiene...«

18

Mit ihrem ganzen Gewicht lag die Pistole vom Kaliber .45 in Diamonds Hand, preßte sich gegen die Lebenslinie. Er spürte das kalte Metall auf der Haut, fühlte, wie das unhandliche Ding seine Haltung beeinträchtigte, und erinnerte sich plötzlich an jenen Morgen in England, als ein britischer Ausbilder ihn mit dieser Waffe bekannt gemacht hatte. »Die kann noch Ihr bester Freund werden«, hatte er gesagt, während er ihm die Waffe so in die Hand drückte, wie eine Operationsschwester dem Chirurgen das Skalpell reicht. Diamond hörte wieder, wie diese Stimme eintönig, ohne Unterbrechung, Befehle gegeben hate:

»Tief einatmen und dann halb ausatmen, gut so, und jetzt beide Hände um den Griff legen, und dann geht's los, Kimme und Korn am Ziel vorbei hochziehen, und dann lassen Sie die Waffe sinken, ihr eigenes Gewicht zieht sie hinunter, so ist's richtig, und wenn das Korn das Ziel deckt, dann schießen Sie, und denken Sie daran, wenn Sie am Abzug drücken, dann drücken Sie gleich nochmals, verstanden, zweimal, Profis feuern stets zweimal, und wenn ich mit Ihnen fertig bin, dann werden Sie in alle Ewigkeit daran denken, Profis feuern stets zweimal.«

Plötzlich erschien die Silhouette eines Mannes – sie kam ihm irgendwie bekannt vor – in einem Fenster, das etwa fünfzehn Meter entfernt und etwas links von Diamond lag. Er sank auf die Knie nieder und hielt die Fünfundvierziger in Armeslänge vor das Gesicht, beide Hände um den Griff gelegt. Er holte tief Atem, ließ ihn zur Hälfte entweichen und zog dann Kimme und Korn am Ziel vorbei in die Höhe. Als das Korn wieder auf das Ziel zurücksank, drückte Diamond ab – und weil er in alle Ewigkeit daran denken mußte, feuerte er ein zweites Mal.

Die Detonationen, ein dumpfes, von schallgedämpften Wänden abgeschwächtes Krachen, füllten den Hallenschießstand.

»Zweimal daneben«, sagte eine unpersönliche, gelangweilte Stimme aus dem Lautsprecher. Mit einem Unterton professionellen Interesses fügte sie hinzu: »Sie haben im Krieg schießen gelernt, Mr. Diamond, nicht wahr?«

Diamond sah zur gläsernen Kontrollkabine hinüber und nickte.

»In England? In einem Lager des M. I. 5 in Sussex? Bei einem Ausbilder namens Prichard?«

»Jawohl«, rief Diamond. »Wieso, zum Teufel, wissen Sie das?«

»Manche Leute kosten einen Wein und wissen sofort, von welchem Hang die Trauben stammen. Ich sehe einen Mann schießen und weiß sofort, wo er gelernt hat. Es ist die Art, wie Sie die Waffe halten – der Griff mit beiden Händen – und die zwei Schüsse. Alle heiligen Zeiten kommt einer von der alten Garde hereingeschneit und feuert zwei Schüsse hintereinander ab. Kennen Sie Mr. Dukess drüben in der Agency? Er macht's genauso – päng, päng. Das war Prichards Kennzeichen. Jeder, der seinen Kurs absolvierte, feuert zwei Schüsse ab. Ha! Ihr Kerls solltet einen Klub oder so etwas gründen.«

Diamond stimmte in das Gelächter aus dem Lautsprecher ein, aber sein Lachen hatte einen anderen Klang. »Ich hatte den Namen vergessen«, rief er und versuchte das Gespräch fortzusetzen. »Das war's – Prichard. Er sagte immer, Amateure feuern einmal, Profis zweimal.«

»Das heißt wohl, die einen sind Männer und die anderen sind Knaben, was?«

Diamond dachte nach, über die Männer und Knaben, über die Profis und die Amateure, und er erinnerte sich plötzlich an die Geschichte, die im Krieg mit den Jungen von Mulhouse passiert war. Die Deutschen hatten verboten, daß die Franzosen ihren Nationalfeiertag festlich begingen. Daraufhin hatten die Jungen einige tausend Schnecken rot, weiß und blau bemalt und sie in den Straßen ausgesetzt. Welch große Geste! Der deutsche Ortskommandant hatte darauf drei Halbwüchsige hinrichten lassen – zwei von ihnen hatten mit dem Schneckenspaß überhaupt nichts zu tun gehabt. Ein Amateur, dachte Diamond, ist einer, der etwas tut und andere damit tötet.

»Wollen Sie es nochmals versuchen, Mr. Diamond?« Die Stimme war wieder unpersönlich geworden.

»Klar, warum nicht«, sagte Diamond.

Diesmal sprang eine Tür auf, und es erschien die Silhouette eines Mannes – er kam ihm immer noch irgendwie bekannt vor –, der eine Maschinenpistole hielt. Wieder sank Diamond auf ein Knie und absolvierte das Ritual, das er vor so langer Zeit auf dem gemähten Rasen einer englischen Wiese gelernt hatte – die halbvollen Lungen, das Einpendeln auf das Ziel, die beiden Schüsse, die ihm, Treffer oder nicht, professionelles Ansehen beim Ausbilder garantierten.

»Zwei Fehlschüsse. Ich korrigiere. Mit dem zweiten Schuß haben Sie seine linke Schulter gestreift.«

Die Stimme war weiterhin unpersönlich, aber Diamond, der für solche Dinge immer hellhöriger wurde, entdeckte den Unterton: die

Verachtung für jene alten Profis, die einmal im Monat mit ihren überholten Techniken und überholten Reflexen herkamen und nicht einmal ein Scheunentor treffen konnten. Hier, im zweiten Kellergeschoß unter dem riesigen FBI-Komplex, zählte nicht etwa, wer man war oder was man geleistet hatte, sondern einfach, wie gut man schießen konnte.

Und Diamond, er kannte die bittere Wahrheit, konnte ganz einfach nicht gut schießen – zumindest nicht auf einen gesichtslosen, namenlosen Pappkameraden auf dem Schießstand. Irgend etwas in ihm krampfte sich stets in Erwartung jenes Moments zusammen, wenn das Pulver in der Patrone explodieren und das Geschoß durch den Lauf der Waffe pressen würde. »Sie sollen auf den Abzug drükken, nicht reißen«, hatte ihm Prichard immer wieder eingeschärft. »Dann wissen Sie nicht, wann sich der Schuß löst, und verkrampfen sich nicht.«

Diamond hatte seine eigene Theorie, warum er sich im letzten Augenblick verkrampfte. Sein ganzes Leben lang hatte er immer wieder versagt, wenn es darum ging, zu trainieren. Irgendwie brachte er den notwendigen Antrieb nur dann auf, wenn es ernst wurde, beim Wettkampf. Als Halbwüchsiger war er ein ausgezeichneter Basketballspieler gewesen, hart und schnell am Ball und geschickt beim Körbeschießen. Aber nur während eines Spiels. Beim Training fehlte ihm stets die Angriffslust; kleinere und langsamere Spieler schlugen ihm den Ball aus der Hand oder sprangen hoch empor, um seine Würfe abzufangen, und ließen ihn wie einen schwerfälligen Tölpel erscheinen.

Es war das gleiche – zumindest glaubte Diamond, es sei das gleiche – beim Schießen. Er hatte noch nie eine Waffe auf einen Menschen abgefeuert, aber er war felsenfest überzeugt, daß er schnell und präzise schießen könnte, wenn es darauf ankäme. Die Herausforderung des Wettkampfes, das wußte Diamond, verwandelte ihn in einen treffsicheren Schützen – und in einen kaltblütigen Killer. Er erinnerte sich an den Krieg, wie er in jener Scheune in den Pyrenäen gewartet hatte – die beiden britischen Piloten versteckten sich in einer Ecke – und hoffte, daß sich die Hunde durch den Urintrick nicht täuschen ließen; ja, er hoffte, daß die Grenzposten der Vichy-Regierung wirklich durch das Tor kommen und ihn erblicken würden, wie er dort kniete, beide Hände um den Griff der Fünfundvierziger gelegt, die er auf Armeslänge vor sich hielt. Fast konnte er die Blicke ihrer schreckerfüllten Augen spüren. Fast konnte er das Krachen der Geschosse hören – natürlich zwei für jeden Mann. Und fast konnte er sehen, wie die Geschosse aufprallten, die Männer von den Beinen rissen und rückwärts warfen, während Hautfetzen und Knochensplitter nach allen Seiten flogen. Wie sehr hatte er gehofft, daß sie durch dieses Tor kommen würden! Diesen Teil der Geschichte hatte er, das fiel ihm jetzt ein, Sarah nicht erzählt.

»Einmal noch, Mr. Diamond«, sagte die Stimme aus dem Lautsprecher. Diesmal sprang die Figur – mit schütterem Haar und bläßlichem Gesicht – hinter einer Kiste hoch, und Diamond erkannte sie sofort. Sie hatte eine bemerkenswerte Ähnlichkeit mit A. J. Lewinter. Diamond sank auf die Knie nieder, streckte die Hände vor und schoß ihm zwei Kugeln zwischen die Augen.

»Sie meinen, Sie könnten ihn umbringen?« fragte Steve Ferri mit seinem etwas monotonen Südstaatenakzent. »Die anderen Signale erscheinen durchaus vernünftig, aber ein Attentat –«

»Ich glaube, wir können den Eindruck erwecken, als versuchten wir ihn zu töten – und nur darauf kommt es an«, sagte Diamond.

»Wie?«

Das war natürlich die Preisfrage. Als Diamond vor der Konferenz des Ausschusses 303 in Kunens Büro gegangen war, um ihm über die Affäre Lewinter zu berichten, hatte er noch immer über diese Frage nachgegrübelt. »Die Ermordung Lewinters vorzuschlagen, ist ja recht gut und schön«, hatte Kunen bemerkt. »Aber damit spielen Sie den Ball bloß der Agency zu. Nur sie ist für solch eine Sache gerüstet, und man wird den Ball auffangen – außer...« Kunen, ein alter Hase in Pentagonintrigen, hatte begonnen, laut zu denken. Das Problem war, das Attentat so zu arrangieren, daß die Operation in die Kompetenz der Defense Intelligence Agency, des Pentagongeheimdienstes, fiel.

Die Lösung lieferte fast zufällig einer von Kunens cleveren jungen Männern, der hereinschoß, um einen medizinischen Bericht über ein Mitglied des sowjetischen Politbüros abzuliefern. Kunen hatte ihn gefragt, wie er an das Problem herangehen würde.

»Warum operieren Sie nicht via Saizew?« hatte der clevere junge Mann vorgeschlagen, als sei dies die naheliegendste Sache der Welt.

»Wer ist Saizew?« hatten Kunen und Diamond gefragt.

Saizew sei Stojan Alexandrowitsch Saizew, hatte der kluge junge Mann erläutert, der berühmte sowjetische Schachgroßmeister. Er habe anscheinend ein *Samisdat* geschrieben – ein privates Essay, das, wie die Russen sagen, mehr für die Schublade als zur Veröffentlichung gedacht war. Nur handelte es sich hier nicht um eines jener üblichen respektlosen Essays, sondern um einen zornigen, beredten Aufschrei eines Menschen, dem schon längst der letzte Rest von Selbstachtung abhandengekommen war. Bei oberflächlicher Betrachtung erzählte Saizews Essay die Geschichte des russischen Schriftstellers Andrej Axelrod: wie er auf einem Parteikongreß die Zensur und den Neostalinismus kühn angegriffen hatte, wie er in das Serbsky-Institut für Psychiatrische Diagnostik gesteckt worden war, eine Irrenanstalt bei Leningrad, und wie er sich in der Latrine erhängt hatte (dieser Teil war im Westen unbekannt). Saizews eigentliches Anliegen in diesem Essay sei jedoch nicht Axelrod, sondern Saizew selber; er klagte sich an, daß er, wie alle anderen auch, Axelrod nach dessen Kongreßrede verurteilt hatte. In dem Essay hieße es: »Als es um die Entscheidung ging, waren mir meine Wohnung und meine Datscha, mein Auto und meine Auslandsreisen mehr wert als meine Menschlichkeit.« In einem letzten, aufwühlenden Abschnitt habe Saizew seine Reaktion auf die Nachricht von Axelrods Selbstmord beschrieben, und wie er selbst dann zu feige gewesen war, am Begräbnis im Familienkreis teilzunehmen.

Eines Tages, lange nach der Beerdigung, hätte Saizew sein Herz vor Timoschenko, dem liberalen Redakteur von *Nowi Mir*, ausgeschüttet, und die beiden hätten sich dann bis zur Bewußtlosigkeit betrunken. In den frühen Morgenstunden habe Saizew seinen Kopf in eine Schüssel mit kaltem Wasser getaucht und dann ein handgeschriebenes *Samisdat* verfaßt, dem er den Titel ›Deklaration des Gewissens‹ gegeben habe. Als Timoschenko erwachte, sei Saizew schlafend über dem Essay gelegen; er habe es gelesen – und da er annahm, Saizew wolle das Manuskript in Umlauf bringen, habe er es mit sich genommen, um es liberal gesinnten Freunden zu zeigen. Etwa um die Mittagszeit sei es dann der Dicken Kuh gelungen, Saizew zu wecken, der sofort erkannte, was er getan hatte, und dann in Moskau herumraste, im verzweifelten Bemühen, das Dokument zu vernichten, das wie eine tickende Höllenmaschine von Hand zu Hand lief. Schließlich habe Saizew das *Samisdat* noch am selben Abend aufgetrieben, allerdings erst nachdem einer der wagemutigeren freiheitlichen Dichter Moskaus das Dokument fotografiert hatte. Auf einem komplizierten Umweg und nach Überweisung einer erheblichen Geldsumme habe das Negativ die Defense Intelligence Agency des Pentagons erreicht.

»Wir hatten vor, es für Propagandazwecke auszuschlachten – einige Dutzend Kopien zu fälschen, sie auf einem unserer Schleichwege in die Sowjetunion zurückzuschmuggeln, um dann das Ganze der westlichen Presse in die Hände zu spielen«, hatte der kluge junge Mann erläutert. »Wenn jemand so Prominenter wie Saizew die Geschichte von Axelrod berichtet – Sie wissen sicherlich, daß man inzwischen das Gerücht verbreiten ließ, er sei an Krebs gestorben –, dann wäre das eine Bombensache gewesen.« Dann aber habe ein Archivangestellter routinemäßig die Akte Saizew durchgesehen und dabei entdeckt, daß er eng befreundet sei mit einem gewissen Jewgenij Michailowitsch Pogodin, einem aufstrebenden Geheimdienstmann, der zur Zeit Residenturleiter in Tokio sei – und das habe noch ganz andere Möglichkeiten eröffnet.

»Pogodin!« Diamond begann den Schachzug zu durchdenken. »Das ist der Mann, der Lewinter ständig begleitet.«

»Genau«, hatte der kluge junge Mann bemerkt.

»Wie eng sind Pogodin und Saizew befreundet?« fragte Steve Ferri, nachdem Diamond berichtet hatte, wie er von Saizew und dem *Samisdat* erfahren hatte.

»Sehr gut – so gut, daß Pogodin den Amerikaner zu einer Party in Saizews Datscha mitnahm.«

»Und Sie glauben wohl, daß Saizew und Lewinter wieder zusammentreffen könnten?«

Diamond nickte. »Wir werden Saizew die ›Deklaration des Gewissens‹ anbieten, zum Tausch gegen eine kleine Gefälligkeit.«

»Er wird nicht anbeißen – dafür wird er keinen Mord begehen«, warnte Ferri.

»Er wird nicht wissen, daß er einen Mord begeht.«

»Also geht es jetzt nur noch darum, an Saizew heranzukommen und ihn wissen zu lassen, daß Sie die ›Deklaration des Gewissens‹ haben«, sagte Ferri. »Haben Sie schon ausgeknobelt, wie Sie das anstellen wollen, ohne die Agency in Anspruch zu nehmen?«

»Ich denke, ja.«

Das Telefon klingelte eine Ewigkeit. Gerade als Diamond auflegen wollte, meldete sich Sarah.

»Hier Madame Defarge«, sagte Diamond.

»Leo, du Schuft, wo treibst du dich herum?«

»Mal hier, mal dort.«

Einen Augenblick lang stockte das Gespräch. »Ich möchte mit dir sprechen, Leo. Wir haben die Dinge sozusagen in Schwebe gelassen, und ich glaube, wir sollten einmal über alles sprechen.«

»Ich dachte, das hätten wir getan.«

Sarah dämpfte die Stimme zu einem Flüstern. »Was ist los, Leo? Früher warst du für mich ein Rätsel, und ich mochte das an dir – ich bin immer tiefer in dich eingedrungen, Schicht um Schicht. Aber jetzt habe ich das Gefühl, daß ich dich allzu gut kenne, und das erschreckt mich. Leo, bist du noch da?«

»Ich bin noch da. Du wirst pathetisch, Sarah. Alles ist noch genauso wie früher. Wir haben bloß einen Aussichtspunkt erreicht, das ist alles – ein Plateau, auf dem wir stehenbleiben und Atem holen, ehe wir weitergehen.«

Sarah sagte: »Weitergehen, wohin?«, aber Diamond tat so, als habe er sie nicht gehört, und fuhr fort: »Wenn du aus Rußland zurückkommst, werden wir uns zusammensetzen und in Ruhe über alles sprechen, okay?«

»Ich wußte nicht, daß ich nach Rußland fahre!«

»Deshalb habe ich ja angerufen, Sarah. Ich möchte dich um einen Gefallen bitten« – Diamond spürte das Blut in seinen Schläfen pochen.

»In Rußland?«

»Ja. Es ist keine Gefahr damit verbunden. Nicht die geringste, das verspreche ich dir. Ich möchte, daß du jemanden in Moskau besuchst und ihm einen Brief überbringst.«

»Das klingt ja, als dürfte ich es auf keinen Fall versäumen.« Das war wieder die alte Sarah, wild auf Spionagegeschichten und voll Aufregung bei dem Gedanken, in einer solchen Geschichte eine Rolle zu spielen. »Fahre ich unter meinem eigenen Namen oder kriege ich einen falschen?«

»Sarah, deine Phantasie geht mit dir durch – du reist als du selbst, und alles, was du zu tun hast, ist, einige Minuten mit einem Mann zu plaudern und ihm einen Brief und eine Packung Heufiebertabletten zu übergeben, das ist alles. Einzelheiten besprechen wir, sobald wir uns treffen. Außerdem: Ein schönes Stück Geld fällt dabei für dich ab – an die dreitausend Dollar. Na, wie klingt das?«

»Klingt recht gut.« Aber Sarah erinnerte sich an ein Hindernis. »Leo, ich kann das nicht tun.«

»Was soll das heißen, du kannst das nicht tun? Hast du nicht gerade gesagt, das klinge sehr aufregend?«

»Stimmt – aber ich kann nicht fahren. Ich habe den Modeleuten bereits gesagt, ich könnte die Reise nicht mitmachen, und da haben sie statt mir ein anderes Mannequin engagiert.«

»Das ist alles bereits erledigt«, sagte Diamond trocken. »Das andere Mädchen hat Geld bekommen, und dein Name wurde wieder auf die Liste gesetzt.«

»Du bist meiner sehr sicher, nicht wahr, Leo? Jetzt zäumst du schon zum zweiten Mal das Pferd beim Schwanz auf.«

»Wann war das erste Mal?«

»Als du mich vom Sicherheitsdienst überprüfen ließest, um mit mir schlafen zu können. Du warst ziemlich sicher, daß du mich ins Bett kriegen würdest, stimmt's?«

»Sarah, ich dachte, wir hätten das alles schon durchgekaut. Ich dachte, du hättest begriffen, was für einen Beruf ich habe. Hör zu: Wenn du nicht nach Rußland fahren willst, dann sag es einfach, und wir blasen die ganze Sache ab.«

Sarah zögerte ein wenig und wog die Befriedigung, die es ihr bereiten würde, Diamonds Pläne zu durchkreuzen, gegen den Spaß und die Aufregung der Reise ab.

Schließlich sagte sie: »Okay, Leo, ich fahre.« Es entstand eine Pause. »Sag mir eines, Leo, was hättest du getan, wenn ich nein gesagt hätte?«

Diamond versuchte das Gespräch mit einem alten Scherz zu retten. »Ich wäre mit dir ins Bett gegangen«, sagte er, »aber ich hätte nicht geplaudert.« Diesmal lachte Sarah nicht.

Der nächste Anruf fiel ihm leichter.

»Sie kennen mich nicht«, sagte Diamond höflich. »Mein Name ich Carr. Ich bin vom Außenamt.«

»Handelt es sich um Augustus?« fragte Maureen Sinclair. Ihre müde und zögernd klingende Stimme verriet, daß sie viel durchgemacht hatte.

»Ich weiß, wie schwierig das alles für Sie ist«, sagte Diamond tröstend. »Ich möchte –«

»Mr. Carr, ich möchte eine klare Antwort auf eine klare Frage – kann Augustus zurückkommen?«

»Zurückkommen?« Einen Augenblick wußte Diamond nicht genau, was sie meinte. »Was meinen Sie mit zurückkommen?«

»Zurückkommen, zurückkommen«, sagte Maureen Sinclair, als würde der Sinn des Wortes durch die Wiederholung klarer.

Plötzlich begriff Diamond. »Ach, Sie meinen, ob er zurückkehren kann, ohne mit uns Schwierigkeiten zu bekommen?«

»Ja, genau das.«

»Was das betrifft, Miss Sinclair, so hat Mr. Lewinter durch sein Ansuchen um Aufenthaltsgenehmigung in der Sowjetunion nicht gesetzwidrig gehandelt. Soweit ich informiert bin, hat er bisher die amerikanische Staatsbürgerschaft nicht formell zurückgelegt, kann also jederzeit, wenn er will, nach Hause zurückkehren. Allerdings wird er wahrscheinlich seine Stellung verlieren, und ich bezweifle auch sehr, daß er je wieder Zugang zu Geheimmaterial bekommen wird –«

»Aber er kann zurückkommen?«

»Ja. Ich sehe vom rechtlichen Standpunkt aus keinen Grund, warum er Angst haben sollte.«

Maureen Sinclair schien durch diese Versicherung einigermaßen getröstet.

»Im übrigen«, fuhr Diamond fort, »liegt uns seine Rückkehr ebenso am Herzen wie Ihnen. Bitte verstehen Sie mich recht, aber es ist unserem internationalen Ansehen keineswegs förderlich, wenn ein so kluger und aufrechter Bürger sich entschließt, lieber auf der anderen Seite des Eisernen Vorhangs zu leben, das begreifen Sie doch?«

»Wenn ich bloß mit ihm sprechen könnte –« Das war der Punkt, an dem Diamond ansetzen mußte. »Sie können zwar nicht mit ihm sprechen, Miss Sinclair, aber Sie können ihm einen Brief schreiben.«

»Einen Brief? An einen Brief hatte ich gar nicht gedacht. Wie soll ich ihn adressieren?«

»Das ist der Grund meines Anrufs. Wir sorgen dafür, daß Mr. Lewinter auf privatem Weg einen Brief erhält. Das heißt, sozusagen ohne Wissen seiner Gastgeber.«

»Können Sie das wirklich?«

»Ja, ich glaube, wir können es bewerkstelligen. Aber ist Ihnen klar, daß Sie keiner Menschenseele davon erzählen dürfen?«

»Absolut, Mr. Carr, absolut. Ich gebe Ihnen mein Wort.«

»Sehr gut.« Diamont wußte, daß er gewonnen hatte. »Also, ich möchte, daß Sie sich hinsetzen und einen handgeschriebenen Brief aufsetzen. Plaudern Sie nur drauflos – berichten Sie ihm, was Sie so tun, schreiben Sie über das Wetter und ähnliches. Erwähnen Sie hie und da persönliche Dinge, damit er auch sicher sein kann, daß nur Sie den Brief geschrieben haben und nicht etwa wir. Dann, vielleicht auf der zweiten Seite, wenden Sie sich ernsteren Dingen zu. Ich will Ihnen nicht vorschreiben, was Sie sagen sollen, außer daß es sehr spontan und sehr, nun ja, gefühlvoll sein soll, verstehen Sie? Schreiben Sie ihm, wie sehr Sie ihn vermissen, sagen Sie, daß Sie sehr gut begreifen, was ihn veranlaßt hat, ein neues Leben beginnen zu wollen, aber erwähnen Sie, daß ein solcher Neubeginn in einem fremden Land vielleicht schwieriger sein wird, als er dachte. Zwischendurch können Sie ihm mitteilen, daß Sie sich im Außenministerium erkundigt haben; er könne sicher sein, daß keine Anklage gegen ihn erhoben wird, falls er es sich überlegt und nach Hause zurückkehrt. Ist Ihnen klar, Miss Sinclair, was ich will?«

»Ja, völlig. Natürlich tue ich es. Sobald Sie auflegen, Mr. Carr, werde ich mich hinsetzen und schreiben.«

»Sehr schön, Miss Sinclair. Ich glaube, wenn Sie Ihre Sache gut machen, wird er einsehen, was er tun muß. Ich werde im Laufe des Tages einen unserer Leute zu Ihnen schicken, damit er den Brief abholt, okay?«

»Mr. Carr, ich weiß nicht, wie ich Ihnen danken soll –«

»Sie brauchen mir nicht zu danken«, sagte Diamond. »Wir sitzen alle im selben Boot. Übrigens, Miss Sinclair, da ist noch eine Kleinigkeit. Haben Sie den Bericht über die Pressekonferenz gelesen – den Teil, in dem Mr. Lewinter sagte, ihm seien seine Heufiebertabletten abhanden gekommen?«

»Ja, das habe ich gelesen. Der Arme, sie waren das einzige, das ihm ein wenig geholfen hat.«

»Er würde sich gewiß freuen, wenn Sie ihm welche schicken. Wir werden sie ihm zusammen mit dem Brief zukommen lassen.«

»Aber Sie haben ja gar kein Rezept.«

»Das können Sie ruhig uns überlassen, Miss Sinclair. Sie sollen bloß erwähnen, vielleicht in einem Nachsatz, daß Sie ihm einige hundert Tabletten mitsenden, da er, wie Sie hören, seine nicht finden kann.« Ermutigend fügte Diamond hinzu: »Wissen Sie, vielleicht wird ihm gerade das vor Augen führen, wieviel er aufgibt, wenn er sich entschließt, dortzubleiben.«

Die Kursmaschine Washington-New York hatte Verspätung, und Diamond konnte am Flughafen La Guardia nur mit Mühe ein Taxi finden. Der Verkehr stadteinwärts war bis zum Midtowntunnel nicht sehr dicht, aber von dort bis zur 86. Straße und zum Broadway fuhr man fast eine Stunde. Als Diamond das Ziel seiner Fahrt erreichte, war es fast Mittag.

Diamond blieb einen Augenblick vor der Apotheke stehen und betrachtete sein Spiegelbild in der Auslagenscheibe. Dann blickte er durch sein Spiegelbild hindurch und sah, daß nur ein Mann im Laden stand. Schnell entschlossen öffnete Diamond die Tür, auf der in Goldbuchstaben die Aufschrift *Flower Pharmacy* stand, und drehte das an der Innenseite befindliche Pappschild um; wer auch immer nach ihm kam, sah das Wort *Geschlossen* vor sich.

»Wenn das ein Überfall ist, kann ich Ihnen gleich sagen, daß ich mein Bargeld alle zwei Stunden zur Bank schicke. Ich habe bloß Kleingeld hier. Sie können selber nachsehen. Ich schwöre Ihnen, ich habe bloß Kleingeld hier.« Seldon Flower war innerhalb von zehn Jahren sechsunddreißigmal beraubt worden; die genaue Zahl wußte er deshalb, weil er nach jedem Raubüberfall eine Kerbe in einen

Besenstiel geschnitten hatte. Ganz besonders fürchtete er sich vor Farbigen. Ladenbesitzer aus der Nachbarschaft erzählten, daß die Farbigen oft wütend wurden und Einrichtungsgegenstände zertrümmerten, wenn man ihnen kein Geld gab. Daher hielt Flower stets zwei Zehn-Dollar-Scheine unter dem Ladentisch für räuberische Neger bereit. Aber wenn es sich um Weiße oder Puertorikaner handelte, dann sagte er ihnen bloß die Wahrheit: daß er das Geld in der nahegelegenen Bank deponierte, ehe sich eine größere Summe in der Kasse ansammeln konnte. Die meisten Räuber warfen dann einen Blick in die Kasse, ehe sie den Laden wortlos wieder verließen; der eine oder andere glaubte ihm sogar und ging, ohne sich zu vergewissern.

»Das ist kein Überfall, Mr. Flower«, sagte Diamond und trat einen Schritt vor. »Erinnern Sie sich nicht an mich?«

Flower kam hinter dem Ladentisch hervorgeschlurft. Er war kurzsichtig und hatte seine Brille nicht auf, daher beugte er sich vor wie ein Adler, der Ausschau hält, und versuchte mit zusammengekniffenen Augen die vor ihm stehende Gestalt zu erkennen.

»Ich kenne Sie«, meinte er dann. »Sie sind von der Agency – Leon Dunken« – Flower wurde lebhafter –, »ja, ja, ja, Leon Dunken, ich vergesse nie einen Namen.«

»Diamond«, korrigierte Diamond. »Leo Diamond.«

»Ja, natürlich, Diamond. Sie kamen gleich nach dem Krieg zu uns, nicht wahr? Ja, ja, jetzt erinnere ich mich wieder. Sie waren damals ein junger Draufgänger, ein richtiger Draufgänger. Ich erinnere mich, Sie landeten einen Coup in Rumänien, oder war es in der Tschechoslowakei? Die ganze Agency sprach davon. Jetzt sind Sie dort sicherlich schon eines von den großen Tieren, ein junger Draufgänger wie Sie.«

»Ich hörte, Sie sind aus der Agency ausgeschieden«, sagte Diamond, um das Gespräch besser in Gang zu bringen.

»Ich ging Anfang der fünfziger Jahre – man hatte keinen Bedarf mehr für jemanden mit meinen Spezialkenntnissen.«

»Einen netten Laden haben Sie hier«, sagte Diamond und deutete auf die Ladenpulte voller Sonnenbrillen, Zahnbürsten und Wecker. Wieder spürte Diamond die Adern in seinen Schläfen pochen. »Können Sie mir ein Rezept schreiben, Mr. Flower?«

Flower blickte seinen Besucher mit zusammengekniffenen Augen an. Plötzlich wurde ihm bewußt, daß Diamond keineswegs zufällig hereingeschneit war. »Sicherlich kann ich ein Rezept schreiben – gegen ein Honorar«, sagte Flower und schlurfte wieder hinter den Ladentisch zurück. »Was hätten Sie gerne?«

»Haben Sie schon von Chlor-Trimeton-Heufiebertabletten gehört?« fragte Diamond.

Als sich Diamond etwas später beeilte, die um 17 Uhr abfliegende Kursmaschine nach Washington zu erreichen, kam er an einem kahlköpfigen Mann vorüber, der am Eingang zur Abfertigungshalle Zeitungen verkaufte. Ein Irrer, der niemandem etwas zuleid tat, schob sich, über seine eigene Kühnheit lächelnd, mitten durch die Menge, die der offenen Tür zustrebte.

»Der Präsident ist geflohen, und man kann ihn nicht finden«, sagte er und hielt gefaltete Zeitungsblätter vor sich hin. »Der zerbrochene Krug am Brunnen wieder repariert. Amerikanische Truppen in China einmarschiert. Berlin den Russen in die Hände gefallen. Lesen Sie alles in der Nachtausgabe. Kaufen Sie jetzt, zahlen Sie später – wenn Sie mit den Nachrichten nicht zufrieden sind, kriegen Sie Ihr Geld zurück. Kreml schmäht Lenin als Homosexuellen. Der erste Mensch im Weltraum hat sich in eine Frau verwandelt...«

Völlig in Gedanken versunken eilte Diamond an ihm vorbei, unbekümmert um das, was in der Welt vor sich ging.

Das Endspiel

19

Das Bankett begann mit *Sakuska*, ›kleinen Happen‹, die auf zahllosen Tellern serviert wurden. Es gab unter anderem acht Sorten Kaviar, gesalzene Jungheringe in Senfsauce, wie Pudding zitternde *Cholodets*, scharf gewürzte, *Bitki* genannte Fleischklößchen sowie *Forschmak*, ein Gericht aus Hering, gekochten Kartoffeln, Zwiebeln und Äpfeln, in saurer Sahne gebacken. Das Ganze wurde in geradezu kontrapunktischem Rhythmus mit fünfzehn Sorten Wodka hinuntergespült, einer schmeckte nach Trüffeln, einer nach Zitronenschale und ein dritter nach Büffelgras. Ein Löffel Kaviar, ein Gläschen Wodka. Eine Gabel *Forschmak*, ein Gläschen Wodka. Und natürlich wurden auch Trinksprüche ausgebracht.

»Auf unsere amerikanischen Freunde«, grölte der leitende Direktor des Moskauer Modehauses, »mögen sie frohe Erinnerungen an unser sozialistisches Heimatland mit nach Hause nehmen.« Köpfe wurden in den Nacken geworfen, im richtigen Winkel für den nächsten Schluck Wodka. »Auf unsere Kollegen, die russischen Konfektionserzeuger«, rief ein Amerikaner und hielt sein Glas hoch empor, »denn sie verstehen es, Kapitalisten wie Könige zu bewirten.« Und die etwa fünfzig Personen im Saal leerten wiederum ihre Gläser.

»Mein Gott«, sagte Sarah zu dem rechts von ihr sitzenden Mann, »wir werden noch alle tot umfallen.«

Saizew beobachtete Sarah aus blutunterlaufenen Augen, lächelte höflich und zuckte mit den Achseln. *»Ja nje panjemaj Angliski.«*

»Est-ce que vous parlez Français?« versuchte es Sarah.

»*Mais oui*«, antwortete Saizew begeistert, weil er sich nun mit diesem außerordentlich hübschen amerikanischen Mädchen zu seiner Linken verständigen konnte.

»Ich sagte eben, wir werden noch alle tot umfallen«, sagte Sarah auf französisch.

Saizew lächelte strahlend und zeigte dabei seine gelben Zähne. »Zweifellos«, antwortete er.

Sarah begriff, daß er sie nicht richtig verstand. »Ich meine, wir werden uns alle noch zu Tode essen«, erklärte sie und wies auf die lange Tafel, die über und über mit Speisen bedeckt war.

»Nun, was das angeht, meine Liebe, so gibt es eine alte russische Redensart: ›Welch schöner Tod!‹« Saizew stieß Sarah mit dem Ellbogen in die Seite, um sie zum Lachen zu bringen. »Verstehen Sie? Sie meinten, wir würden uns zu Tode essen. Darauf antwortete ich: ›Welch schöner Tod!‹« Und er lachte wieder.

»Wir sagen das gleiche«, sagte Sarah vergnügt. »Ich glaube, diese Redensart ist international.« Sie versuchte ein anderes Thema. »Wer sind Sie?«

»Welch ein Zufall, daß Sie dies fragen«, sagte Saizew. »Seit ich erwachsen bin, habe ich mehr oder weniger mein ganzes Leben eben dieser Frage gewidmet. Wie soll ich sie beantworten? Ich bin ein Mann, ich bin Russe, ich bin Schachgroßmeister, ich bin Leninist –«

»Ist das etwas anderes als ein Kommunist?«

Saizew wurde lebhafter. »Das kann man wohl sagen, ja, es ist etwas ganz anderes.«

»Und wie würden Sie den Leninismus definieren, im Gegensatz zum Kommunismus, oder, sagen wir, zum Marxismus?« fragte Sarah.

Das Gespräch begann ihr Spaß zu machen, obwohl sie wußte, wohin es führte.

»Also, meine Liebe, der Marxismus ist reduktiv, das heißt: Er versucht, das ganze Leben – Krieg, Liebe, Macht, Sex – auf materialistische Begriffe zu reduzieren. Der Kommunismus ist ein alter Hut, sozusagen eine vergangene Mode; er ist im Grunde eine Verbindung von zwei Dingen, die in den Seelen der Europäer jahrhundertelang sozusagen in verschiedenen Fächern lagen – Religion und Geschäft. Aber der Leninismus, ja der Leninismus ist die Krankheit des Idealismus.«

»Das klingt sehr gut«, sagte Sarah. »Ich hätte gemeint, daß alle drei als Streben nach Macht definiert werden können.«

»Mein liebes junges amerikanisches Unschuldslamm«, überschrie Saizew den Lärm der Tafelnden. Köpfe wandten sich ihnen zu, betrachteten die beiden und wandten sich wieder ab. »Wann werdet ihr Kinder des Kapitalismus begreifen, daß es den *Homo politicus*, der ausschließlich nach Macht strebt, ebensowenig gibt wie den *Homo economicus*, der ausschließlich nach Gewinn strebt?«

»*Homo politicus? Homo economicus*? Mein Gott, sind Sie aber eklektisch«, meinte Sarah, beeindruckt von dieser Mischung aus Hochmut und Intellektualismus. »Wer sind Sie?« fragte sie wieder.

»Mein Name ist Stojan Saizew. Meine gewöhnlichen Bekannten nennen mich Stojan, aber Freunde und Freundinnen, die meine besondere Gunst genießen, rufen mich Saizew. Sie dürfen mich Saizew nennen. Was das Eklektische betrifft, so hat Ihr Dichter Scott Fitzgerald dazu ein Epitaph geliefert – er sagte, der vielseitige Mensch sei der beschränkteste aller Spezialisten, wobei die Betonung wohl auf dem Wort beschränkt angenommen werden muß.«

Sarah lächelte fein. »Es würde einem schwerfallen, Saizew« – ihn nur mit seinem Familiennamen anzusprechen war ihr peinlich –, »Sie für beschränkt zu halten.«

»Auf die sowjetisch-amerikanische Zusammenarbeit auf dem Gebiet der Mode«, rief ein angeheiterter russischer Bürokrat am Ende der Tafel.

»Auf die Supermächte der Couture«, fügte eine amerikanische Reporterin von *Women's Wear Daily* hinzu. Gekühlter Weißwein schwappte über den Rand ihres erhobenen Glases.

»Versuchen Sie einmal das«, sagte Saizew und wandte sich wieder dem zweiten Gang zu – einer kalten Speise, *Okroschka* genannt, die aus Gurken, Wild und Kräutern in *Kwass* und Sahne zubereitet und dann gefroren in Form von Sicheln serviert wurde.

Diamond hatte Sarah auf alles genau vorbereitet, nicht aber auf das Essen.

»Du kannst ihn nicht übersehen«, hatte er gesagt. »Man erzählt sich, er sieht aus wie ein geiler alter Bock.«

»Diese Beschreibung paßt auf viele Leute«, hatte Sarah gemeint.

Diamond wurde ärgerlich. »Was meinst du damit?«

»Bist du aber heute empfindlich«, hatte Sarah ihn gescholten.

»Vielleicht, weil du heute unempfindlich bist.«

»Jetzt reicht es, Leo. Ich meinte einfach, daß die Beschreibung,

›geiler alter Bock‹ auf viele passen könnte. Weißt du keine näheren Einzelheiten? Du möchtest doch nicht, daß ich den Brief dem falschen geilen Bock gebe?«

Diamond hatte Sarah lange angeblickt. »Du kannst noch immer aus der Sache aussteigen, wenn du willst.«

»Ich weiß«, hatte Sarah gesagt und war seinen Augen nicht ausgewichen.

Schließlich hatte Diamond als erster den Blick gesenkt. »Schau«, sagte er, »ich weiß das, was du tust, zu schätzen.«

»Ich schätze es, daß du es schätzt«, hatte Sarah kühl geantwortet. »Warum sagst du mir nicht einfach, wie dieser Saizew aussieht – okay?«

Aber Diamond war unsicher gewesen. »Vielleicht sollten wir vorher über uns sprechen, Sarah. Was ist in dich gefahren? Warum gehen wir dauernd aufeinander los?«

Sarah lenkte ein wenig ein. »Ich glaube, wir sind wegen der Rußlandgeschichte beide nervös«, sagte sie. Diese Erklärung war bequem – aber unzureichend.

»Wahrscheinlich.«

»Du wolltest Saizew beschreiben«, hatte Sarah ihm das Stichwort gegeben.

»Kleine Augen, große Nasenlöcher, gelbe Zähne, um die Vierzig, nicht zu übersehen. Er fuchtelt gern mit den Armen, wenn er spricht. Er trinkt enorme Mengen Alkohol, aber er verträgt ihn. Sein voller Name ist Stojan Alexandrowitsch Saizew.«

Sarah hatte den Namen wiederholt.

»Wenn nichts schiefgeht, wird er am Abschiedsbankett teilnehmen. Unser Kulturattaché ist angewiesen, darum zu bitten, daß er teilnimmt, und es wird wohl keine Schwierigkeiten geben. Die Russen betrachten ihn als einen nützlichen Vertreter des Kulturlebens und führen ihn ausländischen Besuchern regelmäßig vor. Wenn wir Glück haben, wird er zu deiner Rechten sitzen. Übrigens, er spricht Französisch.«

»Woher weißt du das alles?« hatte Sarah gefragt.

»Einigen wir uns darauf, daß ich es weiß, okay?«

»Warum gibt euer Kulturattaché Saizew nicht selber den Brief?«

»Der Kulturattaché steht, wie alle Angehörigen unserer Botschaft, Tag und Nacht unter Beobachtung. Saizew würde sich nicht in seine Nähe begeben, und wenn er es täte, dann würde er keinen Brief von ihm entgegennehmen, und wenn er ihn nähme, dann würde er ihn sofort den Behörden übergeben, denn er würde annehmen, daß man die Transaktion beobachtet hat.«

Sarah hatte genickt. »Und was soll ich Saizew sagen?«

»Geh behutsam vor«, hatte Diamond geraten. »Er wird sich für dich interessieren, weil du hübsch bist und er sich stets für hübsche Frauen interessiert. Gewinne sein Vertrauen. Plaudere über Moskau, über Literatur, plaudere über alles, was dir gerade einfällt. Versuche gegen Ende des Essens mit ihm allein zu sein. Bitte ihn, dich zum Flughafen zu fahren; er ist einer der wenigen Leute in Moskau, die einen eigenen Wagen besitzen. Sag ihm, in den Limousinen, die man euch zur Verfügung gestellt hat, sitze einer auf dem anderen. Wenn du dann mit ihm allein bist, sag ihm...«

Nun begann man mit dem nächsten Gang: *Kulebiaka*, mit Lachs gefüllter Blätterteig, der mit saurer Sahne und bulgarischem Weißwein serviert wurde.

»Welchen Eindruck haben Sie von Moskau?« fragte Saizew im Plauderton.

»Leningrad gefällt mir besser«, sagte Sarah. »Wir waren am Anfang unserer Tour zwei Tage lang dort, wirklich eine wunderschöne Stadt. Der Newskij-Prospekt, die Peter-und-Paul-Festung, das Grabmal Peter des Großen, die Eremitage. Sagen Sie, Saizew, warum muß man in den russischen Museen Pantoffeln über die Schuhe ziehen?«

»Vermutlich, um die Fußböden zu schonen.«

»Einige der mitreisenden Mannequins meinten scherzhaft, man wolle damit erreichen, daß wir sie polieren.«

»Das ist keineswegs ausgeschlossen«, gab Saizew heiter zu. »Irgendwo in einem vergessenen Winkel der Bürokratie mag ein Minister zur Ansicht gelangt sein, daß all diese Menschen, wenn sie schon durch unsere Museen wandern, zumindest nützliche Arbeit für den Sozialismus leisten können. Entweder war es das, oder aber irgendeine Fabrik hat plötzlich zu viele Pantoffeln produziert und hat sie dem Ministerium für das Museumswesen im Tausch gegen weiß Gott was angehängt. Alles ist möglich.« Saizew stürzte wieder ein Glas Wein hinunter. »Ihr Amerikaner«, fuhr er fort, »seid eine merkwürdige Rasse. Unlängst traf ich einen anderen Amerikaner. Er sagte, er halte Ausschau nach Spinnennetzen.«

»Spinnennetze? Das verstehe ich nicht.«

»Ich auch nicht, meine Liebe, ich verstehe es auch nicht. Vielleicht wollte er uns mit seinem Einfühlungsvermögen beeindrucken.«

Sarah staunte, wieviel Saizew trinken und dennoch nüchtern wirken konnte. »Den Amerikanern sagt man Gefühllosigkeit nach, nicht aber Einfühlungsvermögen.«

»Meinen Sie?«

»Ich werde es Ihnen beweisen«, sagte Sarah. »Sie fragten mich nach meinen Eindrücken von Moskau, und ich wechselte das Thema. Um die Wahrheit zu sagen, ich hasse diese Stadt. Sie hat etwas Kaltes und Häßliches an sich, etwas Versteinertes und Groteskes. Mich deprimiert diese« – Sarah suchte nach einem passenden Wort –, »diese Gleichförmigkeit des Lebens in Moskau. Man hat den Eindruck, daß sich jeder an einen bestimmten Standard anpaßt – und dieser Standard ist ziemlich trostlos. In den Geschäften gibt es anscheinend überall die gleichen Dinge zu kaufen, die Menschen scheinen alle die gleiche Kleidung zu tragen. Alle Räume, sogar jene mit Lüstern, wie dieser hier, haben am Eingang den gleichen Plastikschalter. Erzeugt man wirklich in ganz Rußland nur eine einzige Art von Plastiklichtschaltern? Und ihr seid alle so verdammt empfindlich, wenn man euch eure Fehler sagt. Letzte Nacht fand ich eine Laus in meinem Bett. Als ich die Rezeption anrief und mich beschwerte, teilte mir der Portier kategorisch mit, in der Sowjetunion gäbe es keine Läuse, und hängte auf.«

Saizew konnte die Begeisterung kaum verbergen.

»Bravo, meine Liebe«, rief er, hob sein Glas und prostete Sarah zu. »Ich bin entzückt, daß jemand Fehler im Gewebe unserer sozialistischen Utopia entdeckt. Wenn man unseren Leuten zuhört, könnte man oft meinen, es gäbe überhaupt keine. Und was die Laus betrifft, die Sie gefunden haben, so erkärte Lenin einmal, daß entweder die Laus den Sozialismus oder der Sozialismus die Laus besiegen wird. Diese Redensart kennt in Rußland jedes Kind. Also führten wir Krieg gegen die Laus. Die wenigen, die überlebten, ignorieren wir einfach, und so können wir behaupten, daß der Sozialismus die Laus besiegt habe. Das ist zweifellos der Grund, warum der Portier Ihnen mitteilte, es gäbe keine Laus in der Sowjetunion. Das gleiche gilt für Rassendiskriminierung, Homosexualität, Arbeitslosigkeit und Verbrechen; das alles gibt es einfach nicht.«

»Und wie steht es mit dem Konformismus?« Gegen ihren Willen begann Sarah an Saizew Gefallen zu finden.

»Da sind Sie, glaube ich, im Irrtum, mein teures amerikanisches Unschuldslamm. Man sagt, die einzigen Menschen, die die Sowjetunion wirklich verstünden, seien jene, die weniger als drei Tage oder länger als drei Jahre hier gewesen sind. Sie gehören weder zu den einen noch zu den anderen. Daher können Sie nicht wissen, daß der verstorbene, von manchen als eine Größe verehrte Josef Stalin gesagt hat, völlig gleich seien die Menschen nur auf einem Friedhof. Er mußte das ja wissen; bei seinen Bemühungen, den Russen das Gleichsein beizubringen, hat er viele dorthin geschickt. Nein, die Gleichförmigkeit unseres Lebens, die Sie sehen, ist nur ein oberflächlicher Eindruck. Sie müssen unter diese Oberfläche schauen, um die Nuancen der Individualität zu sehen. Es gibt eine russische Redensart, die ich soeben erfinde: Die Gleichförmigkeit liegt im Auge des Betrachters. Alle Japaner sehen gleich aus, *n'est-ce pas,* bis man mit einem geschlafen hat!«

Nun kam der Hauptgang: am Spieß gebratene Junghühner, mit Kräutern gefüllt; Lammfleisch, garniert mit kaukasischen Piniennüssen, sowie Spanferkel – mit dem traditionellen Apfel im Maul –, auf einer Unterlage von Kascha serviert.

»Sagen Sie, Saizew, was würden Sie an Ihrem Lande kritisieren?« fragte Sarah. Sie stocherte im Fleisch eines Hühnerschenkels; Saizew nahm von allen drei Hauptgerichten reichliche Portionen.

»Dazu, meine Liebe, haben wir leider nicht genügend Zeit. Sie müssen wissen, daß ich die Mängel sehr wohl kenne – so gut kenne ich sie, daß ich manchmal das Gefühl habe, in ihnen zu ersticken. Das Leben hier ist selbst für einen Großmeister nicht ohne unüberwindliche Schwierigkeiten.«

»Warum bleiben Sie hier?«

»Weil Rußland trotz all seiner Fehler ein schönes Land ist. Es hat Atmosphäre, Geist und Lebensfreude.« Saizew hob die Arme. »Ich lebe hier«, sagte er leise, »weil ich mir nicht vorstellen könnte, woanders zu leben. Und was die Mängel betrifft, so haben wir da einen alten Spruch: Wenn du in einem Haus etwas zu reden haben willst, dann mußt du in diesem Haus wohnen.«

Eine Weile aßen sie schweigend. Dann wandte sich Saizew an Sarah: »Im Grund verstehe ich nicht, was Sie und diese Leute« – Saizew wies auf die Bankettgäste, von denen die Hälfte Amerikaner waren – »eigentlich in Moskau tun.«

»Wir sind Teil eines Kulturaustauschprogramms. Vor einem Jahr hat Ihr zentrales Modenhaus, das Dom Modeli, eine russische Modenschau in die Vereinigten Staaten entsandt. Nun erwidern wir dieses Kompliment, indem wir amerikanische Entwürfe in Moskau und Leningrad vorführen.«

»Das ist ja ganz außerordentlich uninteressant«, sagte Saizew, worauf er und Sarah in Lachen ausbrachen.

Als das Dessert serviert wurde, seufzten einige Amerikaner, unter ihnen auch Sarah, voll Schmerz auf. Es gab *Gurew Kascha*, einen Pudding mit Karamelglasur, garniert mit kandierten Früchten und Nüssen, sowie *Gosinach*, kleine sternförmige Kuchen aus gehackten Nüssen, Honig und Zucker. Sie wurden, zumindest von den Russen, mit einem armenischen Brandy hinuntergespült, der in der Kehle brannte. Jedem, der noch die Kraft hatte, eine Tasse zu heben, wurde Tee aus einem riesigen goldenen Samowar sowie schwarzer Kaffee aus importierten Pyrex-Kannen serviert.

»Wie schade, meine Liebe, daß ich Sie erst am Ende Ihres Besuches kennenlerne«, sagte Saizew, während er sein *Gurew Kascha* kaute. »Ich hätte Sie gerne mit einigen charmanten Aspekten Moskaus bekanntgemacht, zu denen sicherlich auch die gelegentlichen Zusammenkünfte in meiner Wohnung zählen; von dort sieht man auf eine Biegung der Moskwa und auf die Kremlmauern.« Saizew gehörte zur Elite, und das sollte sie auch wissen.

»Ich bedaure das ebenfalls«, sagte Sarah. »Vielleicht –«

»Vielleicht was, meine Liebe?«

»Nein, ich möchte Ihnen keine Unannehmlichkeiten bereiten.« Noch während sie sprach, wurde Sarah sich der Ironie ihrer Worte bewußt. Sie stand im Begriff, ihm erhebliche Unannehmlichkeiten zu bereiten.

»Wie könnten Sie mir je Unannehmlichkeiten bereiten«, sagte Saizew und drängte sie, ihren Satz zu vollenden.

»Ich überlegte bloß, ob Sie einen Wagen haben.«

»Und ob ich einen habe! Ich bin stolzer Besitzer eines verhältnismäßig neuen schwarzen Moskwa-Modells.«

»Warum haben Sie sich einen schwarzen ausgesucht?«

»Ich habe mir die Farbe nicht ausgesucht. In der Sowjetunion bestellt man nicht ein blaues oder ein rotes Auto oder ein orangefarbenes Auto, man bestellt einfach ein Auto. Wenn man Glück hat, auf die Warteliste zu kommen – ein Vorzug, der die Vorauszahlung des vollen Kaufpreises voraussetzt –, dann nimmt man den ersten, der einem angeboten wird. Als ich an die Reihe kam, war die Fabrik anscheinend in einer düsteren Stimmung. Warum fragen Sie mich nach meinem Wagen?«

»Dürfte ich Sie bitten, mich zum Flughafen zu fahren, Saizew? Unsere Limousinen sind so überfüllt, und wir müssen uns so schrecklich abhetzen –«

»Sprechen Sie nicht weiter, meine Liebe. Ich werde mich glücklich schätzen, Ihnen einen kleinen Dienst erweisen zu dürfen.«

Wenn man berücksichtigt, wieviel Wodka, Wein und Brandy Saizew zu sich genommen hatte, mußte man zugeben, daß er außerordentlich sicher fuhr. Diamond hatte recht gehabt, als er sagte, Saizew vertrage Alkohol ausgezeichnet, dachte Sarah. Eine Weile betrachtete sie die Moskauer Straßenszenerie durch das regenverschmierte Fenster: eine Menschenschlange vor einem Kwass-Kiosk; zwei junge Soldaten bewunderten einen geparkten ausländischen Wagen; ein Mann hielt ein kleines Mädchen über den Rinnstein, damit es urinieren konnte; zwei kräftige Bäuerinnen, die Köpfe mit Babuschkas verhüllt, gruben auf einer Baustelle Abflußgräben. Als Sarah zu sprechen begann, bemerkte sie, daß ihr vor Nervosität die Worte im Hals steckenblieben. »Sind Sie wirklich Stojan Alexandrowitsch Saizew?« fragte sie mit heiserer Stimme.

Saizew richtete sich auf. »Meine Liebe, wieso kennen Sie meinen Vaternamen?«

»Ich muß leider etwas gestehen – ich wußte bereits, wer Sie sind, als ich Sie beim Bankett ansprach.«

»Aha, damit ist zumindest eine Frage beantwortet. Ich wunderte mich, warum ich zu einem Modebankett eingeladen wurde. Man sagte mir, einige Amerikaner hätten ausdrücklich den Wunsch geäußert, mich kennenzulernen. Also haben wohl Sie, meine Liebe, diese Einladung angeregt?«

Sarah nickte.

»Sie sind zweifellos eine Schachfreundin, nicht? Haben Sie vielleicht die französische Übersetzung meiner neuesten Arbeit gesehen?« fragte Saizew. Er hielt hinter einem großen, offenen Lastwagen, der mit Tomaten vollgeladen war, und wartete, daß die Fahrbahn frei wurde.

»Ja, ich habe eine Ihrer Arbeiten gesehen«, sagte Sarah, »aber es war keine französische Übersetzung.«

»Sie sprechen in Rätseln – Sie lesen nicht Russisch, und meine Arbeiten sind nicht ins Englische übersetzt worden.«

»Doch, sie sind es«, sagte Sarah.

»Nun, das ist ja eine erfreuliche Nachricht. Ich muß mich darum kümmern, daß ich die Tantiemen bekomme. Sagen Sie mir, welche meiner Arbeiten haben Sie auf englisch gelesen?«

Einen Augenblick lang fühlte sich Sarah von Panik erfaßt. Noch war es Zeit, aus der Sache auszusteigen, dachte sie. Aber was sollte sie Diamond erzählen? Daß sie es nicht geschafft hatte, Saizew allein zu sprechen, daß sein Französisch nicht ausgereicht hätte, um sie zu verstehen, daß... Sarah spürte, wie sie unaufhaltsam in das Erlebnis dieser Erpressergeschichte hineingetrieben wurde, und es war wie früher, wenn eine verschlossene Schachtel sie magisch anzog, weil sie eine Beute für ihre Sammlung ausgefallener Dinge witterte. Und so erzählte sie Saizew mit kaum vernehmbarer Stimme, welche seiner Arbeiten sie auf englisch gelesen hatte.

»Es war Ihre ›Deklaration des Gewissens‹.«

Sarah beobachtete Saizew genau. Sein Gesicht verriet, abgesehen von einem strengen Zug um den Mund, weder Überraschung noch Besorgnis. »Und was halten Sie von ihr, von meiner sogenannten ›Deklaration des Gewissens‹, die Sie, wie Sie sagen, in einer englischen Übersetzung gelesen haben. Wo haben Sie sie eigentlich entdeckt?«

»In Washington.«

»Genau. In Washington. Was hielten Sie von ihr?«

»Ich hielt sie für mutig und brillant«, sagte Sarah. »Und ich bin überzeugt, daß die Welt diese Meinung teilen wird, wenn sie veröffentlicht wird.«

»Wenn sie veröffentlicht wird«, wiederholte Saizew trocken.

»Wird eine Veröffentlichung im Westen Ihnen schaden, Saizew?«

Wenn Saizew Angst hatte, dann wußte er sie unter einer Maske der Verbindlichkeit zu verbergen. »Mir schaden? Aber, meine Liebe, wer kann schon wissen, wie die Bürokraten, die sich mit solchen Dingen beschäftigen, auf die Veröffentlichung meines betrunkenen Geschwätzes reagieren werden? Eigentlich könnte es meinem Ruf sogar sehr nützen, wenn ich ein klein wenig dissident wirke. Mit ein bißchen Geschick heimse ich für meine Mühe vielleicht sogar einen internationalen Preis ein. Man kann nie wissen, nicht wahr?«

Sarah wartete darauf, daß Saizew weitersprechen würde. »An dieser Stelle wird er dich fragen, ob er irgend etwas tun kann, um die Veröffentlichung zu verhindern«, hatte Diamond gesagt.

Aber Saizew schien sich im Augenblick nicht an seinen Text zu halten.

»Wissen Sie, Saizew, Ihre Deklaration ist ja bis jetzt noch nicht veröffentlicht worden«, sagte Sarah, um beim Thema zu bleiben. »Zufällig kenne ich den Mann, der sie veröffentlichen wird – vielleicht kann man etwas tun, um ihn davon abzubringen.«

»Meine Liebe, wollen Sie damit andeuten, daß es etwas gibt, womit ich ihn davon abhalten kann, oder etwas, womit Sie ihn abhalten können?«

»Etwas, das Sie tun können.« Die Worte klangen hohl, als kämen sie aus einer langen Röhre und als folgte ihnen ein Echo.

Vor einer überfüllten Kreuzung steuerte Saizew den Moskwa an den Straßenrand, hielt an und schaltete den Motor ab. Jetzt schien er bereit, vom Geschäft zu reden.

»Wer beweist mir, daß Ihr Freund tatsächlich meine ›Deklaration des Gewissens‹ hat?«

Wortlos griff Sarah in ihre Handtasche und entnahm ihr ein Polaroidfoto von sich selbst, aufgeklebt auf Karton. Sie zog das Foto vom Karton ab und brachte ein kleines Foto zum Vorschein, das eine Seite aus einem handgeschriebenen Manuskript zeigte. Saizew bemühte sich, einige Worte des Manuskripts zu lesen, dann gab er das Foto zurück; Sarah klebte das Polaroidfoto wieder darauf.

»Und was, meine Liebe, verlangt Ihr Freund von mir?«

»Wenn er wissen will, was er tun soll«, hatte Diamond erklärt, »dann betone, wie harmlos diese Gefälligkeit ist.«

»Es handelt sich um eine kleine, harmlose Sache, Saizew«, sagte Sarah. Dann erklärte sie ihm, ihr Freund in Washington wolle bloß, daß er dem amerikanischen Überläufer Lewinter einen Brief von seiner Freundin übergebe, einen Brief, in dem sie Lewinter bitte, nach Hause zurückzukehren, und in dem sie ihm mitteilte, daß er seitens der Behörden keine Strafverfolgung zu gewärtigen hätte, wenn er sich zur Heimkehr entschließen sollte. Die Freundin habe ihm überdies einige hundert Spezial-Heufiebertabletten geschickt – die aus Amerika mitgebrachten seien offenbar verlorengegangen –, denn er leide in den Sommermonaten schrecklich.

Saizew zeigte keine Gefühlsregung. »Und wenn ich Ihnen sage, daß ich zu Lewinter leider keinen Zugang habe?«

»Mein Freund sagt, Sie könnten das arrangieren.«

»Ihr Freund scheint eine ganze Menge über mich zu wissen. Und was sollte mich daran hindern, Ihnen zu sagen, ich würde Lewinter den Brief und die Tabletten übergeben, um es dann doch nicht zu tun?«

Aber Sarah hatte auch dafür eine Antwort. »Mein Freund sagt, er würde erfahren, ob Sie den Brief und die Tabletten Lewinter gegeben haben oder nicht.«

»Und das ist alles, was er sagt – daß er es erfahren würde?«

»Ja, er ist sich seiner Sache sicher. Er sagt bloß, er würde es erfahren.«

»Nun, dann muß ich ihm wohl glauben. Es wäre unlogisch, wenn er keine Möglichkeit der Überprüfung hätte. Aber jetzt beantworten Sie mir eine andere Frage: Was soll Lewinter daran hindern, diesen Brief – und damit auch mich – den Behörden zu überantworten? Schließlich hat er seine Loyalität unserem Mütterchen Rußland gegenüber eben erst entdeckt.«

»Vielleicht wird er es tun.«

»Das ist alles – vielleicht wird er es tun? Das ist alles, was Ihr Freund dazu zu sagen hat?«

Sarah versuchte, sich mit einer zusammengefalteten Zeitung Luft zuzufächeln. »Er meinte, das müßten Sie riskieren. Wenn Sie es geschickt anfingen, würde Lewinter den Brief nicht ausliefern, um Sie nicht in Schwierigkeiten zu bringen.«

»Aha«, sagte Saizew und lehnte sich zurück, so daß sein Gesicht nur wenige Zentimeter vom perforierten Plastikdach des Wagens entfernt war. Eine Weile verharrte er in dieser Stellung und starrte mit weit aufgerissenen Augen auf die winzigen Löcher. Schließlich setzte er sich wieder auf und wandte sich an Sarah.

»Sie wissen hoffentlich, was Sie da tun, meine Liebe. Sind Sie ein Profi oder ein Amateur?«

»Ich bin« – Sarah zögerte –, »ich bin ein Amateur. Es ist bloß eine Gefälligkeit für einen Freund.«

»Zwingt er Sie dazu?«

Sarah schüttelte den Kopf. »Nein, das würde ich nicht behaupten.«

»Sie wissen, daß Sie für Ihren Freund ein hohes Risiko eingehen. Ich könnte Sie der Miliz übergeben, und was würde dann aus Ihnen, he? Beim Versuch ertappt, mich als Agenten für den amerikanischen Geheimdienst anzuwerben. Merken Sie nicht, daß der Freund, der Sie für diese Sache gewonnen hat, Sie bloß als Werkzeug benützt? Ach, meine Liebe, als ich heute zum ersten Mal Ihr Gesicht erblickte, sah ich darin keine Naivität, aber jetzt sehe ich sie.«

»Mir wurde versichert, daß –« Jetzt hatte Sarah Angst. Sie begann nochmals. »Sie gewinnen nichts, wenn Sie mich den Behörden übergeben. Ich würde alles leugnen.«

»Wie würden Sie das Foto meines Manuskript wegleugnen?«

»Es existiert nicht mehr – man hat es so präpariert, daß es, fünf Minuten nachdem das Foto vom Karton abgezogen wurde, spurlos verschwindet.«

»Und der Brief, der zweifellos in Ihrer Handtasche steckt? Und die Tabletten?«

»Die Tabletten sind einfache Heufiebertabletten; das Rezept lautet auf meinen Namen. Und der Brief ist schließlich bloß ein Brief – es ist sicherlich kein Verstoß gegen das sowjetische Gesetz, einen Brief zu senden.« Sarah erwähnte nicht, daß der Brief mit Kaliumpermanganat imprägniert war und sich bei der geringsten Wärmeentwicklung entzünden würde.

»Wenn das so ist, meine Liebe, warum kleben Sie dann nicht einfach Briefmarken auf Ihren Brief und werfen ihn in den Postkasten?« Nun war Saizew zornig – der Zorn war der sichtbare Ausdruck seiner Angst.

»Sehen Sie, Saizew, wir wollen doch vernünftig bleiben. Wenn Sie daran denken, mich preiszugeben – ich glaube nicht, daß die Sowjetregierung aus einer so simplen Sache, wie es ein Brief ist, eine *cause célèbre* macht, die das Kulturaustauschprogramm ruinieren würde. Aber bedenken Sie andererseits, was es für Sie bedeutet. Mein Freund wird Ihre Deklaration veröffentlichen, und was wird dann aus Ihnen?«

»Genau«, sagte Saizew mit Nachdruck, obwohl er nicht genau wußte, was er mit diesem Wort meinte. »Das einzige, was man von mir verlangt, ist, Lewinter einen Brief zu übergeben?«

»Und die Heufiebertabletten.«

»Natürlich, meine Liebe, die Heufiebertabletten dürfen wir auf keinen Fall vergessen.«

Saizew startete den Motor und lenkte den Wagen wieder in den Verkehr.

»Also«, fragte Sarah. »Was werden Sie tun?«

»Ich werde« – Sarah hatte das Gefühl, in einem Mordprozeß, in dem sie die Angeklagte war, das Urteil zu hören –, »ich werde mir die Sache überlegen und Ihnen meine Entscheidung mitteilen, ehe wir den Flughafen erreichen.« Und Saizew hob den Arm und wischte sich mit dem Ärmel seiner westdeutschen Jacke den Schweiß von der Stirn.

Auf der Besucherplattform des Moskauer Internationalen Flughafens stand der amerikanische Kulturattaché und sah zu, wie die silberfarbene PanAm 707 die Startpiste entlangrollte und sich steil in den Nachthimmel emporhob. Dann ging er zu einem Münzfernsprecher und rief die Botschaft an.

»Hier Marston – geben Sie mir die Vermittlung. Hallo, Jean? Hör mal, die Gruppe ist glücklich gestartet. Ich komme jetzt zurück zum Dinner. Ich bin ausgehungert.«

Das Wort *ausgehungert* war das Stichwort; Jean Shelton verschlüsselte ein dringendes Telegramm nach Washington und sandte es ab. Der Text lautete: INFORMIERT KUNEN IM PENTAGON DASS BRIEFTRÄGER OFFENBAR OHNE KOMPLIKATIONEN ZEITGERECHT ABGEREIST IST.

20

Saizew versuchte Haltung zu bewahren. »Für jemanden mit meiner Erfahrung«, witzelte er, »*facilis est descensus Averni.*« Und dann übersetzte er für Pogodin das Lateinische ins Russische: »Leicht ist der Abstieg in die Hölle.«

Pogodin, der auf dem Perserteppich in Saizews Arbeitszimmer hin und her ging, ignorierte Saizews gespielte Unbekümmertheit und fuhr mit seinen Fragen fort.

»Bist du ganz sicher, daß sie nicht gesagt hat, wer ihr sogenannter Freund ist?«

»Völlig sicher.«

»Hast du eine Kopie deiner ›Deklaration des Gewissens‹?«

»Ich habe sie längst vernichtet.«

»Wie war das Original geschrieben?«

»Was meinst du mit wie?« Saizew lehnte sich neben dem Fenster an die Wand und blickte über die französische Klimaanlage hinweg auf den Kreml.

»Wenn sie mit der Schreibmaschine getippt war« – Pogodin deutete zu der Schreibmaschine hinüber, die auf dem Tisch stand – »und keine Unterschrift trug, dann könntest du die ganze Sache als Fälschung abtun, falls man sie veröffentlichen sollte.«

Die musikalische Stimme der Dicken Kuh erklang aus dem Wohnzimmer: »Saizew, du bist ein Schatz, wo hast du denn in Moskau –«

Aber Saizew unterbrach sie, indem er schrie: »Später, zum Teufel, später.« Er wandte sich wieder an Pogodin: »Die Deklaration war mit der Hand geschrieben und unterzeichnet. Wenn ich da jemals herauskomme, dann werde ich, solange ich lebe, nichts mehr unterschreiben, das schwöre ich feierlich.«

»Es war bloß ein Gedanke«, sagte Pogodin mürrisch. »Wo sind

die Tabletten?«

Saizew klopfte auf seine Jackentaschen. »Ich muß sie drüben im Zimmer liegengelassen haben.«

»Schon gut, ich werde später noch darauf zurückkommen«, sagte Pogodin. »Schau, Saizew, alter Freund, die Tatsachen sehen leider so aus, daß –«

»Mein Gott, Jewgenij, lauf nicht dauernd wie ein Löwe im Käfig herum«, schnauzte ihn Saizew an. »Man möchte meinen, du selbst sitzt in der Tinte und nicht ich.«

Pogodin ließ sich in den Stuhl vor Saizews Schreibtisch fallen und spielte mit den Tasten der Schreibmaschine. »Die Tatsachen sehen leider so aus, daß man da nicht mehr leicht herauskommt.«

Aber Saizew gab sich noch nicht geschlagen. »Wenn der Brief tatsächlich harmlos ist und ich ihn Lewinter gebe, wem schade ich damit?«

Pogodin schwenkte den Brief in der Luft. »Kannst du wirklich nicht begreifen, was hier vor sich geht?« sagte er wütend. Beide, Pogodin und Saizew, begannen angespannt zu wirken. »Harmlose Briefe, die Lewinter aus Amerika bekommt, gibt es überhaupt nicht«, fuhr Pogodin fort. »Diese Sache muß leidenschaftslos untersucht werden. Es ist durchaus möglich, daß die Amerikaner gar nicht erwarten, Lewinter auf diese Weise kontaktieren zu können. Vielleicht wollen Sie nicht einmal, daß ihn dieser Brief erreicht. Vielleicht wollen sie uns bloß glauben machen, daß sie ihm einen Brief zukommen lassen wollen.«

Zum ersten Male verriet Saizews Gesicht, wie groß seine Angst war. »Ich bin Berufsschachspieler, aber dieses Spiel begreife ich nicht«, sagte er leise. »Ich weiß bloß, daß ich hineingeraten bin und, weil die Spielregeln es so wollen, geopfert werde. Ich würde das keinem anderen Menschen sagen, Jewgenij Michailowitsch, aber ich habe wirklich Angst – entsetzliche Angst.«

Die beiden Männer warteten, bis sich die Angst ein wenig gelegt hatte. Schließlich goß sich Saizew einen großen Whisky ein und trank ihn auf einen Zug aus. »Jewgenij, mein alter Freund, vielleicht war es ein Fehler, dich in diese Sache hineinzuziehen. Kannst du, um unserer alten Freundschaft willen, vergessen, daß du heute hier warst?«

»Und was würdest du tun?«

»Ich würde das tun, was die Amerikaner von mir wollen – ich würde ihm diesen verdammten Brief geben.«

»Saizew, du Einfaltspinsel, begreifst du nicht, wie naiv du bist? Glaubst du, die Amerikaner werden sich mit dieser Gefälligkeit zufriedengeben? Wenn du den Brief weiterleitest, haben sie dich nur noch fester in der Hand. Beim nächsten Mal werden sie dir mit der Deklaration und der Übergabe ihres Briefes an Lewinter drohen. Sie werden dir ein Schweizer Sparbuch unter die Nase halten, das auf deinen Namen lautet und auf das fünfzigtausend Dollar eingezahlt wurden. Sie werden drohen, es den Behörden zu übergeben. Du wirst wie ein Fisch an der Angel zappeln. Du wirst dann ein amerikanischer Spion sein. Anfangs werden sie dir bloß kleine Aufgaben stellen – du wirst Nachrichten übermitteln, scheinbar harmlose Informationen sammeln, etwa Gerüchte, wer mit wem schläft. Dann werden sie immer mehr verlangen – du wirst Agenten anwerben, Parteifunktionäre erpressen. Wer weiß, wo das enden wird? Mein armer Saizew, ich weiß, wovon ich spreche; wir tun das gleiche auf ihrer Seite. Was meinst du, habe ich in all den Jahren in New York getan? Liest du je die *New York Times?* Wach doch auf, Saizew!«

»Du weißt, was man mit mir machen wird, wenn diese Deklaration veröffentlicht wird«, sagte Saizew. »Es bedeutet das Ende meiner Karriere.«

»Ich weiß, was man mit dir machen wird, wenn du für die Amerikaner spionierst. Glaub mir, Saizew, ich liebe dich wie einen Bruder, aber auch meinem eigenen Bruder würde ich sagen –«

Ein Stöhnen, dumpf und beharrlich wie die Störgeräusche eines Mikrofons, unterbrach Pogodin. Plötzlich steigerte es sich zu einem Angstschrei und ging dann in ein leises Keuchen über. »Saiz – Saiz – Saiz –«

Pogodin und Saizew stürzten in das Nebenzimmer. Die Dicke Kuh lag auf dem Boden, schluchzend und nach Luft ringend. Dann hörte sie auf zu atmen, übergab sich und starb.

»Facilis est descensus Averni«, flüsterte Saizew – dann sank er auf die Knie und starrte voll Entsetzen auf den leblosen Körper seiner Geliebten.

Nicht weit von ihm entfernt streckte Tschitschikow, die Katze, spielerisch ihre Pfote nach den kleinen, blaugrünen Tabletten aus, die auf dem Boden verstreut lagen.

Das Bauernopfer

21

Sarah hielt einen Knopf ihrer Bluse zwischen den Fingern, zog daran und ließ ihn wieder zurückschnellen. »Muß ich auf dem Sofa bleiben?« fragte sie, ohne aufzublicken, den Mann, mit dem sie sprach.

»Wenn Sie nicht wollen, müssen Sie nicht.«

Aber Sarah machte keine Anstalten, aufzustehen.

»Ich erinnere mich, ich steckte bis zum Hals in Vulkanasche«, sagte sie. »Von außen sah es auch aus wie Vulkanasche – fein und weißlich, fast wie Talkpuder. Aber darunter fühlte es sich an wie Hafergrütze.«

Der Arzt schlug die Beine übereinander und machte das Mikrofon des Tonbandgerätes zur Aufnahme bereit. »Als Sie in der, ahem, Vulkanasche steckten, fühlten Sie sich da beschützt oder bedroht?«

»Beschützt, glaube ich.« Sarah strich sich eine Haarsträhne aus den Augen. Plötzlich erschauerte sie, als versuchte sie ein Gewicht von den Schultern abzuschütteln. »Was haben Sie mir angetan?« fragte sie, den Tränen nahe. Dann fuhr sie, als sei nichts geschehen, dort fort, wo sie aufgehört hatte. »Ich glaube, ich weiß schon, warum ich mich beschützt gefühlt haben muß; ich versuchte ja gar nicht herauszukommen. Anfangs hatte ich Atembeschwerden, aber dann dachte ich mir, meine große Erregung sei schuld. Wissen Sie, das Atmen fällt einem schwer, wenn man aufgeregt ist. Ich erinnere mich, daß sich einige Leute zu mir durchkämpfen wollten. Jeder Schritt, den sie taten, verursachte ein lautes, saugendes Geräusch.«

»Wer waren diese Leute?«

»Ich erinnere mich nicht.«

»Was taten sie, während sie sich zu Ihnen durchkämpften?«

»Sie verstreuten Samen, glaube ich – aber es waren keine Samen, sondern Heufiebertabletten.«

»Wieso wissen Sie, daß es Heufiebertabletten waren?«

»Ich weiß es eben«, sagte Sarah aggressiv.

Der Arzt ignorierte ihre Aggressivität. »Was nun diese Menschen betrifft, die sich zu Ihnen durchkämpfen wollten, welche Empfindungen lösten sie in Ihnen aus?«

»Ich kannte sie nicht, wie sollte ich da irgend etwas für sie empfinden? Es waren ganz einfach irgendwelche Leute, die sich zufällig zu mir durchkämpften. Manchmal sah ich zu ihnen hin, um festzustellen, ob sie noch immer kamen.«

»Und kamen sie?«

»Darauf weiß ich keine Antwort. Sie hoben ihre Füße, machten dabei laute, saugende Geräusche und setzten sie wieder nieder; es sah aus, als kämen sie auf mich zu. Aber ich wußte, sie würden mich niemals erreichen.«

»Wieso?«

»Wieso was?«

»Wieso wußten Sie, daß sie Sie niemals erreichen würden?«

»Wieso glauben Sie, daß sie mich niemals erreichen würden?«

»Sie haben es angedeutet«, sagte der Arzt geduldig. »Sie sagten, Sie hätten gewußt, daß sie niemals bis zu Ihnen kommen würden. Wieso wußten Sie das?«

Sarah dachte einige Sekunden nach. »Ich merkte, daß sie nicht größer wurden, und das bedeutet, daß sie immer gleich weit entfernt waren.«

Sarah zerrte wieder an dem Knopf, diesmal riß er ab und blieb in ihrer Hand. »Mein Knopf ist abgerissen«, jammerte sie und begann leise zu weinen. Durch die Tränen sah sie alles verschwommen, und weil sie alles verschwommen sah, weinte sie noch mehr.

»Wissen Sie, warum Sie weinen?«

»Ich weine, weil dieser verdammte Knopf abgerissen ist«, sagte Sarah. Nach einer Weile hörte sie auf zu weinen und fragte: »Muß ich auf dem Sofa bleiben?«

»Wenn Sie nicht wollen, müssen Sie nicht.«

Aber Sarah rührte sich wieder nicht.

»Also, wir wollen es für heute morgen genug sein lassen«, sagte der Arzt. »Um elf Uhr bekommen Sie Besuch, erinnern Sie sich?«

Sarah schwieg.

»Möchten Sie ihn sehen?« fragte der Arzt und setzte sein Nur-Mut-alles-wird-gut-Lächeln auf.

Sarah zuckte mit den Achseln. »Warum nicht«, sagte sie in einem Ton, der nicht anders gewesen wäre, hätte sie über das Wetter gesprochen oder über das Ende der Welt.

Lange saßen sie schweigend da, Diamond auf dem ungepolsterten Stuhl beim Fenster, Sarah auf dem Spitalsbett mit den glattgespannten Decken, und überlegte, was sie einander sagen könnten, ohne einander zu verletzen.

Schließlich fragte Diamond, so natürlich wie möglich: »Hat man dich gut behandelt?«

Aber Sarah neigte nur den Kopf und zeigte die Andeutung eines vagen, abwesenden Lächelns.

»Ahem, ich sehe, man hat dir einige Sachen aus deiner Wohnung gebracht«, sagte Diamond.

Seine heisere und gequälte Stimme verriet seine Gefühle.

»Armer Leo – das alles ist nicht leicht für dich, nicht wahr?« Sarah zog die Beine an sich und lehnte sich gegen die Wand. »Ich meine, dem Corpus delicti plötzlich gegenüberzustehen.« Sie zog sich eine Strähne schwarzen Haares über die Augen. »Nach Cernú hast du dir so etwas ersparen können, stimmt's? Armer Leo.« Und sie lächelte und sang immer wieder ›Armer Leo‹ vor sich hin, wie den Kehrreim eines Kinderliedes.

Diamond wischte sich mit dem Handrücken über die Lippen. Er kauerte in seinem Stuhl, und diese Haltung ließ ihn älter und dicker erscheinen, als er eigentlich war. »Glaube mir, Sarah –« begann er. Er befeuchtete die Lippen mit der Zunge und begann nochmals. »Ich schwöre dir bei allem, was mir heilig ist –«

»Und was ist das, Leo?«

»Was ist was?«

»Was ist dir heilig?«

Darauf war Diamond nicht vorbereitet. Es war ihm nicht klar, ob sie wütend, verbittert, zum Scherzen aufgelegt oder verrückt war, und diese Ungewißheit machte ihn unsicher.

»Ich wollte nicht, daß es ein solches Ende nehme, Sarah. Glaubst du mir das?«

Aber Sarah gab keine Antwort. »Letzte Nacht hatte ich einen Traum«, sagte sie statt dessen. »Mir kam vor, als steckte ich bis zum Hals in Vulkanasche. Und da waren Leute, die sich bemühten, zu mir zu kommen. Jeder Schritt, den sie taten, verursachte ein lautes, saugendes Geräusch.« Plötzlich begriff Sarah etwas. »Du warst dabei, Leo. Du warst einer der Leute, die sich zu mir durchkämpfen wollten.«

»Ich war –«

»Aber du wurdest niemals größer.«

»Ich verstehe nicht –«

»Warum hast du Saizews Deklaration veröffentlicht?« fragte Sarah.

»Die Entscheidung lag nicht bei mir, Sarah. Es waren noch andere beteiligt, und sie mußten die Deklaration veröffentlichen, um ihre Behauptung zu untermauern, die Russen hätten die ganze Attentatsgeschichte bloß erfunden, um Saizew zu diskreditieren.«

Sarah beugte sich vor, so daß ihr das Haar wie ein Vorhang vor dem Gesicht hing. Dann teilte sie den Vorhang und spähte hervor. »Außen war es fein und pulvrig wie Vulkanasche, aber darunter war es grobkörnig wie Hafergrütze.«

Diamond zuckte mit den Achseln, unfähig, zwei verschiedenen, ineinandergreifenden Monologen zu folgen. »Sarah, o Sarah«, sagte er zärtlich, und sie äffte ihn nach, indem sie mit dünner Stimme »Sarah, o Sarah, o Sarah« vor sich hinsang.

Plötzlich hörte sie mit dem Singen auf, schob ihr Haar über die Ohren zurück, so daß ihr ganzes Gesicht zum Vorschein kam. Ihre leuchtend grünen Augen wirkten völlig klar.

»Was geschah mit Saizew, Leo?« wollte sie wissen. »Haben sie auch ihn getötet?«

»Saizew geht es gut, Sarah, ich gebe dir mein Ehrenwort, es geht ihm gut. Man steckte ihn in eine Heilanstalt für Geisteskranke bei Leningrad, das ist alles. Ich schwöre dir, das ist alles. Das ist die übliche Behandlung für dissidente Intellektuelle; man steckt sie in eine Heilanstalt, wenn sie aufmüpfig werden.«

»Saizew und Sarah«, sagte Sarah in süßem Ton. »Saizew in seiner Heilanstalt, Sarah in ihrer Klinik, alles ist vorbereitet für einen langen Winterschlaf.« Sarah wiegte sich vor und zurück und begann leise zu weinen. »Und das Mädchen, das ich vergiftet habe. Man hat mir doch die Wahrheit gesagt, Leo, nicht wahr? Ich habe doch das Mädchen vergiftet, nicht wahr?«

»Du hast sie nicht vergiftet, Sarah. Es war ein Unglücksfall, ein schrecklicher, unvermeidlicher Unglücksfall –«

»Aber irgend jemand hätte doch die Tabletten eingenommen. Wenn nicht das Mädchen, dann Lewinter.«

»Wir nahmen an, die Leute von der sowjetischen Gegenspionage würden entdecken, daß die Tabletten vergiftet waren. Wir wollten, daß sie es entdeckten. Wir wollten sie glauben machen, daß wir versuchten, Lewinter umzubringen. Das war eines unserer Signale.«

»Mein Gott, Leo, wie konntest du nur so einen Plan aushecken?« fragte Sarah. Sie hatte vergessen, daß sie es gewesen war, die den Anstoß gegeben hatte. »Saizew und Sarah, Sarah und Saizew«, sang sie vor sich hin. Dann fragte sie, zu ihm gewendet: »Weiß du eigentlich, was man mir hier angetan hat, Leo?«

Diamond schüttelte den Kopf und sagte ruhig: »Es geht dir nicht gut, Sarah.«

»Es ging mir gut, als ich hierherkam; sie haben mich krank gemacht. Sie haben mich krank gemacht. Sie haben mich krank gemacht. Sie haben mich…«

Diamond erinnerte sich an die in Eile einberufene Konferenz im Zimmer 303, die abgehalten wurde, während sich Sarahs Flugzeug New York näherte. »Was das Mädchen betrifft«, hatte Senator Talmidge gesagt, »so müssen wir absolut sicherstellen, daß sie keine Chance hat, der offiziellen Version in die Quere zu kommen.« Dukess, der als Sprecher des CIA teilnahm, hatte sich angeboten, das Problem zu lösen.

»Ich glaube, das schaffen wir schon«, hatte er gesagt.

»Und kein Aufsehen bitte, denken Sie daran«, hatte Talmidge warnend bemerkt.

»Es wird kein Aufsehen geben, Senator, weder jetzt noch später«, hatte Dukess erwidert.

»…krank gemacht. Sie haben mich krank gemacht.« Sarah schluchzte nun. »Strecken Sie den Arm aus – sie ließen mich die ganze Zeit – ich wartete immer auf Leo – ließen mich nie aufwachen – bemühte mich aufzuwachen, und sie gaben mir wieder eine

Spritze.« Sarah rollte sich auf dem Bett zusammen und unterdrückte die Tränen. Ihre Augen und Wangen wirkten geschwollen. »Als sie mich endlich aufwachen ließen, bat ich sie – flehte ich sie an –, mir nichts zu sagen, aber er sagte, man würde mir alles erzählen – ich versuchte, nicht hinzuhören – er sagte mir, ich habe das Mädchen getötet – zeigte mir Saizews Deklaration in der Zeitung – daß ich auch ihn getötet habe – strecken Sie Ihren Arm aus – aaaah, Leo, wo warst du – du hast nicht gegen die Verzweiflung gekämpft, Leo, oder? – du hast sie verstärkt.«

Das Gespräch war verstummt, und es war still, wie wenn man einen Stein in einen sehr tiefen Brunnen wirft und allzu lange wartet, bis er aufklatscht. Diamond überlegte hin und her, was er sagen konnte, aber alles schien zu dem peinlichen Schluß zu führen, daß er sagte: »Wir können von vorne beginnen, sobald du hier herauskommst« und Sarah mit einem sinnlosen Singsang antwortete.

Sarahs erschreckend blasses Gesicht zeigte einen Ausdruck, der wie ein Lächeln wirkte, aber ohne Fröhlichkeit. »Hast du wenigstens den Posten des Chefs bekommen, Leo?« fragte sie.

»Allerdings«, sagte Diamond, »ich wurde zur Defense Intelligence Agency transferiert, und zwar aufgrund –«

»Sprich weiter«, sagte Sarah. »Du wurdest transferiert, und zwar aufgrund der Operation Lewinter. Das wolltest du doch sagen, nicht?«

»Ich bin jetzt Operationschef«, gab Diamond zu.

»Was bedeutet das, Operationschef?«

»Ich bin verantwortlich für –«

Sarah beendete den Satz für ihn. »Schachzüge.«

Die Tür des Zimmers stand offen, und der durchdringende Geruch von Lysol wehte herein.

»Es muß nicht sehr angenehm sein, hier zu liegen«, sagte Diamond.

»Es ist nicht unangenehm«, sagte Sarah. »Schau, sie haben mir meine Sammlung gebracht.«

Diamond sah, daß die kleine Mahagonischachtel mit den sechs Messingbirnen und dem Stahlthermometer im Papierkorb lag. »Hast du das weggeworfen, Sarah?«

»Ja«, sagte sie geistesabwesend. »Einer der Ärzte wußte, was es ist. Er sagte, es sei ein Sacronometer – etwas, mit dem man den Alkoholgehalt von Wein mißt –, also habe ich es weggeworfen.«

»Du hast es weggeworfen, weil es ein Sacronometer ist?«

»Ich habe es weggeworfen, weil ich jetzt weiß, was es ist.«

Nach einer Weile richtete sich Diamond auf seinem Stuhl auf. »Also«, sagte er und räusperte sich. Er wünschte sich, weit fort zu sein, egal wo.

»Du gehst, Leo?«

»Ich muß zurück nach Washington –«

Sarah rutschte nach vorn und an den Rand des Bettes. »Ich möchte nicht, daß du dich um mich sorgst, Leo. So etwas kann vorkommen. Es war eben eine Operation, die schiefgegangen ist –«

Aber Diamond verbesserte sie: »Es ist alles planmäßig gelaufen, Sarah. Du mußt begreifen – es ist alles planmäßig gelaufen.«

Sarah lächelte – diesmal sah sie beinahe aus, als belächle sie das alles –, und sie sang den Kehrreim: »Gelaufen wie geschmiert, gelaufen wie geschmiert, gelaufen wir geschmiert.«

22

Der schielende Pfleger brachte Tee und eine kleine Portion Marmelade und stellte sich zur Tür, das gute Auge auf die beiden Männer gerichtet, die am Endes eines langen Holztisches einander gegenübersaßen, das schielende Auge blickte auf die Neonbeleuchtung an der Decke; eine dicke Schicht toter Falter bedeckte den Boden des langgestreckten Lampengehäuses aus Plastik. Die Falter warfen auf dem Plastik Schatten, die sie im Tod etwas größer erscheinen ließen, als sie es im Leben gewesen waren. Von Zeit zu Zeit schlugen Flügel lautlos gegen die Plastikhülle: die groteske Pantomime eines Gefangenen, der gegen die Wände seiner Zelle schlägt.

»Man stelle sich vor, was in seinem Gehirn vor sich geht«, sagte Saizew und wies mit dem Kopf auf den Pfleger. »Ein Auge projiziert ihm das Bild von uns beiden, das andere ein Bild der Falter dort oben. Und die beiden Bilder verschmelzen, und sie bereiten ihm« – Saizew zögerte –, »bereiten ihm Kopfschmerzen!«

Pogodin konnte sich kein Lächeln abringen. Er tat einen Löffel

Marmelade in seinen Tee und rührte geistesabwesend um. Er saß genau unter einem Ventilator, der seit Jahren nicht mehr funktionierte.

Außer einem Dutzend langer Tische und einem *trompe-l'oeil*-Fenster, das ein bis zum Horizont reichendes Weizenfeld vortäuschte, war der Raum leer. Er erschien Pogodin wie eine Bühnendekoration – eine Bühne, auf der die Schritte hallten und Schauspieler, hinter gestützten Bühnenwänden versteckt, auf ihr Stichwort warteten.

Pogodin hatte überhaupt nicht herkommen wollen; sein Instinkt, auf den er sich gern verließ, hatte ihm geraten fernzubleiben. Merkwürdigerweise war es Awksentiew gewesen, der ihn zu einer Sinnesänderung bewogen hatte. Gleich nach der Feier hatte Awksentiew ihn beiseite genommen. »Sie schleppen Ihre Freundschaft für Saizew mit sich herum wie ein Gewicht«, hatte er zu ihm gesagt. »Ich habe das auch schon mitgemacht, daher verstehe ich es. Aber es gibt einen Trick: Sie müssen ihn noch einmal sehen, und dann sind Sie ihn los.«

»Diese Heilanstalt ist der neueste Schrei«, sagte Saizew. »Wie ich höre, war das einst der Landsitz eines perversen zaristischen Ministers, der im selben Auto wie Kerenski aus dem Winterpalast floh. Gut, daß sie verschwunden sind, nicht? Schau« – Saizew wies in eine Ecke, wo der Stuck von der Decke bröckelte –, »die ganze Bude ist am Zerfallen. Sogar das Drahtgitter an den Fenstern ist verrostet, man könnte es mit der Hand durchstoßen, aber niemanden interessiert das. Du hast sicherlich das Schild über dem Eingang gesehen: *Serbsky-Institut für psychiatrische Diagnostik.* Also, wenn ich hier die Leitung hätte, ich würde es durch jene Worte ersetzen, die über dem Eingang zu Dantes Hölle stehen: ›*Lasciate ogni speranza, voi ch'entrate*‹ – ›Ihr, die ihr hier eintretet, lasset alle Hoffnung fahren.‹ Das paßt besser. Aber die Leute haben kein Stilgefühl.«

Pogodin setzte zu einer Frage an, überlegte es sich wieder – dann stellte er sie doch: »Du wirst doch keine Dummheiten machen?«

»Beschäftige dich nicht mit so ungesunden Überlegungen, Jewgenij; seit Axelrod hier war, hat man die Mops durch Schwämme ersetzt. Jedenfalls versuche ich – so wie Tolstoi mit zweiundachtzig Jahren – wie drückte er es aus? –, nicht sterben zu wollen. Und dank meiner angeborenen Feigheit gelingt es mir auch. Wenn ich verzeifelt klinge, dann bloß deshalb, weil ich dich auf keinen Fall enttäuschen wollte.«

»Mich enttäuschen?«

»Genau. Dich enttäuschen. Was hättest du gedacht, wenn du den ganzen Weg hierhergekommen wärest und mich in guter Laune angetroffen hättest? Dann würdest du mich für verrückt gehalten haben. Und das bin ich, trotz dieser Umgebung, keineswegs.«

»Wärst du verrückt, dann gäbe es keine passendere Unterkunft«, scherzte Pogodin. Damit war das Eis gebrochen, und die beiden Männer lachten zum ersten Mal seit langer Zeit gemeinsam.

Pogodin blickte auf den Pfleger an der Tür und auf die mit letzter Kraft um sich schlagenden Falter. »Was fängst du den ganzen Tag mit dir an, Saizew?« fragte er.

»Nun, was das betrifft, so ist man hier ziemlich rücksichtsvoll. Zunächst reinige ich jeden Morgen die Latrine auf meinem Stockwerk – zwei importierte britische Urinierbecken, eine italienische Toilette, eine russische Duschkabine ohne Vorhang. Und ich putze die Vorhangstange, bis sie glänzt.«

»Aber warum?«

»Es ist jene, an der sich Axelrod erhängt hat – ein einzigartiges Mahnmal, nicht wahr, so eine polierte Vorhangstange.«

»Ganz einzigartig – ich glaube kaum, daß jemand anderer auf diese Idee gekommen wäre. Und wie verbringst du den Rest des Tages?«

»Den restlichen Tag suche ich mein Heil in der Langeweile.«

Pogodin wirkte schockiert.

»Warum runzelst du die Stirn, Jewgenij? Es ist heute durchaus üblich, sich in sie zu flüchten. Der amerikanische Schriftsteller Barth drückte das treffend aus: ›Die Tatsache‹, sagte er, ›die Tatsache, daß die Situation verzweifelt ist, macht sie auch nicht interessanter.‹ *Voilà*!« Saizew imitierte eine Trompetenfanfare. »Ein Motto für unsere Zeit, eine ungeheuer ehrliche, ungeheuer schreckliche Zusammenfassung dessen, wie der menschliche Geist verkümmert ist, nicht?«

»Das hieße, es sich zu leicht machen«, sagte Pogodin. »Außerdem glaube ich dir das nicht. Sicherlich liest du –«

»Ich habe geschworen, keinen Satz, kein Wort und keine Silbe zu lesen, ehe die Literatur, die ich lese, frei von Einschränkungen ist.«

»Und wann wird das sein?«

»Brecht sagte einmal, man würde erst dann wieder von einer freien Literatur sprechen können, sobald in der Sowjetunion der erste Roman erscheint, der mit den Worten beginnt: ›Minsk ist eine der langweiligsten Städte der Welt.‹«

»Ein ausgezeichneter Anfang – warum verwendest du ihn nicht für einen Roman?«

Saizew senkte die Stimme und äffte ein Flüstern nach. »Weil es nämlich nicht stimmt. Ich war bei einigen Schachwettbewerben in Minsk, und es gibt dort eine mollige Kleine –«

Wiederum wurde ihr Lachen zu einem Band, das ihre Freundschaft bekräftigte.

»Also weiß Brecht, der Große, doch nicht alles«, sagte Pogodin.

»Wer von uns weiß schon alles«, antwortete Saizew leise. Die Stimmung war wieder ernst geworden.

Pogodin schlürfte seinen Tee. Saizew aß einen Löffel Marmelade direkt aus dem Behälter.

»Sag mal, Saizew, gibt es hier auch wirkliche Patienten?«

»Einige wenige«, sagte Saizew und fuhr sich mit den Fingern durch das Haar. Pogodin bemerkte erst jetzt, daß Saizews Hand leicht zitterte. »Da gibt es einen Kerl, einen Litauer, der an meinem Tisch ißt. Jeden Morgen schreibt er seine Träume nieder und übergibt sie gleich nach dem Mittagessen dem Arzt. Gestern beim Mittagessen brüllte der Litauer seinen Nachbarn an: ›Paß doch auf, du Idiot, du schüttest Salatsoße auf meine Träume.‹« Mit einer angewiderten Handbewegung wiederholte Saizew die Worte: »Salatsoße auf meine Träume!«

Saizew war aufgesprungen, um die kleine Szene vorzuspielen. Jetzt sank er wieder auf die Bank nieder, die unter seinem Gewicht ächzte. »Einige Verrückte sind schon hier. Da ist ein Jude, der behauptet, er sei Malechamowitz, das ist der jiddische Name für ›Engel des Todes‹. Und dann gibt's da noch einen Kerl, der den ganzen Tag herumläuft und schöne Wörter sammelt. Er schreibt sie alphabetisch auf lange Listen. Jedesmal, wenn er ein neues Wort kriegt, schreibt er die ganze Liste von Anfang bis Ende neu ab. Ich gab ihm

Lagune und *dumpf* und *Feuchtigkeit*. Ich offerierte ihm *taufrisch*, aber das hatte er schon. Außer diesen zwei oder drei Leuten sind die meisten unserer Insassen durchaus normal. Erinnerst du dich an den Mann, den du in meiner Datscha kennengelernt hast, der die in der *New York Times* erschienene Petition für Axelrod unterschrieb?«

»Antonow-Owsejenko.«

»Genau der, der ist auch hier.« Saizew nannte noch einen bekannten Meeresbiologen, einen Astrophysiker, drei Dichter und einen Ballettimpresario, die alle in der Anstalt waren. »Der Astrophysiker kam gleich nach mir hierher. Sie erwiesen ihm nicht einmal die Ehre, jemanden zu schicken, der ihn verhaftete. Sie riefen ihn bloß an und sagten ihm, er solle sich mit einer zweiten Garnitur Unterwäsche in der Lubjanka melden. Das unüberbietbar Beleidigende lag in der unüberbietbaren Selbstsicherheit dieser Leute. Kein Klopfen um Mitternacht mehr, wie in der guten alten Zeit, bloß ein Anruf. Und er ist hingegangen!«

»Du bist ungerecht, Saizew, was hätte er sonst tun können?«

»Er hätte fliehen können. Im Süden gibt es angeblich Leute, die einen für fünftausend Rubel über die türkische Grenze schmuggeln.«

»Warum hast du es dann nicht versucht, wenn du so mutig bist?«

»Für lange Märsche bin ich nicht ausdauernd genug«, sagte Saizew. »Außerdem habe ich es jetzt erst erfahren, von einem Kerl, den ich hier kennenlernte.«

Die Falter – es waren jetzt weniger als zuvor – flatterten wieder mit den Flügeln, und die beiden Männer sahen ihnen zu, bis sie aufhörten.

Plötzlich knallte Pogodin seinen Löffel auf den Tisch. »Warum hast du sie nicht angezeigt?« fragte er.

»Ich glaube –«, begann Saizew, dann hielt er inne, um eine Antwort zu suchen. »Ich glaube, weil sie Amateurin war. Kannst du das begreifen? Nein, offensichtlich kannst du es nicht. Aber zum Teufel damit«, fuhr er Pogodin an, »jetzt sag mir, Jewgenij Michailowitsch, was wollten die Amerikaner mit der Ermordung Lewinters erreichen?«

Pogodin deutete mit dem Kopf auf den Pfleger an der Tür. »Kann er uns hören?«

»Spielt keine Rolle«, sagte Saizew. »Er könnte nicht stumpfsinniger sein. Sein Wortschatz umfaßt keine dreihundert Worte.«

»Also gut.« Pogodin neigte sich vor, wodurch seine schmalen Schultern noch gebeugter als sonst wirkten. »Es ist möglich, daß die Amerikaner auf einen echten Absprung reagierten – daß sie Lewinter einfach daran hindern wollten, auf Informationen, die er uns bereits gegeben hatte, detailliert einzugehen. Vielleicht brauchten sie ihn auch als abschreckendes Beispiel für künftige Überläufer. Aber es ist ebensogut möglich, daß die Amerikaner bloß den Eindruck erwecken wollten, daß sie auf einen echten Absprung reagierten, um uns zu überzeugen, daß Lewinter wertvolle Informationen besaß. In diesem Fall wäre er ein Schwindler. Die Amerikaner könnten aber auch versucht haben, uns glauben zu machen, er sei echt, wohl wissend, daß wir ihre Versuche, uns von seiner Echtheit zu überzeugen, entdecken und aus ihnen schließen würden, es handle sich um einen Schwindler. Was bedeuten würde, wir sollen ihn für einen Schwindler halten. Was wiederum bedeuten würde, daß er echt ist.«

»Wie ich sehe, ist die Angelegenheit noch immer genauso verfilzt«, sagte Saizew trocken. »Und auf welche dieser Erklärungen hat man sich jetzt geeinigt?«

»Awksentiew ist völlig überzeugt, daß die Amerikaner auf einen echten Absprung reagierten.«

»Aufgrund des Attentatsversuchs?«

»Deshalb und auch aufgrund anderer Signale.«

»Das hieße also, Lewinters Informationen sind echt?«

»Ja, das hieße, Lewinters Informationen sind echt.«

Saizew verzehrte noch einen Löffel Marmelade. »Aber du teilst diese Meinung offenbar nicht?«

»Das stimmt. Ich teile diese Meinung nicht.«

»Warum?«

»Weil... weil ein Mann namens Diamond in die Sache verwickelt ist, und dieser Diamond liebt Operationen. Er ist durchaus imstande, eine Operation dieser Art jahrelang bis in die kleinste Einzelheit zu planen, damit wir auf falsche Informationen hereinfallen. Dann ist da noch das Attentat –«

»Ja, der Attentatsversuch.«

Es schien jetzt, als spreche Pogodin in eigener Sache. »Es war so überflüssig –«

»So überflüssig«, sagte Saizew zustimmend.

»– die Amerikaner mußten doch wissen, daß Lewinter längst verhört worden war. Nein, dieses Attentat war keine Reaktion auf einen Absprung, sondern ein Signal; sie wollten uns glauben machen, daß sie auf einen Absprung reagieren. Sie wollen, daß wir Lewinter als echt akzeptieren.«

»Was bedeutet, daß er ein Schwindler ist.«

»Ja, genau. Lewinter ist wahrscheinlich ein Schwindler.«

»Hast du das Awksentiew gesagt – hast du ihm gesagt, du seist nun überzeugt, daß Lewinter ein Schwindler ist?«

Pogodin zögerte. »Nein«, sagte er.

»Warum nicht?«

»Erstens, weil ich selber nicht ganz sicher bin –«

»Ach, komm, Jewgenij Michailowitsch, wo bleibt deine alte Aufrichtigkeit?«

»Offen gesagt, ich bin in einer schwierigen Lage«, sagte Pogodin zögernd. »Ich war es, der die ganze Zeit für seine Echtheit eintrat. Nach meiner Beförderung kann ich mich nicht einfach um hundertachtzig Grad drehen und –«

»Welche Beförderung? Erwartest du, daß ich dir gratuliere, Jewgenij?«

»Ich wurde zum stellvertretenden Chef des Direktorats für Westarbeit befördert; ich gehöre nun zum Stab Awksentiews.«

»Was, zum Teufel, ist Westarbeit?«

»Unsere Bezeichnung für Spionagetätigkeit im Westen.«

»Also, du bist jetzt ein großes Tier, was? Und aus diesem Grund kannst du nicht –«

»Ja, darum kann ich nicht. Und doch« – Pogodin schüttelte den Kopf, als wollte er sich nochmals über die Möglichkeiten klarwerden –, »und doch, wenn ich den Mund nicht aufmache, wird mein Land schließlich sein Raketenabwehrsystem reorganisieren, um Flugbahnen erfassen zu können, die vielleicht gar nicht existieren.«

»Möchtest du einen Rat von jemandem, der, wenn man es genau betrachtet, auf einer Insel unter verhältnismäßig normalen Menschen lebt? Ich geb' ihn dir, ob du willst oder nicht.« Saizew neigte sich zu Pogodin hinüber. »Hör endlich auf Theater zu spielen. Was für euch, die ihr das Pech habt, draußen im Irrenhaus leben zu müssen, zählt, ist die Karriere.«

Pogodin richtete sich auf der Bank auf. »Du vergißt, daß ich ein Marxist bin, Saizew, und das bedeutet, daß ich in gewisser Hinsicht für meine Mitmenschen verantwortlich bin.«

»Ich dachte, du bist bloß zu einem Viertel Marxist.«

»Du hast keinen Grund, sarkastisch zu sein«, sagte Pogodin.

»Hör mal, Genosse Pogodin – der Kommunist ist doch im Grund ein Versuch, die Hackordnung abzuschaffen. Aber er hat's nicht geschafft. In unserem Land besteht das Leben aus Schlangestehen. Und glaube mir, die Menschen stellen sich nicht brav an, wie sie kommen. Wenn du also schon Schlangestehen mußt, kannst du dich gleich ganz nach vorne hinstellen.«

Die Falter – es waren nur noch zwei, die Lebenszeichen von sich gaben – flatterten wieder gegen das Plastikgehäuse, dann taumelten sie zurück und versanken in der Masse lebloser Körper.

»Eigentlich war das die Lebensauffassung meines Vaters«, fuhr Saizew fort. »Mein Vater war Holzarbeiter; er hatte große gerötete Knöchel und geschwollene Finger. Meine Mutter, gesegnet sei ihre bolschewistische Seele, war eine der ersten, die in unserer gottverlassenen Gegend in die Partei eintrat. Sie trat ihr bei, weil man dort einmal im Jahr ein Picknick veranstaltete und sie Picknicks liebte. Weißt du, Jewgenij, wir müssen wieder zu unserem Ursprung zurückkehren. Wenn meine Mutter einen Schluck Milch kostete, wußte sie, von welcher Ziege diese kam. Wir wohnten in einem Holzhaus mit aufgemalten Fenstern. Ha! Der Kreis schließt sich. In meiner Jugend waren die Fenster draußen aufgemalt, jetzt sind sie innen aufgemalt.« Saizew deutete auf das verblichene Wandgemälde, das eine Ernteszene darstellte. »Wo, frage ich dich, finden wir eine Heilanstalt, in der wir vor dieser Welt sicher sind?«

Aber Pogodin wußte keine Antwort auf so schmerzliche Fragen.

Saizews Gedanken begannen abzuschweifen. »Hast du eigentlich bemerkt...« sagte er aufgeregt, aber dann schien er die Lust am Gespräch zu verlieren.

»Ob ich je was bemerkt habe, Stojan Alexandrowitsch?« Pogodin hatte Saizew zum ersten Mal beim Vornamen und beim Vaternamen genannt.

Saizew lief nur noch auf halben Touren. »Ist dir je aufgefallen, wie harmlose Bezeichnungen auf einmal eine besondere Bedeutung annehmen, wie sie zu Euphemismen für die zerstörerische Gewalt des Menschen werden? Nimm, beispielsweise, was die Deutschen aus dem Wort Konzentrationslager gemacht haben. Oder den amerikanischen Ausdruck Schußfreizone. Oder unsere Heilanstalten.« Das Wort Heilanstalt ließ Saizew weiter abschweifen. »Mein ganzes Leben habe ich mich davor gefürchtet« – seine leicht zitternden Hände vollführten eine kreisende Bewegung –, »aber nun, da ich hier bin, ist es wie eine Erlösung. Ich schwöre dir, es ist eine Erlösung. ›Ein Mensch, dem du alles genommen hast, ist nicht mehr in deiner Gewalt.‹ Das Wort stammt von Solschenizyn. Ja, es stimmt. Es ist hier nicht annähernd so schlimm, wie ich gedacht hatte.« Einen Augenblick lang blitzte etwas vom alten Feuer in Saizews Augen, und er sagte: »Das sagt natürlich einiges über mich aus, nicht?«

Saizew aß den Rest der Marmelade, spülte den Löffel mit dem restlichen Tee ab, wischte ihn an seiner Hose trocken und steckte ihn in die Jackentasche. Über ihren Köpfen flatterte der letzte Falter noch einmal schwach auf und verendete.

Saizew und Pogodin betrachteten einander über den Tisch hinweg, wie zwei Männer einander anblicken, die sich nichts mehr zu sagen haben: Passagiere in einem Zug, wortlos und mit leisem Bedauern am Ziel angekommen.

»Du begreifst doch, Saizew, daß ich nach dem Todesfall nichts mehr unternehmen konnte?« Schweißperlen glänzten wie Tränen auf Pogodins hoher Stirn. »Ich brauch' dir nicht zu sagen, wie leid es mir tut, daß alles so gekommen ist.« Und dann mit erstickter Stimme: »Ach, Saizew, wenn du bloß –«

Saizew schien unter der Last dessen, was hätte sein können, in die Bank zu versinken. »Die Wenns«, sagte er zu Pogodin. »Die Wenns, die Wenns und nochmals die Wenns, Legionen von Wenns marschieren in Zwanzigerreihen nebeneinander, so weit das Auge reicht – über ganz Rußland hinweg, durch Mittelasien, durch Sibirien bis zum fernen Wladiwostok.«

Saizew winkte mit der flachen Hand, als rufe er eine endlose Reihe von Männern zur Parade auf.

»Nimm Haltung an, Jewgenij Michailowitsch, nimm Haltung an und salutiere den versäumten Möglichkeiten meiner Biographie.«

Sawinkow war teilweise gelähmt, und als er sich Pogodin zuwandte, drehte er den ganzen Körper, als stecke er in einem Gipsverband. »Ich bin nicht sicher, daß ich das verstehe«, sagte er vorsichtig. Das Tageslicht, das sich in seiner Stahlrahmenbrille spiegelte, verlieh seinen Augen das Aussehen von undurchsichtigen Silberscheiben. »Zerreißwölfe, Magnetseparatoren, Zentrifugalseparatoren, eins Komma zwei Milliarden Pfund Festmüll pro Tag entspricht einer Tonne Abfall pro Person pro Jahr. Ich hatte gedacht« – Sawinkow hob das Blatt mit beiden Händen aus der Mappe, als sei es ein Tablett –, »ich hatte gedacht, wir beschäftigen uns hier mit einer Frage nationaler Sicherheit.«

Pogodin wies auf das Papier in Sawinkows Hand. »Das war bloß sein Steckenpferd. Sie finden die Sache, die uns beschäftigt, auf Seite acht.«

»Ach so«, sagte Sawinkow, dann schlugen sie alle drei, Dybenko, Iswolsky und er selbst, die Seite acht ihrer Mappen auf und begannen zu lesen.

Pogodin rutschte in seinem Sessel hin und her. In letzter Zeit hatte er sich die größte Mühe gegeben, völlig russisch auszusehen. Das Hemd mit dem Anknöpfkragen war durch ein weißes Importhemd aus Polen ersetzt worden, die Jacke aus Harris-Tweed und die Sporthose durch einen dunklen Alltagsanzug sowjetischer Herkunft. Sein Haar war so gestutzt, daß es an den Seiten und im Nakken nicht mehr wegstand. Wenn Pogodin zu einem Viertel noch immer Humanist war, so verbarg er es hinter dem Gehaben des Bürokraten: ein ausdrucksloses Gesicht, scheinbar unempfindliche Nerven, ein Bleistift, der unentwegt auf den Tisch klopfte.

Sawinkow blickte als erster auf. »Das ändert natürlich die Sachlage völlig«, sagte er zu Pogodin.

»Welch ein großer Fang«, sagte Dybenko, der nun seinerseits aufblickte. Er war ein hochgewachsener Georgier mittleren Alters, mit kalten, metallisch wirkenden Gesichtszügen und einigen quer über die Glatze gekämmten Haarsträhnen.

Iswolsky, mit siebenundzwanzig Jahren der Jüngste im Zimmer, stieß einen Pfiff aus. »Es ist fast zu schön, um wahr zu sein.«

Pogodin legte sein kleines grünes Notizbuch, das immer noch die Aufzeichnungen seines ersten Gesprächs mit Lewinter enthielt, auf den Tisch. »Sie werden noch einige Hintergrundinformationen benötigen, die nicht in den Mappen zu finden sind«, begann er. »Lange Zeit gab es in gewissen Kreisen Zweifel« – Pogodins Tonfall machte deutlich, daß er diese Zweifel nicht geteilt hatte –, »darüber nämlich, womit wir es eigentlich zu tun hatten. Aber die Amerikaner ließen uns bald keinen Zweifel, daß wir einen echten Überläufer in der Hand hatten, der höchst wichtige Informationen besaß. Der erste Hinweis bestand darin, daß sie den Agenten, der Lewinter in Tokio beschatten sollte, einen Mann namens Chapin, über Nacht feuerten. Bald danach führten sie eine Säuberung in der Residentur in Tokio sowie im regionalen Sicherheitsbüro für das Gebiet von New England durch. Ferner wurden einige MIRV-Spezialisten in aller Stille nach Washington gerufen – über den Grund können wir nur Vermutungen anstellen. In derselben Woche erschien eine kleine Meldung in der Rubrik Kurznachrichten der amerikanischen Zeitschrift *Newsweek*, die sehr gute Beziehungen zu Kreisen im Pentagon hat. Die Meldung besagte einfach, daß der Absprung Lewinters schwerwiegender sei, als es die Behörden offiziell zugeben wollten. Dann entdeckten wir, daß eine Raketenbatterie in Idaho, die auf MIRV-Gefechtsköpfe umgerüstet werden sollte, wieder in Einsatzbereitschaft versetzt wurde, allerdings mit den alten Gefechtsköpfen. Etwa um dieselbe Zeit begann sich ein Unterausschuß, geleitet von Senator Talmidge, der, wie Sie wissen, zum Ausschuß 303 gehört, streng geheim mit dem Absprung zu beschäftigen. Zu all dem kam noch der Attentatsversuch gegen Lewinter.«

Pogodin blickte auf. Einige Sekunden war außer dem Geräusch anfahrender Autos auf der vier Stockwerke tiefer gelegenen Dserschinskistraße nichts zu hören – nur Pogodins Bleistiftklopfen auf dem Tisch.

Für Pogodin war dies einer jener besonderen Augenblicke, in denen die Dinge nicht etwa plötzlich Gestalt annehmen, sondern in denen man erkennt, daß sie schon seit einiger Zeit Gestalt angenommen haben. Es war, als warte man auf den Moment des ersten Lichtstrahls, um plötzlich festzustellen, daß man schon seit einigen Minuten Gegenstände wahrgenommen hat. Während der Verkehrslärm auf- und abschwoll, fühlte Pogodin, daß er seine lähmenden Zweifel hinter sich gelassen hatte und nun auf den Wogen seines Ehrgeizes dahinsegelte. Und so war seine Stimme, als er jetzt fortfuhr, voll dieses neuen Selbstvertrauens.

»Bis zu diesem Augenblick«, sagte Pogodin, »hat die Sowjetunion nicht allzuviel Zeit und Mühe auf die Entwicklung eines Raketenabwehrsystems aufgewandt. Unsere Wissenschaftler versicherten uns, es sei zu schwierig, und wir beließen es dabei. Es ging nicht darum, daß wir einen anfliegenden Gefechtskopf nicht treffen könnten; das Problem bestand vielmehr darin, daß zu viele Gefechtsköpfe einfliegen würden, als daß wir alle treffen könnten. Jetzt aber hat sich die Lage völlig geändert. Wir haben nun die charakteristischen Flugbahnformeln in unserem Besitz, die es uns ermöglichen, unter den einfliegenden Gefechtsköpfen die echten Sprengköpfe herauszufinden. Nachdem wir das einmal wissen, ist das Problem, wie sie zu stoppen sind, verhältnismäßig einfach zu lösen. Tatsächlich sind Parteiführung und militärische Führung völlig einer Meinung, daß wir die Lösung dieser Probleme nun in Angriff nehmen sollten.«

Wieder hielt Pogodin inne – um dem fernen Marschschritt von Saizews Parade der Wenns zu lauschen, die ihm durch den Kopf ging. Aber ehe er das Geräusch noch genau hören konnte, verschwand es wieder, und er fuhr fort: »Damit kommen wir zum eigentlichen Grund für die Schaffung dieser speziellen Arbeitsgruppe. Damit diese charakteristischen Flugbahnformeln für uns überhaupt von Nutzen sein können, müssen wir zuallererst die Amerikaner davon überzeugen, daß wir Lewinter keinen Glauben schenken.«

»Offensichtlich, um sie davon abzuhalten, die Flugbahnformeln durch neue zu ersetzen«, sagte Sawinkow nüchtern. Er kannte sich aus.

»Genau das«, stimmte Pogodin zu. »Wenn die Amerikaner annehmen müssen, daß wir die charakteristischen Flugbahnformeln haben, dann werden sie diese natürlich ändern. Also müssen wir eine Reihe von Signalen ausarbeiten, um unsere Gegenspieler in Washington zu überzeugen, daß wir Lewinter keinen Glauben schenken, sondern in ihm einen Scheinagenten vermuten.«

Wieder drang der Verkehrslärm in den Raum. Iswolsky begann

an seinem Daumennagel zu kauen. »Vielleicht könnten wir –«, sagte er, aber dann schüttelte er den Kopf. »Nein, nein, das würden sie leicht durchschauen.«

Sowohl Sawinkow als auch Dybenko waren bereits in Gedanken versunken.

»Ich meine«, sagte Pogodin, während er mit der Bleistiftspitze auf ein Stück Papier klopfte und zusah, wie sich aus den Punkten ein Muster bildete, »ich meine, wir könnten vorerst damit beginnen, daß wir Lewinter zurückschicken.«